주적은
불평등이다

주적은 불평등이다
금수저-흙수저의 정치경제학

2017년 5월 29일 초판 1쇄

지은이 이정전

편　집 김희중, 이민재
디자인 가필드
제　작 영신사

펴낸이 장의덕
펴낸곳 도서출판 개마고원
등　록 1989년 9월 4일 제2-877호
주　소 경기도 고양시 일산동구 호수로 662 삼성라끄빌 1018호
전　화 031-907-1012, 1018
팩　스 031-907-1044
이메일 webmaster@kaema.co.kr

ISBN 978-89-5769-399-5 03320
ⓒ 이정전, 2017. Printed in Korea.

금수저-흙수저의 정치경제학

주적은
불평등이다

이정전 지음

개마고원

"절대 위기의 한국 경제, 어디로 가야 하나"

2016년 말부터 6개월에 걸쳐 우리 사회를 뒤흔들었던 박근혜·최순실 게이트, 그리고 '11월 혁명'이라고 불리는 촛불시위가 박근혜 전 대통령의 파면·구속에 이은 헌정 사상 세번째 정권교체로 일단락되었다. 그러나 한 가지 우리가 명심해야 할 것은 대통령 하나 갈아치우자고 1000만 명이 넘는 시민이 엄동설한에 오돌오돌 떨면서 촛불을 들고 광화문 광장으로 몰려가지는 않았다는 점이다. 어느 평론가는 "세습권력들과 그들에게 빌붙어 충성해온 직업정치인, 관료, 언론, 각종 전문가들로 구성된 지배체제를 탄핵하기 위해서다"라고 말했다.[1] 이 말도 옳다. 허나, 좀 더 근원적으로 보면 그 전대미문의 대규모 시위에 불을 붙인 것은 우리 사회에 만연한 불평등과 불공정에 대한 분노와 좌절감이다. 그리고 그 시위는 우리 사회를 위에서부터 밑바닥까지 홀까닥 바꾸기를 원하는 국민의 여망을 반영하는 것이다. 만일 이런 여망이 없었다면, 전직 대통령을 포함해 한때 우리나라 정·재계를 들었다 놨다 했던 최고 거물들을 무려 20여 명씩이나 한꺼번에 구속하는 일도 없었을 것이다. 앞으로 이런 국민의 여망을 제대로 충족시키지 못한다면 언제 또다시 우리 사회가 대혼란에 빠질지 모르며 그때는 정말로 나라가 망할 수도 있다.

그렇다면, 우리 사회를 완전히 바꾸기 위해서는 무엇부터 해야 할까? 이 책에서 제시하는 답은 불평등을 줄이는 일부터 시작해야 하고 여기에 우리의 역량을 집중해야 한다는 것이다. 왜냐? 심한 불평등이 온갖 사회악의 온상이요, 적폐의 원인이기 때문이다. 너무 과장된 주장이 아니냐고? 절대 그렇지 않다. 부정할 수 없는 통계적 증거들이 계속 쌓이는 가운데 권위 있는 전문가들의 논리적 설명과 연구들이 줄을 잇고 있다. 심한 불평등이 정경유착과 밀접한 관계가 있고 경제성장의 발목을 잡는다는 사실은 이미 어느 정도 알려져 있다. 그러나 심한 불평등의 해악은 이 정도에 그치지 않는다. 불평등이 심한 사회일수록 정신병·심장병·암 등의 만성질환에 걸리는 사람들이 늘어나고 알코올 및 마약 중독자가 증가하며, 살인사건이 빈번해지고 감옥에 갇힌 사람들의 비율이 올라가며, 학생들의 학력수준이 떨어지고 일탈이 횡행하며, 심지어 비만율까지 높아진다는 사실들은 잘 알려져 있지 않다. 불평등이 심한 사회일수록 국민들 사이의 불신과 정부에 대한 불신이 높다는 주장은 이미 오래전부터 학계에 있었는데, 최근에 이를 뒷받침하는 증거들이 계속 나오고 있다. 나아가 불평등이 심할수록 투표율이 낮아진다는 증거도 있다. 그렇다면 단순히 정치적으로만 보더라도 심한 불평등이야말로 민주주의에 대한 최대의 위협이다. 한마디로, 불평등이 심해질수록 우리의 삶이 각박해지고 비참해지며, 우리 사회가 심각히 멍든다는 것이다. 이렇듯 불평등은 단순한 사회정의의 문제가 아니라 바로 우리 일상과 삶의 질에 직결된 문제이기도 하다. 실로 불평등은 우리 사회의 가장 큰 '적'이라고 할 만하다.

우리나라나 선진국은 그 사회악 각각의 퇴치나 예방에 엄청나게 많은 돈을 쓰고 있다. 예를 들면 범죄예방과 처벌 그리고 질병관리에 천문학적 금액의 세금을 쏟아붓는다. 허나 그 어느 것도 시원하게 해결되지 않고 있다. 국민들 사이의 갈등이나 정치권에 대한 불신의 문제에 대해서는 아예 손도 대지 못하고 있다. 만일 사회악과 불평등 사이의 관계에 관한 그간의 수많은 연구들이 옳다면, 불평등 줄이기 하나로 많은 사회악들을 보다 근원적으로 해결할 수 있고 관련 비용도 크게 줄일 수 있다는 얘기가 된다. 미국처럼 극심한 불평등을 방치한 결과 치안유지와 감옥 늘리기에 막대한 세금을 퍼부을 것인가, 아니면 북유럽 국가들처럼 불평등을 줄임으로써 그런 세금 낭비를 최소화할 것인가, 해답은 분명해 보인다.

불평등이 줄어듦으로써 사회를 멍들게 만드는 각종 병폐가 해소되면, 그만큼 우리 사회는 살기 좋은 사회가 된다. 그리고 그 혜택은 우리 국민 모두가 누린다. 마치 대한민국의 공기가 깨끗해지면 국민 모두가 그 상쾌한 공기를 즐기게 되는 것과 같다. 경제학적으로 말하면, 불평등 해소로 인한 혜택이 공공재 비슷한 성격을 가진다는 얘기다. 흔히 불평등이 줄어들면 주로 빈곤층이 혜택을 본다고 생각한다. 그렇지 않다. 심한 불평등이 없어지면 부유층과 중산층도 혜택을 받으며, 흔히 불평등 줄이기에 반대하는 보수진영도 그 혜택을 누릴 수 있다.

불평등 완화와 불공정 해소는 실제로 우리 국민 대다수가 가장 원하는 것이기도 하다. 2016년 말 한 보수신문이 여론조사기관과 공동으로 수행한 조사 결과에 의하면, 우리나라가 앞으로 어떤 나라가 되기를 원하는가를 묻는 질문에 압도적인 다수인 82.7%가 평등한 나라를 원하는 반면 오직 14.7%만이 빈부격차가 커지더라도 고도성장을 원하는 것으로 나타났다.[2] 2017년에 실시된 한 여론조사에서도 비슷한 결과가 나왔다. "우리 사회가 앞으로 어떤 사회가 되길 바라십니까?"라는 질문에 70% 이상이 '보다 더 평등하고 공정한 사회'를 꼽았다.[3] '경제적으로 풍요로운 사회'를 바란다는 응답은 18.8%에 그쳤는데, 2012년의 같은 여론조사에서 나타난 45%에 비해서 확연히 줄어든 수치다. 이런 결과는 평등과 공정이 새로운 시대정신임을 보여준다.

수년 전부터 우리 사회에 금수저·흙수저에 관련된 표현들이 급속도로 퍼졌다. 심지어 2017년 대통령선거에서 어떤 후보는 자신이야말로 진정한 흙수저라고 외쳐댔다. 그만큼 일반서민들은 극심한 빈부격차와 금수저·흙수저의 불평등을 절실히 느끼고 있다. 객관적으로 보너라노 우리나라의 소득불평등은 1990년대 후반부터 심해지기 시작하더니 이제는 굵직한 국제기구들조차 경고할 정도로 악화되었다. OECD의 30여 개 회원국들 중 한국은 두번째로 소득불평등이 심한 나라로 꼽히고 있다. 수년 전부터는 학계에서도 우려의 목소리가 나오기 시작하였다. 그럼에도 불구하고 불평등을 줄이기 위한 정치권의 적극적 움직임은 보이지 않는다. 11월 촛불혁명이 터지기 이전까지만 해도 우리의 불평등 현실이나 이에 대한 일반서민의 정서와는 동떨어진 고위 관료 및 정치가들의 흰소리를 보수신문을 통해서 심심치 않게 듣거나 읽을 수 있었다. 좀처럼 개선의 기미가 보이지 않는데도 대통령이 국회 시정연설에서 천연덕스럽게 소득불평등이 개선되고 있다고 큰소리쳤다가 빈축을 사기도 했다. 우리나라 대통령과는 달리 미국의 버락 오바마 전 대통령은 재임 당시 극심한 불평등이야말로 오늘날 선진국이 당면한 최우선적 문제라고 선언했고, 크리스틴 라가르드Christine Lagarde 국제통화기금IMF 총재도 같은 주장을 한 바 있다.

많은 사람들이 우리나라의 불평등이 매우 심하다고 느끼고 있지만, 그럼에도 불구하고 정작 그 정도와 성격에 관해서는 여전히 잘못된 생각들이 판을 치며, 이것이 불평등 해소의 큰 걸림돌이 되고 있다. 우선 불평등에 관해서 정부가 발표하는 통계는 믿을 수가 없다. 학자들이 연구하여 발표한 통계적 지표는 그 심각성을 충분히 전달해주고는 있지만, 오늘날의 불평등에는 숫자로 나타낼 수 없는 측면이 매우 많다. 예를 들면, 그 통계 지표들은 오늘날 불평등의 한 가지 특징인 금수저·흙수저의 측면을 짚어주지 못한다. 어떤 학자는 '21세기의 불평등'이라는 말을 하는데, 이 말은 내용의 면에서 오늘날의 불평등이 과거 20세기의 불평등과 크게 다르다는 것을 의미한다. 그렇기 때문에 불평등에 관한 과거의 생각들, 특히 보수진영이 고수해온 생각들이 이제는 더 이상 통하지 않는다.

그 단적인 예를 하나 들어보자. 개인의 자유를 특히 존중하는 보수주의의 한 가지 큰 특징은 개인주의다. 개인주의는 모든 것을 개인 탓으로 돌린다. 실업·가난·질병 등도 당사자 개인의 잘못이나 무능 때문이라고 보는 것이다. 허나 뒤에서 자세히 살펴보겠지만, 오늘날의 실업과 가난의 주된 원인으로 전문가들이 꼽는 공통 요인은 세계화와 기술진보. 이 두 가지는 어느 개개인의 힘으로는 거스를 수 없는 거대한 시대적 흐름이다. 이를테면 환경오염이 각 개인으로서는 어쩔 수 없는 시대적 현상인 것과 같다. 서울의 한강이 더러워진 것이나 지구온난화가 어찌 어느 개인의 탓이겠는가. 환경오염은 사회제도의 맹점으로 인한 문제이며, 우리 모두의 책임이다. 마찬가지로 실업과 빈곤도 제도와 시대적 흐름의 문제이며 개인의 탓으로 몰고 갈 수 없다.

이와 같이 개인의 힘을 벗어난 것들이 쌓이고 쌓여서 빚어진 결과물이 오늘날의 극심한 불평등이다. 21세기의 실업, 빈곤 그리고 불평등을 단순히 개인의 탓으로 돌리는 보수진영의 사고방식은 시대착오적인 것이다. 이런 시대착오적 사고방식이 한두 가지가 아니다. 세계화·기술진보·환경오염 등과 같이 각 개인의 입장에서 볼 때 불가항력적인 큰 흐름들이 점점 더 덮쳐지고 있고, 따라서 개인이 탓으로 돌릴 수 없는 일이 더욱더 많아지고 있다. 이런 점에서, 보수주의는 점점 더 현실과 동떨어진 사상이 되어가고 있다고 볼 수 있다.

문제는 그런 시대착오적 사고방식을 가진 구닥다리들이 오랫동안 우리 사회의 지배계층을 형성해오면서 불평등을 조장하고 나아가서 우리 경제를 망치고 있다는 것이다. 그래서 수년 전부터 세대교체론이 등장했다. 구닥다리는 이제 정치일선에서 물러나고 50대 이하의 젊은 세대가 앞으로 나가야 한다는 것이다. 2017년 대통령선거 바람이 불면서 다시 세대교체를 요구하는 목소리가 솔솔 나왔다. "60대 이상의 세대는 감각의 한계 탓에 4차 산업혁명 등으로 급변하는 세상에서 신세계를 열 능력이 없다"고 어느 학자는 공공연하게 주장했다.[*] 어떻든, 오늘날 우리가 당면하고 있는 불평등의 문제를 제대로 해결하기 위해서는 우선 그 정체를 올바르게 이해해야 한다. 이 책의 첫 번째 목적은 불평등에 관한 기존의 잘못된 생각들을 적시하고 그것이 왜 옳지 못한지 하나하나 밝힘으로써 21세기 불평등의 성격을 설명하는 것이다.

불평등에 관하여 이 책에서 또 한 가지 특별히 강조하려는 것은 국민의 높은 정치의식과 적극적이고 지속적인 정치참여의 필요성이다. 대통령이 파면되고 구속되었다고 해서 11월 촛불혁명의 사명이 끝난 것이 아니다. 우리 역사는 혁명의 열매가 곧장 시민의 손에 떨어지지 않는다는 사실을 웅변으로 말해주고 있다. 4·19혁명으로 이승만 독재를 몰아냈지만, 박정희 독재정부가 등장하는 데는 오랜 시간이 걸리지 않았다. 1987년 6월 민주항쟁으로 직선제 문민정부가 등장했지만, 이명박정부와 박근혜정부를 거치면서 우리 사회는 금수저·흙수저의 사회로 변질되었다. 2008년 미국 금융시장의 붕괴 직후 미국에서 "1%를 위한, 1%에 의한, 1%의 국가"라는 말이 나왔는데, 이제 우리나라에서는 "금수저를 위한, 금수저에 의한, 금수저의 나라"라는 말이 나올 판이 되었고 급기야 11월 촛불혁명이 터졌다. 그러나 이다음부터가 더 걱정이다. 광장에서는 모두가 큰소리로 외칠 수 있지만, 일상으로 되돌아오면 큰소리 칠 데가 없다. 촛불시위 광장에서는 모두가 자유롭고 평등했지만, 일상으로 되돌아오면 불공정과 불평등에 짓눌려 지내야 한다. 이것이 우리의 엄연한 현실이다. 앞으로의 과제는 광장과 일상 사이의 바로 이런 차이를 줄이는 것이다. 그러기 위해서는 광장의 촛불이 민생의 현장에서 타올라야 하고, 불공정과 불평등 해소의 길을 밝혀야 한다. 어느 교수가 말했듯이, 우리 국민이 보여준 '광장'의 민주주의가 이제는 '민생 현장'의 민주주의로 발전해야 한다.[5]

물론 민주주의의 핵심은 선거요, 국민은 표로서 정치가를 응징할 수 있다고 말한다. 하지만 단순히 선거 때 투표권을 행사하는 것만으로는 광장과 일상의 차이를 줄이기에는 크게 부족하다. 우리나라의 불평등이 이토록 심해진 것은 정치권의 무능 내지는 잘못된 사고방식 탓이긴 하지만, 더 근원적으로 보면 이것을 국민이 제때 제대로 응징하지 못한 잘못도 있다. 부유층과 대기업에 대한 이명박정부의 각종 감세 및 면세 특혜가 경제 활성화에 아무런 도움이 되지 못한 채 민부석사를 니쑥니 그게 빌며놓았음에도 불구하고 우리 구미은 이를 제대로 응징하지 않았다. 경제민주화 공약을 내걸었던 박근혜정부가 그 공약을 헌신짝처럼 내동댕이쳤을 때도 마찬가지였다.

민주주의 국가의 주인은 엄연히 국민이고 정치가와 관료는 국민에게 봉사하는 종이다. 그래서 대통령을 포함한 공직자들을 흔히 공복公僕이라고 한다. 그럼에도 불구하고 대통령을 '군주'로 생각하는 사람들이 우리 주위에 적지 않다. 군주처럼 행동한 박근혜와 그녀를 '주군'처럼 모셨던 무리들이 국정농단 사건을 전적으로 책임져야겠지만, 궁극적으로 보면 우리 일반 국민들의 책임도 있다. 박근혜나 그녀를 주군으로 모신 무리들은 국민의 투표로 뽑힌 사람들이다. 국민이 주인 노릇을 어영부영하면, 노무현 전 대통령이 한탄했듯이 권력이 시장으로 넘어간다. 민주주의 모범국가로 꼽히는 미국의 오바마 전 대통령은 대중 연설에서 다음과 같은 말을 했다. "불평등은 민주주의를 왜곡한다. 불평등은 값비싼 로비스트들을 고용하고 선거유세에 무한정 돈을 퍼부을 여유를 가진 소수에게 과도한 영향력을 행사하게 하며, 이 결과 최고가격을 부르는 사람들에게 민주주의를 팔아넘길 위험을 안고 있다."[6]

2016년 말 촛불시위 이전에만 해도 우리 주위에는 정치에 관해서 무관심하고 무책임한 태도가 너무 많았다. '우리야 정치를 아나, 높은 분들이 어련히 알아서 잘 하겠지' '나 하나 투표 한다고 뭐가 달라지나' '정치가라는 작자들이 다 그렇고 그렇지 뭐' 등의 태도다. 바로 이런 무관심과 무책임이 부유층에게 민주주의를 팔아넘기고 권력이 시장으로 넘어가는 결과를 낳는다. 우리의 민주주의가 어떤 민주주의인가? 피로서 쟁취한 민주주의다. 좀 늦기는 했지만, 다행스럽게도 대규모 촛불시위가 터졌고 대통령이 파면되고 구속되기에 이르렀다. 11월 촛불혁명은 우리 국민이 주인의식을 되찾고 주인노릇을 톡톡히 한 쾌거였다는 점에서 매우 중대한 의미를 가진다. 촛불시위의 열망이 앞으로는 우리 사회를 공정하고 평등하게 만들기 위한 전면적 개혁과 적폐해소의 원동력이 되어야 한다. 그러려면 우리 국민이 철저한 주인의식을 가지고 평소에도 주인 노릇을 똑바로 해야 한다. 그래야 불평등 문제도 해결할 수 있다.

여기에 꼭 명심해야 할 점이 있다. 우리가 방법을 몰라서 불평등을 줄이지 못하는 것이 절대 아니라는 점이다. 과거 선진국에서는 정부가 과감한 정책으로 불평등을 크게 줄임으로써 거의 반세기에 걸친 태평성대를 이룬 적이 있었다. 남미 여러 국가들도 과거에 현명한 정책을 통해 극심한 빈부격차를 크게 줄이는 데 성공한 경험을 가지고 있다. 결국 불평등 문제는 우리 국민의 마음먹기 그리고 정치권의 의지에 달려 있다. 크게 보면, 유럽의 국가들처럼 사회복지 지출을 크게 늘려서 사후적으로 불평등을 줄일 수도 있고, 일본처럼 애당초 시장에서 결정되는 소득에 큰 격차가 발생하지 않도록 정부와 기업이 사전에 조율하는 방법을 택함으로써 결과적으로 사회복지 지출의 필요성을 최소화하는 방향으로 나아갈 수도 있다. 물론 두 가지를 적절히 조합할 수도 있다. 어떤 방법을 택할 것인지는 국민들이 결정할 일이나.

"절대위기의 한국경제, 어디로 가야 하나". 이것은 한국경제학회가 2017년 2월에 주관한 정책세미나의 제목이다. 경제전문가들의 수많은 모임들 중에서 가장 맏형이라고 할 수 있는 이 학회가 우리 경제의 현 상황을 '절대위기'로 간주한 셈이다. 이 세미나에 참여한 한 교수는 우리 경제를 다음과 같이 표현했다. "1997년 외환위기가 뇌졸중이라면 현재의 위기는 침묵의 살인자인 당뇨병과 유사하다." 어떻든 우리 경제의 상황이 아주 나쁘다는 것은 전문가나 일반서민들이나 절실히 느끼고 있고, 보수나 진보진영 모두 이에 동의하고 있다. 다만 해법에서는 큰 차이가 있다. 과연 어떻게 할 것인가? 이 절대위기의 난국을 헤쳐 나가기 위한 노력은 불평등 줄이기에서부터 시작되어야 한다는 것이 이 책의 기본 입장이다. 그간의 성장지상주의 정책에 실망한 많은 학자들도 이에 동의하고 있다.

2017년 5월

이정전

4장 새로운 모습의 불평등

5장 정의롭지 못한 불평등

6장 왜 날이 갈수록 불평등이 심해지는가

1장

"기적을 이루었으나
기쁨을 잃은 나라"

11월 촛불혁명

"기적을 이루었으나 기쁨을 잃은 나라", 어느 외국 언론인이 한국을 두고 한 말이다. 짧지만 정곡을 찌른다. 약 반세기 전에 아프리카 가나보다도 더 가난했던 한국은 불과 30여 년 만에 세계 10대 경제대국으로 올라섰다. 이를 '한강의 기적'이라고 불렀다. 하지만 지금의 우리는 어떤가? 우리 국민의 행복지수는 34개 경제협력개발기구 OECD회원국들 중에서 33등으로 거의 꼴찌다. 그나마 2011년에는 31등이었는데 5년 사이에 두 계단 떨어졌다. 다른 나라들은 앞으로 나아가는데 우리나라는 뒷걸음치고 있는 것이다.[1] 통계청 자료에 의하면 하루 평균 37명이 자살하며, 나라의 희망인 10대부터 30대까지의 성년층에서 사망 원인 1위를 차지한다. 우리나라의 자살률은 OECD 회원국 평균의 두 배를 넘으며 10년 연속 부동의 1위를 지키고 있다.[2] 그뿐만 아니라 이혼율·저출산율·산업재해율, 심지어는 교통사고 사망률까지 OECD 1위를 기록하고 있다. 이런 객관적 지표들은 우리 국민들이 얼마나 살기 힘든지 잘 보여준다. 일반 서민들의 살림도 날이 갈수록 어려워지고 있다. 2014년 2인가구의 최저생계비가 102만 원인데, 대한민국 전체 노동자의 1/3이 100만 원 이하의 월급을 받고 있다고 한다.[3] OECD 회원국들 중에서 한국 노동자들이 가장 오랜 시간 노동을 하고도 노동자 셋 중 하나는 최저생계비에도 미치지 못하는 임금을 받고 있다니 기가 찰 노릇이다. 그런데도 전경련이나 경제인총연합회, 상공회의소 등 각종 기업가들의 모임은 최저임금 인상에 극력 반대하고 있다.

그 한강의 기적을 이루었던 시대에 살았던 사람들 대부분은 오늘날 이른바 '보수꼴통'이 되었고, 그 시절에 대한 향수에 젖어 2012년 대선 때 박근혜 후보에게 몰표를 던졌다. 한강의 기적은 우리에게 감동의 사례이지만 전세계적으로 보면 극히 예외적인 사례다. 그런 다시 돌아오지 않을 가슴 벅찬 시절을 그리워하는 구닥다리 세대, 그리고 그들이 뽑은 대통령 때문에 기쁨을 잃은 나라에 살고 있는 젊은 세대, 이 둘 사이에 갈등의 골이 깊어지고 있다. 지금 시절은 한강의 기적을 일구었던 시절과 판이하다. 지금의 우리 사회는 아랫목을 아무리 달구어도 윗목이 따뜻해지지 않는 사회요, 일할 곳이 없는데도 왜 일하지 않느냐고 닦달하는 사회이고, 돈이 곧 실력이 되고 금수저가 '갑질'을 하는 사회요, 저성장의 기조가 굳어지는 사회다. 과거 한강의 기적을 일구던 때는 독재정권 시절이었고 중화학공업 시대였다면, 지금은 민주주의에 대한 열망이 드높은 정보·통신 혁명의 시대다. 따라서 지금은 과거 시절에 통했던 사고방식이나 정책이 전혀 먹혀들지 않는다. 그럼에도 불구하고 개발독재 시절을 살았던 구닥다리들이 우리 사회를 지배하면서 그 시절에나 통했던 사고방식과 정책을 계속 밀어붙이고 있다. 그 결과가 '기적을 이루었으나 기쁨을 잃은 나라'다.

외국 언론인의 논평이 아니더라도 한국 사회가 전반적으로 기쁨과 활력을 잃고 있다는 것은 우리 자신이 실제로 피부로 느끼고 있는데, 철학자 윤평중 교수는 단순히 기쁨과 활력을 잃은 정도가 아니라고 말한다. 그는 오래전부터 우리 사회를 "울혈鬱血사회"로 묘사해왔다. 쉽게 말하면 국민이 화병火病에 걸린 사회라는 것이다. 이렇게 된 주된 원인으로 윤 교수는 우리 사회에 만연한 불공정과 부당한 대우를 꼽으면서 "불평등과 양극화가 사상 최악의 수준으로 심화되면서 (…) 공정성과 정의가 심각하게 훼손되었다"고 말한다.[4]

우리 국민 열 명 중 여덟아홉은 우리 사회가 공정치 못하다고 생각하며, 열에 아홉은 우리 사회의 불평등이 너무 심하다고 생각한다.[5] 근본적으로 보면 대통령의 탄핵과 구속을 초래한 '11월 촛불혁명'은 우리 사회에 만연한 불공정, 고질적인 정경유착, 금수저와 흙수저의 격차, 이런 것들에 대한 분노와 좌절감이 우리 국민의 마음속에 쌓이고 쌓이다가 일시에 터진 것이라고 보아야 한다. 큰 둑도 조그마한 개미구멍으로부터 무너지는 법. 그 좌절감과 분노가 처음 행동으로 표출된 계기는 최순실 딸의 대학 부정입학에 대한 항의 시위였다. "돈도 실력이다. 억울하면 너의 부모를 탓해라"는 그녀의 적반하장

발언이 부글부글 끓고 있던 젊은이들의 마음에 불을 질렀던 것이다. 그러나 계속 화만 내고 있을 수는 없다. 분노의 원인이 되는 금수저·흙수저의 불평등을 없애야 한다. 그러기 위해서는 오늘날 우리가 당면한 불평등의 성격을 제대로 파악해야 한다. 왜냐하면 오늘날의 불평등은 과거의 불평등과 그 성격이 사뭇 다르기 때문이다. 이를 알아보기에 앞서 우선 우리나라의 불평등이 어느 정도 심한가부터 살펴보고 이어서 왜 그 불평등을 없애야 하는지, 그 이유를 살펴보자.

우리나라의 불평등은 어느 정도로 심한가?

불평등에도 두 가지 측면이 있다. 부자라고 하면 우리는 흔히 돈도 많이 벌고 재산도 많이 가진 사람이라고 생각한다. 물론, 많이 버는 사람들이 재산도 많이 가질 가능성이 높다. 하지만 엄밀히 말하면 '많이 버는 것'과 '많이 가진 것'은 다르다.[6] 잘 팔리지도 않는 큼지막한 고급 아파트를 소유하고 있지만 버는 소득이 별로 없어서 쩔쩔매는 은퇴 노인들이 드물지 않다. 이런 노인들은 '가진 것'으로는 부자라고 할 수 있지만 '버는 것'으로는 가난뱅이라고 할 수 있다. 그러므로 이론적으로는 '버는 것'을 기준으로 불평등을 말할 수도 있고, '가진 것'을 기준으로 불평등을 말할 수도 있다. 앞의 것은 재산소유의 불평등 (혹은 재산불평등)이고 뒤의 것은 소득불평등이다.

　우선 소득불평등부터 살펴보자. 소득불평등의 정도를 나타내는 지표에는 여러 가지가 있는데, 그중 하나가 소득의 집중도다. 이것은 한 국가의 총소득에서 '최고 부자들'이 얼마나 많은 비중을 차지하고 있는가 나타내는 수치다. 여기에서 '최고 부자들'이란 소득순으로 나열했을 때 최상위 1%일 수도 있고, 최상위 10%일 수도 있으며, 때로는 최상위 20%일 수도 있는데, 보통 최상위 1%나 10%를 주목하게 된다. 이 최고 부자들이 많이 가져가면 가난한 사람들에게 돌아가는 몫이 적어지기 때문에 그만큼 불평등이 심한 것이다. 만일 소득불평등이 거의 없다면, 최상위 10%가 국민소득에서 차지하는 몫이 10%를 크게 넘지 않을 것이며, 최상위 20%가 차지하는 몫이 20%를 크게 넘지 않을 것이다. 반대로 소득불평등이 극히 심하다고 하면 이들이 차지하는 몫이 100%에 가까울 것이다.

그렇다면 한국의 소득집중도는 어느 정도일까? 1998년에는 최상위 10%가 우리나라 국민소득의 약 1/3을 가져갔으나 그 이후 계속 늘어나서 2013년에는 거의 절반(정확하게는 47.9%)을 가져갔다.[7] 그러니까 한국에서 가장 잘사는 10%의 부자들이 국민소득의 약 절반을 차지했고, 국민의 90%가 나머지 절반을 나누어 가졌다는 얘기다. 이 정도 소득집중도는 일본·영국·프랑스보다 높으며, 선진국 중에서 가장 불평등한 나라로 꼽히는 미국의 수준에 육박한다.[8] 행복지수로는 우리나라가 OECD회원국들 중에서 꼴찌에 가깝고 소득집중도로는 단연 최상위권에 속한다. 그러니 굵직한 국제기구들이 우려할 만큼 우리나라의 소득불평등은 심하다고 할 수 있다. 참고로 국민소득에서 최상위 1%가 차지하는 몫을 보면, 1960년대부터 1980년대까지 고도경제성장 시대에는 대체로 7% 수준이었다가 2013년에는 12%를 넘는 수준이 되었다.[9]

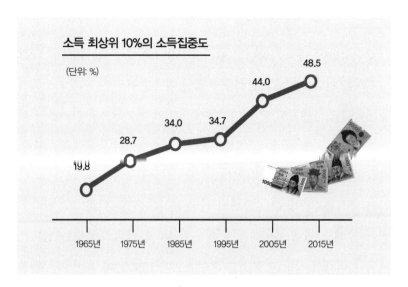

소득 최상위 10%의 소득집중도

(단위: %)

48.5

44.0

34.0   34.7

28.7

19.8

1965년 1975년 1985년 1995년 2005년 2015년

소득에서의 불평등 정도를 보여주는 소득집중도. 한국인들의 전체 소득에서 최상위 10%가 차지하는 비중은 외환위기 이후부터 급격히 증가해 현재는 절반에 달한다.(자료: 한국노동연구원)

OECD는 2014년에 소득불평등 문제를 다룬 특별 보고서를 발표한 데 이어 2015년에는 『소득불평등: 빈부격차』라는 책을 발간했는다. 여기에는 OECD회원국들의 10분위 배율이 나타나 있다. 10분위 배율은 최상위 10%의 총소득을 최하위 10%의 총소득으로 나눈 값이다. 말하자면, 한 나라 안에서 가장 부유한 10%가 가장 가난한 10%에 비해서 몇 갑절 더 잘사는가를 보여주는 지표다. 이 책에 의하면, 2013년 OECD회원국들의 10분위 배율 평균값은 8.4였는데, 우리나라의 10분위 배율은 이보다 상당히 높은 10.1이었다. 우리나라의 최고부자 10%가 가장 가난한 10%보다 열 배 이상 잘산다는 얘기다. 독일의 경우는 10분위 배율이 6.9이며, 우리나라는 영국·일

본 등과 비슷한 수준이다.[10]

보수성향이 매우 강하다고 알려진 IMF조차도 소득불평등에 대한 보고서를 잇달아 발표하면서 근본적인 대책을 촉구했다.[11] 2015년 서울대학교에서 개최된 한 세미나에서 IMF의 부총재는 우리나라와 선진국에서 동시에 나타나고 있는 저조한 경제성장과 소득불평등이 심각한 수준이라고 경고했다.[12] 많은 전문가들이 우려하는 것은 우리나라의 소득불평등이 OECD에서 가장 빠른 속도로 악화되고 있다는 점이다. 1990년대 중반까지만 해도 우리나라의 소득불평등 정도는 외국에 비해서 상당히 양호한 편이었으나 1990년대 후반부터 본격적으로 악화되기 시작했다.

그렇다면 우리나라의 재산불평등은 어떠한가? 재산불평등 역시 한 국가의 총재산에서 '최고 부자들'이 얼마나 큰 비중을 차지하고 있는가를 나타내는 재산집중도로 헤아릴 수 있다. 여기에서 말하는 '최고 부자들'은 재산순으로 나열했을 때 최상위 1%일 수도 있고, 최상위 10%일 수도 있고, 최상위 20%일 수도 있다. 선진국의 경우처럼 우리나라도 재산집중도가 소득집중도에 견줘 현격하게 높다. 2014년에 발표된 한 자료를 보면, 소득 면에서는 최상위 1%가 국민소득의 약 13%를 차지하고 있지만, 재산 소유 면에서는 최상위 1%가 우리나라 총재산의 약 34%를 소유하고 있다. 또 소득 면에서는 최상위 10%가 47.9%를 차지하고 있지만, 재산 면에서는 10%가 62.8%를 가지고 있다.[13] 경제학자 김낙년 교수의 최근 추정에 의하면, 2010년 재산소유 최상위 1%가 우리나라 총재산의 약 1/4을 가지고 있으며,

최상위 10%가 2/3 정도를 가지고 있다.[14] 이를 OECD 회원국들과 비교하면 한국은 소득불평등 측면에서는 단연 최상위권에, 재산불평등면에서는 중간 정도에 위치한다는 것을 알 수 있다.[15]

선진국의 경우엔 대체로 재산이 많으면 소득도 많다. 그도 그럴 것이 재산이 돈벌이 수단이 되기 때문이다. 이자·배당금·임대료·시세차익 등이 그 예다. 소득이 많으면 저축액도 커지기 때문에 재산도 늘어난다. 이 재산이 다시 소득을 창출한다. 그래서 재산이 많으면 소득이 늘고 소득이 많으면 재산도 커지는 순환고리가 형성되며, 이 때문에 극히 일부 국가(예컨대 스웨덴)를 제외하고는 재산불평등이 심하면 소득불평등 역시 심해지는 경향이 있다.

우리나라도 그 예외는 아니다. 다만, 우리나라의 경우에는 아직까지는 소득불평등과 재산불평등이 선진국처럼 높은 상관관계를 가지지는 않는다.[16] 우리나라에서는 재산을 적게 가지고 있는 사람들의 상당수가 고소득계층에 속하고 반대로 재산을 많이 가진 사람들의 상당수가 저소득계층에 속한다. 왜 그럴까? 재산에도 돈벌이가 잘되는 것이 있고 그렇지 못한 것이 있다. 예를 들면 주거용 주택과 토지는 돈벌이를 위한 것이 아니라서 소득 창출의 도구가 되지 않는다. 우리나라 중산층 중에는 이와 같이 돈벌이가 잘 안 되는 재산을 가진 가구가 많다.[17] 부동산에 대한 집착이 워낙 강해서 좀 부담이 되더라도 집을 장만하려고 애를 쓴다. 그러다 보니 집 장만을 위해서 쪼들린 생활을 감수하는 가구가 적지 않다. 어떻든, 아직까지는 재산불평등의 정도가 선진국에 비해서 상대적으로 덜 심하고 재산불평등이 소득불평등을 초래하는 주된 요인이라고 보기 어렵기 때문에 지금 당장은 소득불평등에 더 신경을 써야 한다는 주장이 많다. 하지만 문제는, 소득 및 재산의 불평등 정도가 매우 빠른 속도로 높아져왔으며, 앞으로는 우리나라도 소득불평등과 재산불평등 사이의 순환 고리가 점점 더 뚜렷해지면서 이 두 가지 불평등이 가속화할 것으로 예상되고 있다는 점이다.[18]

왜곡된 지표를 믿는 사람들

소득집중도와 10분위 배율로 따졌을 때 우리나라의 소득불평등이 다른 OECD 회원국들에 비해서 무척 심하다고 하면, 또 다른 지표인 지니계수는 어떨까? 소득불평등을 나타내는 여러 가지 지표들 중에서 아마도 사람들에게 가장 많이 알려진 것이 지니계수일 것이다. 지니계수는 0과 1 사이의 수치로 나타나는데, 불평등의 정도가 심할수록 지니계수의 값이 커진다. 가계소득을 기준으로 통계청이 작성한 우리나라의 지니계수 추이를 보면 IMF외환위기 이후 계속 높아지다가 2009년경부터는 약간 낮아진다. 2013년에는 0.307이었는데[19] 이 수치를 액면 그대로 받아들이면 우리나라의 소득불평등 정도는 OECD에서 중간쯤 되니 그리 나빠 보이지 않는다. 그래서 우리나라의 소득불평등이 그리 심하지 않으며 근래 들어 개선의 기미를 보인다고 주장하고 싶어 하는 보수 진영 인사들이 이 수치를 즐겨 인용한다. "한국의 소득격차는 모든 지표면에서 OECD국가들의 평균치를 보이므로 한국이 특별히 소득격차가 심하다는 주장은 전혀 근거가 없는 주관적 주장이다." 무척 단정적인 이 말은 자유기업원 원장이 발표한 논문에 나온 것인데, 그는 분명히 '모든 지표'라는 표현을 쓰고 있다.[20] 이명박정부에서 기획재정부 장관을 지낸 전직 고위관료 역시 지니계수를 인용하면서 "선진국에 비추어 현재 우리나라는 분배가 썩 나쁜 상태는 아니고, 평균 정도 된다"고 말했다. 한 술 더 떠서 그는 우리나라가 북유럽 국가들의 수준에 근접할 정도로 "분배상태가 괜찮은 그룹에 속한다"는 말까지 덧붙이고 있다.[21]

허나 OECD의 공식자료에 의하면, 10분위 배율이 덴마크의 경우 5.3이었고 핀란드의 경우에는 6.4로, 10이 넘는 우리나라와는 비교조차 되지 않을 만큼 낮다. 잘 알려져 있듯이 북유럽 국가들은 세계 최고의 복지국가들이요 불평등도가 가장 낮은 국가들이며 동시에 세계에서 행복지수가 가장 높은 나라들이다. 보수인사들은 그렇다고 치자. 박근혜 전 대통령은 2016년 10월 24일 국회 시정연설에서 "지니계수를 비롯한 여러 지표에서 분배 구조의 개선이 확인되고 있다"고 말했다. 그러자 곧장 주요 언론에서 대통령의 현실 인식이 실제와 너무 동떨어졌다는 반론이 튀어나왔다. 대통령을 위시한 고위 관료들이 이렇게 안이하게 생각하고 있으니 우리나라의 불평등 문제가 해결되기는커녕 계속 악화되고, 결국 11월 촛불혁명이 터진 것이 아닌가.

그러면 보수진영이 그토록 굳게 믿고 있고 대통령까지 공공연하게 인용하는 지니계수는 과연 얼마나 믿을 만한가? 그 지니계수는 통계청이 조사한 가계소득을 바탕으로 한 것이다. 설령 통계청이 가계소득을 정확하게 파악했다고 해도, 1인가구를 포함해서 지니계수를 계산했느냐 아니냐에 따라 큰 차이가 난다. 2009년 이후 지니계수가 약간 낮아지는 추세에 있다고 하지만, 이는 2인 이상 가구의 경우에만 그렇고, 1인가구까지 포함한 전체 가구들을 대상으로 한 지니계수는 그런 추세를 보이지 않는다.[22] 그렇다면 1인가구가 얼마나 많은가? 근래 1인가구가 급속도로 증가하고 있는데, 통계청 발표에 의하면 2014년 우리나라 전체 가구에서 1인가구가 차지하는 비중이 약 34%에 이른다. 2인가구나 3인가구, 4인가구에 비해서 월등이 많다. 그러니까 대통령과 고위 관료들 즐겨 인용하는 지니계수는 우리나라 가구의 1/3을 빼고 계산된 것이다. 더욱이 그 1인가구의 상당수가 저소득 가구다. 통계청이 발표한 지니계수는 그 많은 저소득계층을 제외한 자료를 바탕으로 한 것이니 실제 불평등을 과소평가할 수밖에 없다.

그렇다면 통계청이 조사한 가계소득은 정확한가? 김낙년 교수의 연구에 의하면, 전혀 그렇지 못하다. 지니계수의 산출 근거가 되는 가계소득 자료는 설문조사로 얻은 것이다. 설문조사에 기반하면 자연히 고소득층의 소득이 많이 누락된다. 부유층은 자신들의 소득이 공개되는 것을 극도로 꺼리는 경향을 보이기 때문이다. 응답률도 낮다. 또 한 가지 심각한 결함은, 통상 부유층의 소득 중에서 아주 큰 부분을 차지하는 재산소득(이자·배당금·임대료 등)이 설문조사에서는 거의 대부분 누락된다는 것이다. 농어촌 가구도 조사대상에서 제외된다.[23] 이런 여러 가지 이유로 통계청의 조사 자료를 바탕으로 한 지니계수는 현실의 불평등을 지나치게 과소평가하게 된다. 그래서 김 교수가 통계청 가계조사 자료에서 누락된 부분이나 미비한 부분을 보완하여 새로 지니계수를 산출해보았더니 그 값이 0.4를 초과하는 것으로 추정되었다. 통계청이 발표한 0.307보다 월등히 높다. 이 정도면 소득불평등의 정도에 있어서 우리나라는 OECD 회원국들 중에서 거뜬히 상위권(3~4위 권)으로 올라간다.[24] 달리 말하면, 지니계수로 따져보더라도 우리나라는 OECD에서 소득불평등 정도가 가장 심한 국가 중 하나라는 것이다. 김 교수는 5분위 배율(최상위 20%의 총소득을 최하위 20%의 총소득으로 나눈 값)도 새로 추정했다. 종래 통계청이 발표한 2010년 우리나라의 5분위 배율은 12보다 적은데 김 교수가 추정한 값은 약 14다. 이것 역시 통계청이 발표한 것보다 현저하게 높다.[25]

지니계수가 소득불평등 정도를 나타내는 가장 대표적인 지표라고는 하지만, 사실 지니계수 그 자체만 보아서는 소득불평등의 정도가 어느 정도 심한지에 대한 감을 잡기가 어렵다. 예컨대, 지니계수가 0.3이라면 도대체 소득불평등이 어느 정도로 심한 것인지, 실감이 오지 않는다. 어느 학자가 이것을 그림으로 보여주었다. 그는 영국에서 소득이 있는 모든 사람이 한 시간 동안 행진한다고 가정하는 모의실험을 했는데, 행진하기 전에 사람들의 키를 소득에 비례해서 조정했다. 영국에서 평균 소득을 버는 사람은 영국인의 평균 키를 가지게 하고, 이보다 소득이 높으면 그만큼 더 큰 키를, 이보다 소득이 낮으면 그만큼 더 작은 키를 가지게 만들었다. 그러면 아주 가난한 사

"통계청 지니계수 구멍…소득불평등 OECD 5위"

김낙년 동국대 교수 분석

"표본수 적고 20% 무응답 '허점'
5700만원 이상 소득도 과소 파악
국세청 소득자료로 보정하면
0.314 아닌 0.415…불평등 커져"

2008년 기준으로 통계청이 발표한 우리나라의 지니계수(가처분소득)는 0.314. 그해 경제협력개발기구(OECD) 회원국 평균값과 정확히 일치한다. 지니계수(란 사회 구성원의 소득 불평등 정도를 나타내는 대표적 잣대로, 수치가 0에 가까울수록 균등한 소득분포를 보인다는 뜻이다. 0.4 미만이면 대체로 '안정적인 사회'로 받아들여진다.

하지만 일상생활에서 피부로 느끼는 불평등 정도와는 상당한 격차를 보인다. 김낙년 동국대 교수(경제사)가 27일 〈한겨레〉에 제공한 '삼국시대 소득분배 비교자료 논문'을 보면, 국세청의 국세통계연보(소득세) 등을 바탕으로 우리나라의 소득 불평등 정도를 추정할 경우, 지니계수는 0.4 수준을 훨씬 넘어서는 것으로 나타났다. 공식통계에서 드러난 것보다 불평등 정도가 훨씬 심각한 셈이다.(〈한겨레〉 2012년 10월 24일치 1면 참조)

김 교수는 먼저 통계청 가계동향조사 표본설정에 허점이 있음을 지적했다. 통계청은 해마다 8000여 가구를 심층 조사한 뒤 이를 바탕

으로 지니계수를 산정·발표하는데, 표본가구 수가 적고 무응답률도 20%에 이르러 신뢰하기 힘들다는 것이다. 김 교수가 국세청의 국세통계연보(소득세)와 비교해본 결과, 연간 소득 5700만~7500만원 이상의 고소득 계층부터 '통계 착오'이 나타나기 시작했다. 연간소득 5700만원 이상 고소득자라고 응답한 비율이 이에 해당하는 소득세를 낸 인원보다도 적어, 고소득자가 과소 파악되거나 누락됐다는 것이다. 미국 등 통계 선진국은 가계경제조사에 국세 자료로 보정하고 있다.

이에 김 교수는 통계청의 가계동향조사에서

소득세 징수 자료를 보정한 '수정 지니계수'를 추산했다. 그 결과 0.314에 머무르던 가처분소득 기준 지니계수는 0.371로, 0.344 수준이었던 시장소득 기준 지니계수는 0.415(2010년 기준)까지 치솟았다. 김 교수는 "수정한 가처분소득 지니계수를 기준으로 하면 한국은 경제협력개

발기구 국가들 가운데 5번째로 소득 불평등이 심한 나라가 된다"고 밝혔다.

이처럼 지니계수가 높아진 원인으로는 소득 집중 현상이 지목됐다. 2010년 종합소득과 근로소득세 기준으로 소득 상위 1%가 전체 소득의 11.93%를 차지하는 것으로 나타났다. 1990년대에는 6.58%에 그쳤는데, 불과 12년 사이에 소득 집중도가 두배 가까이로 올랐다는 뜻이다.

김 교수는 이같은 현상의 배경으로 1990년대 중반 이후 한국 경제의 체질 변화를 첫 손에 꼽는다. 김 교수는 외환위기 뒤 급격하게 닥친 신자유주의적 보수적인 기업 성과 보상 방식이 소득 집중 현상의 원인이 된 것으로 보인다고 말했다.

이에 대해 통계청 관계자는 "어떤 수정 모델을 사용했는지 정확히 알 수 없다는 점에서는 논문 자체를 평가하기는 어렵지만, 가계동향조사는 심층조사를 하기 때문에 정확성에는 문제가 없다"고 말했다.

노현웅 기자 goloke@hani.co.kr

주요국 지니계수(가처분소득) 비교

국가	지니계수
스웨덴	0.259
오스트리아	0.261
독일	0.283
독일	0.295
스위스	0.303
한국	0.314
OECD 평균	0.314
일본	0.329
영국	0.342
한국(수정)	0.371
미국	0.378
칠레	0.494

※자료: OECD, 한국수정치는 2008년 기준, 나머지는 2009년 전후

지니계수는 한 사회의 불평등 정도는 물론 이를 각 국가별로 비교하는 대표적 지표다. 그러나 산출 방식에 따라 왜곡될 가능성이 적지 않고, 그 수치만으로는 실제 불평등 정도를 체감하기 어렵다는 문제가 있다. 정확한 불평등도 측정을 위해서는 소득집중도 등 여러 지표를 복합적으로 살피는 한편, 각종 지표로 드러나지 않는 문제들까지 두루 참고할 필요가 있다.(한겨레, 2013년 2월 28일)

람들의 키는 난쟁이가 되고 거부들은 거인이 될 것이다. 이렇게 키를 조정해놓고 행진을 시키면 그 광경이 어떨까? 처음에는 땅 밑을 걷는 사람들의 머리만 나타난다. 소득보다 빚이 더 많은 사람들이다. 그 다음에는 눈에 보일까 말까 한 아주 작은 사람들이 나타나고 한 10분쯤 지나면 키가 1미터가 되지 않는 난쟁이들이 나타나기 시작한다. 그런데 이 난쟁이들의 행진이 끊임없이 이어진다. 40분이 지나도록 난쟁이만 계속 지나간다. 지루해서 하품을 하는 찰나, 드디어 보통 사람들이 나타나기 시작하는데 그것도 잠시다. 들 이니 농구선수처럼 키가 큰 사람들이 나타나는가 싶더니 어느 순간부터 구경꾼들은 더 이상 행진을 볼 수 없게 된다. 고층빌딩보다 키가 더 큰 사람들

에 이어 머리가 구름 위로 뚫고 올라가는 엄청난 거인들이 등장해서 구경꾼들은 겨우 이들의 다리까지만 볼 수 있을 뿐이다. 행진이 끝나고 나면 구경꾼들의 머릿속에 남는 것은 지루하고 지루한 난쟁이의 긴 행렬뿐이다. 그래서 이 행진을 생각해낸 학자는 이것을 '난쟁이의 행렬'이라고 불렀다. 국민 각자의 키를 소득에 비례해서 조정하면 국민의 거의 대부분이 꾀죄죄한 난쟁이들이고 몇 안 되는 극소수의 사람들은 상상을 초월하는 부자라는 것이다. 이 그림은 조금 오래된 것이지만, 우리나라 사람들을 행진시키면 불평등의 정도가 이 난쟁이의 행진보다 더 크게 나타날 것이다.

현실의 불평등에는 지니계수나 소득집중도, 10분위 배율 등과 같은 지표로만으로는 짚어낼 수 없는 측면이 있다. 소득이나 부의 불평등은 단순히 돈이 많고 적음만의 문제가 아니다. 돈이 많으면 상품을 많이 살 수 있지만 권력도 살 수 있다. 특히 부유층은 그렇다. 부유층은 재산을 자식들에게 물려줄 수 있을 뿐만 아니라 재력을 이용해서 언론매체·법조계 그리고 정치권에 영향력을 행사할 수 있다. 그래서 '무전유죄, 유전무죄'라는 말이 상식처럼 나돈다. 이런 권력이나 영향력의 차이는 단순히 불평등 지표만 봐서는 알 수 없다.

사실, 불평등이 심하더라도 대다수의 국민이 이를 대수롭지 않게 생각한다면 별 문제가 되지 않을 수도 있다. 예를 들어서, 능력이 있고 열심히 일하면 누구나 부자도 되고 출세도 할 수 있다고 하자. 진정 그렇다면, 설령 불평등이 심하더라도 대부분의 국민은 이를 크게 문제 삼지 않을 것이다. 실제로 1970년대와 1980년대 우리나라의 경우가 그랬고, 제2차 세계대전 직후부터 1980년까지 이른바 선진국의 자본주의 황금기에도 그랬다. 하지만 돈으로 권력을 사는 일이 횡행한다면 얘기가 완전히 달라진다. 정경유착이 심해지면서, '삼성 공화국'이라는 말이 나돌고, 개인의 능력이나 노력과 상관없이 오직 부모를 잘 만나야만 부자가 되고 출세도 할 수 있는 금수저·흙수저의 사회가 되고 있다. 이런 불평등은 용인될 수 없는 것이요 국민을 분노하게 한다.

보고 싶은 것만 보고 듣고 싶은 것만 듣는다

불평등이 매우 심각하다는 객관적 증거가 무수히 많음에도 불구하고 적잖은 보수진영 사람들이 이를 외면하거나 대수롭지 않게 생각한다. 이런 현상이 우리나라에만 있는 것은 아니다. 미국을 예로 들어보자. 기회의 평등이 보장되기 위해서 사회가 필요한 모든 노력을 다해야 한다는 데 미국 국민의 약 90%가 동의한다. 그렇지만 미국이 선진국 중에서 가장 불평등이 심한 나라이며 빈부격차가 계속 벌어지고 있다는 수많은 통계적 사실에 동의하지 않는 사람들이 특히 미국 보수진영에 아주 많다. 빈부격차의 확대가 나쁜지 좋은지 생각해보지 않았다는 사람들 역시 아주 많다. 개인의 힘으로는 어쩔 수 없는 세계화의 물결이 미국인들, 특히 백인 노동자들을 대량 실업으로 내몰았고 이 결과 백인 노동자들의 집단적 반발이 트럼프를 대통령으로 만들었음에도 불구하고 아직도 소득불평등을 개인의 게으름이나 무능 탓으로 돌리는 사람들이 매우 많다.

잘못된 현실 인식을 바로잡거나 없애기 위해서는 언론보도의 공정성이 매우 중요하다고 말한다. 실제로 모든 언론매체들이 자신들은 공정한 보도를 하고 있다고 주장한다. 그러나 이들이 말하는 보도의 공정성이라는 개념이 매우 애매모호하다. 예를 들어보자. 2016~2017년 대통령 탄핵 정국의 여론조사에서 국민의 압도적 다수인 70% 이상이 탄핵에 찬성하는 것으로 나왔다. 이런 경우, 공정성을 명분으로 탄핵 찬성 쪽과 반대 쪽에서 각각 한 사람씩 뽑아서 1 대 1로 토론을 붙인다면, 마치 탄핵 찬성 여론과 반대 여론이 대등한 듯한 인상을 주면서 자칫 사람들을 호도할 수도 있다. 물론 대통령 탄핵에 관해서는 찬성 여론이 워낙 강해서 이런 혼란은 없었지만, 요컨대 공정성을 명분으로 한 여론 조작은 언제나 가능하고 실제로도 많이 있다는 것이다.

모든 정보가 사실대로 공정하게 제공된다고 해서 잘못된 현실인식이 없어지는 것은 아니다. 현실에 대한 정보가 모든 사람들에게 똑같은 영향을 주는 것이 아니기 때문이다. 동일한 정보에 대하여 보수적인 사람들과 그렇지 않은 사람들의 반응이 다르다. 보수적이지 않은 사람들은 해당 정보를 많이 얻을수록 빈부격차가 확대되고 있음을 인정할 가능성이나 빈부격차를 나쁘게 생각할 가능성이 현저하게 높아지는 반면, 보수적인 사람들은 그렇지 않다는 놀라운 사실을 밝혀낸 연구가 있다.[26] 보수적인 사람들의 경우에는 객관적인 정보를 많이 제공하더라도 빈부격차가 심해지고 있음을 인정하거나 이를 나쁘게 여길 가능성이 그리 높아지지 않는다는 것이다. 오히려 정치의식이 아주 높은 보수주의자들은 빈부격차가 벌어지고 있다는 사실을 부정하고 심한 불평등을 나쁘게 여기지 않을 가능성이 높다. 사람들은 자신들의 가치관에 대한 집착이 매우 강하기 때문에 보고 싶은 것만 보고 듣고 싶은 것만 들으려는 성향이 그만큼 강하다.

왜 이런 일이 벌어질까? 심리학자들은 이런 현상을 이른바 '인지부조화' 이론으로 설명한다. 이들에 의하면, 우리의 많은 신념이 즉흥적으로 형성된다. 어떤 사실이 주어졌을 때 그것이 객관적으로 옳은지 틀린지에 관한 엄밀한 검증에 따라 판단하기보다는 내 마음에 드느냐 아니냐에 따라 판단함으로써 심리적 안정을 꾀하려는 성향이 인간에게 있다는 것이다. 옳고 그름을 떠나서 그것이 마음에 들면 진리로 받아들이고 그렇지 않으면 무시한다. 예를 들면, 자신의 가치관에 부합하는 사실은 의미 있게 받아들이고 그렇지 않은 것은 별 의미 없는 것으로 처리하는 경향이 사람들에게 있다. 그래야 속이 편하다. 보수주의자 입장에서는 현실의 심각한 불평등을 있는 그대로 받아들이면 심리적으로 대단히 불편하다. 2016년 미국 대통령선거 기간 트럼프 후보가 내뱉은 주장의 95%가 거짓말이었다고 밝혀졌지만 트럼프 지지자들은 이에 개의치 않았다. 그가 대통령에 당선될 수 있었던 것은 옳고 그름을 떠나 그의 주장이 수많은 유권자들, 특히 백인 노동자들의 마음에 딱 들었기 때문이다.

인지부조화 이론을 체제에 적용하면 체제정당화(system justification) 이론이 된다. 간단하게 말하면 체제에 대한 '고의적(?)' 착각이 광범위하게 존재한다는 것이다. 어느 심리학자의 말처럼 "우리는 늘 착각

속에 산다". 나는 좋은 사람이라는 착각, 나는 처음부터 알고 있었다는 착각, 내가 나서야 일이 된다는 착각, 나는 착각하지 않는다는 착각, 나는 평균 이상이라는 착각 등 수많은 착각이 우리를 둘러싸고 있다.[27] 착각하고 있다는 것은 현실을 잘못 생각하고 있다는 것이니, 합리적 행동이라고 볼 수 없다. 그런데도 왜 우리는 늘 착각 속에 사는가? 한 가지 대답은, 착각하는 것이 속도 편하고 행복하기 때문이다. 예를 들어서, 복권이 발매되자마자 한 개 사서 주머니에 넣고 있으면, 다음 당첨자가 발표될 때까지 일주일 동안 벼락부자 꿈을 가꾸면서 행복하게 지낼 수 있다. 그러다가 떨어진 것을 아는 순간 얼른 다음 번 복권을 사서 호주머니 속에 넣어두면 또 한 주일을 마음 든든히 지낼 수 있다. 복권에 당첨될 확률은 벼락 맞아 죽을 확률만큼이나 낮고 그래서 복권을 사봐야 그때마다 결국 돈만 날리게 된다는 것을 잘 알면서도 수많은 사람들이 같은 행위를 반복한다.[28] 이들은 착각에서 행복을 찾는다. 행복까지는 아니더라도 착각은 우리의 마음을 편하게 만들어준다.

기술진보와 세계화가 빠르게 진행되고 있는 현대사회는 기본적으로 변덕스럽고 공정치 못하며, 사회적 분란이 심해지고, 각 개인으로서도 어쩔 수 없는 일들이 부단히 터지고 있다. 이런 사회에서 살아가는 것은 때로는 참기 어려운 많은 스트레스를 준다. 보수 성향이 강한 사람들은 이런 심리적 압박에 특히 민감하며 그 압박을 다른 사람들보다 더 견디기 어려워한다. 이런 상황에서 자연스럽게 나타나는 반응은 그런 심리적 압박을 주는 요인들을 부정하거나 외면하면서 우리 사회는 그런대로 살 만한 사회이며 공정하고 안정된 사회라는 착각에 스스로 빠지는 것이다. 그럼으로써 심리적 안정을 꾀할 수 있다.

그러다 보니 보수 성향이 아주 강한 사람들은 '헬조선'이라는 말에 전색하며 '삼포 세대'를 몹시 못마땅하게 여긴다. 심리학자들에 의하면, 이런 현상은 보편적이다. 이 결과 경제 영역에서 나타나는 하나의 현상이 자본주의 시장에 대한 맹신이다. 자본주의 체제, 자본주의 시장이 경제성장을 가져오며 기본적으로 공정하다고 믿는 것이다. 이런 믿음이 특히 보수진영에 널리 퍼져 있다. 심지어 자본주의 시장의 낙오자라고 할 수 있는 빈민들에게도 그런 믿음이 퍼져 있다. 보수 성향이 강한 사람들은 각자의 경제적 전망에 대해 비현실적인 낙관론을 펼치며, 개인의 힘으로 어쩔 수 없는 것도 각자 노력에 따라 얼마든지 극복할 수 있다고 생각하곤 한다.

한 보수주의 전도사는 다음과 같이 말한다. "보수는 잇고 지킨다는 뜻이다. (…) 우리처럼 자유로운 사회에서 보수는 자유민주주의 이념과 시장경제 체제를 잇고 지키는 태도와 사람들을 가리킨다."[29] 하지만, 그 자유민주주의가 부유층의 의사에만 지속적으로 귀를 기울이며 그 시장경제 체제가 극심한 불평등을 고질적으로 조장한다면, 그런 자유민주주의와 시장경제 체제를 잇고 지키는 것이 과연 무슨 의미가 있을까? 어쨌든 보수적인 사람들은 체제의 불안정을 극도로 꺼려하는 성향을 가지고 있다. 그래서 현 경제체제를 고발하는 '불편한 진실'을 격하하고 싶은 강한 충동을 느낀다고 주장하는 학자들도 있다. 이는 현 체제의 정당성과 효율성에 대해 강한 믿음을 가지고 있기 때문이기도 하다. 보수주의는 현상을 유지하고, 사회의 불평등을 유지하기 위한 지적·도덕적 정당화 논리를 제공한다는 점에서 전형적인 체제정당화 이념이다. 불평등을 이념적으로 정당화하는 것이 보수주의자들의 마음을 편하게 한다. 다시 말해서 그들의 현실인식과 가치관 사이의 차이를 매끄럽게 연결해준다는 것이다.

보수진영 일각에서는 우리나라의 불평등이 순전히 저성장 탓이므로 경제성장률만 끌어올린다면 불평등 문제도 자연히 해결된다고 주장하면서 총력을 다해 경제성장에 매진할 것을 촉구한다. 과연 그럴까? 물론 소득불평등의 정도가 경기에 따라 변하는 측면이 있는 것은 사실이다. 경기가 좋을 때는 고용이 늘어나기 때문에 저소득계층의 소득도 늘어나면서 소득불평등의 정도가 완화된다. 하지만 이건 옛날 얘기다. 근래에는 경기가 좋아지더라도 고용이 옛날처럼 빨리 늘어나지 않는다. 실제로 지금까지의 장기적 추세를 보면, 경기가 나빠질 때는 저소득계층이 가장 큰 타격을 받고 경기가 회복될 때에는 가장 느리게 혜택을 받는다는 사실을 확인할 수 있다.[30] 그건 그렇다고 치자. 정말 우리나라의 소득불평등이 순전히 저성장 탓이라고 주장할 만큼 그동안 우리나라의 경제성장률이 낮았는가? 외환위기를 극복한 1999년부터 2012년까지의 우리나라의 연평균 경제성장률은 OECD 평균 2.0%보다 두 배 이상 높은 4.8%를 기록했다. 이는 OECD회원국 가운데 가장 높은 성장률이다. 객관적으로 보더라도 이 정도를 낮다고 하기는 힘들다. 단지 저성장 때문에 분배가 악화되었다고 보기 어려운 것이다. 결국 다른 구조적인 요인들 때문에 성장의 열매가 서민들에게 골고루 퍼지지 못하면서 불평등이 심해졌다고 보는 것이 더 올바른 현실인식일 것이다.[31]

2장

21세기의 불평등은
어떤 문제를 일으키는가

불평등이 심할수록 범죄율이 높다

불평등이 심하다고 해서 무조건 이것을 없애야 한다고 주장할 수는 없다. 없애야 하는 이유가 분명하고 절실하고 구체적이어야 한다. 심한 불평등은 정의롭지 못하기 때문에 없어져야 한다고 말하지만, 과연 어느 정도의 불평등이 정의롭지 못한 것인지는 끝없는 논쟁거리다. 불평등 그 자체를 줄이려고 노력하기보다는 빈곤퇴치에 힘을 집중하는 것이 더 사회정의에 부합한다는 주장도 자주 듣는다. 그러나 이런 주장은 불평등이 초래하는 문제와 빈곤이 초래하는 문제가 다르다는 점, 특히 21세기의 불평등이 그렇다는 점을 잘 이해하지 못하는 주장이다. 권위 있는 국제기구들과 일부 경제학자들은 심한 불평등이 경제성장의 발목을 잡고 있다고 우려하면서 불평등 완화를 위한 적극적 대책을 권고한다. 이것은 현실적으로 충분히 일리가 있는 얘기이기 때문에 뒤에서 다시 자세히 살펴보기로 하겠으나, 심한 불

평등은 현재 경제성장의 발목을 잡는 정도를 넘어서 훨씬 더 많은 사회악을 일으키고 있다.[1]

우선 폭력 및 범죄와 불평등 사이의 관계에 대해서 살펴보자. 이에 관한 연구는 세계 50개국을 대상으로 한 세계은행의 연구를 비롯해서 상당히 다양하게 진행돼왔는데, 그 많은 연구들은 폭력 및 살인 등의 강력범죄가 불평등과 밀접한 관계가 있음을 분명히 보여준다.[2] 우연으로 보기에는 상관관계가 너무 강하다. 불평등이 심한 나라일수록 살인율(인구 10만 명 당 피살되는 사람의 비율)이 현저하게 높으며, 학교폭력이 심하고, 자신이 주먹싸움을 잘 한다고 생각하는 사람들의 비율도 높아진다.

선진국 가운데 가장 불평등이 심한 나라인 미국은 범죄율에서도 단연 으뜸이다. 흔히 이렇게 미국의 범죄율이 특별히 높은 이유는 개인의 총기소유가 허용되기 때문이라고 말한다. 그러나 이것만으로는 미국의 높은 범죄율을 설명할 수 없다. 미국의 50개 주 모두가 개인의 총기소유를 허용하고 있지만, 주에 따라 범죄율에 큰 차이가 있다. 이 차이를 어떻게 설명할 것인가? 불평등의 정도가 그 차이를 가장 잘 설명한다. 즉, 불평등이 심한 주일수록 살인율이 높은 경향이 뚜렷이 나타난다. 국가별로 봐도 개인의 총기소유와 범죄율 사이에는 별 관계가 없다. 미국처럼 핀란드 역시 개인의 총기소유가 허용되고 있을 뿐만 아니라 실제로 총기를 소유한 가구의 비율이 매우 높다. 그러나 핀란드의 살인율은 미국에 비해서 현저하게 낮다. 핀란드는 미국에 비해 훨씬 평등한 나라다. 싱가포르는 개인의 총기소유 비율이 가장 낮은 나라이지만, 살인율은 일본에 비해서 현저하게 높다. 싱가포르는 일본에 견줘 매우 불평등한 나라다.

그렇다면 우리나라의 범죄율은 어떨까? 흔히 한국은 치안이 좋은 나라로 알려져 있다. 그러나 살인율로 보면 우리나라는 OECD 30여 개 국가 중 6위이고 10만 명당 강간범죄 발생건수는 13위다. 이런 유의 강력범죄율에서는 OECD 상위권에 속한다고 할 수 있다.

높은 범죄율은 그 자체로도 문제지만 그로 인해 소요되는 돈도 문제다. 선진국 중에서 범죄율이 가장 높은 미국을 예로 들어보자. 미국은 다른 어떤 선진국보다도 치안유지에 훨씬 더 돈을 쓰는 나라다. 미국은 전체 인구의 1% 이상을 감옥에 가두어놓고 있다.[3] 미국인 100명 가운데 한 명 꼴로 감옥에 갇혀 있는 셈이다. UN이 세계 여러 나라를 상대로 조사해본 바에 의하면 불평등이 심한 나라일수록 수감자 비율도 높았다. 미국의 50개 주를 대상으로 조사한 결과에서도 같은 결과가 나왔다. 불평등이 심하면 범죄율이 높아지니, 자연히 수감자 비율이 증가한다고 볼 수 있다. 그런데 불평등은 또 다른 측면에서도 수감자 비율에 영향을 준다. 수감자 비율이 증가하는 이유를 분석해본 연구가 있는데, 그 결과를 보면 한 가지 이상한 현상이 나타난다. 범죄율이 높아진다고 해서 반드시 수감자 비율도 높아지는 건 아니라는 것이다. 범죄율의 증가는 수감자 비율 증가의 일부분만 설명할 뿐이다. 수감자 비율에 영향을 주는 또 한 요인은 범죄에 대한 사회의 인식과 태도다. 우리는 흔히 범죄율을 낮추기 위해서는 범죄행위에 대해 더 강력한 징벌이 필요하다는 주장을 듣곤 한다. 이런

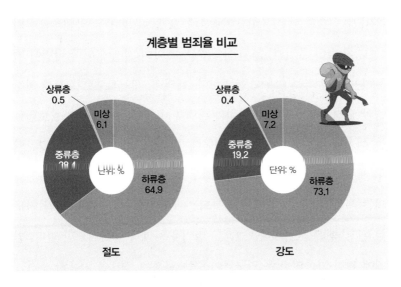

계층별 범죄율 비교

상류층
0.5

미상
6.1

중류층
28.0

단위: %

하류층
64.9

절도

상류층
0.4

미상
7.2

중류층
19.2

단위: %

하류층
73.1

강도

통계적으로 범죄율은 중산층 이하 계층에서 상당히 높게 나타난다. 전문가들은 이렇게 발생하는 범죄의 동기로 빈곤에 따른 생활고와 상대적 박탈감을 꼽는다. 안전한 사회를 바란다면 범죄자 처벌을 강화하기에 앞서 불평등을 해소하려는 노력이 필요하다.(자료: 경찰청, 2013년)

엄벌주의를 택하면 범죄를 처벌할 때 감옥에 더 많이, 더 오래 가둬둘 가능성이 커지고 따라서 수감자 비율도 높아진다. 그렇다면 범죄에 대한 사회의 인식과 태도에 영향을 주는 요인은 무엇인가? 세계여러 나라를 대상으로 하거나 미국의 50개 주를 대상으로 연구한 결과를 보면 불평등이 심한 사회일수록 범죄에 대한 징벌이 가혹해지는 경향을 읽을 수 있다.

엄벌주의에는 돈의 문제가 뒤따른다. 미국에서는 죄수 한 사람을 하루 감옥에 가두어 두는 데 소요되는 비용이 일류호텔 하루 방값만큼이나 비싸다니 감옥을 유지하는 데만도 엄청난 돈이 흘러들어 가리라 쉽게 짐작할 수 있다.[4] 실제로 순전히 공적으로 법집행과 치안

유지에 소요되는 비용이 1990년대 초에 이미 미국 국내총생산의 1.3%에 달하고 있다. 물론 이 돈은 범죄와의 전쟁에 미국 국민이 지불하는 돈의 극히 일부에 불과하다. 예컨대, 개인적으로 고용한 민간 경찰에 지불하는 돈이나 범죄와 관련해서 개인들이 지불하는 보험료는 여기에 포함되지 않는데, 미국에서 사설경찰의 수는 공공경찰의 두 배 가까이 된다. 미국의 백화점 운영 인건비에서 청원경찰에 지출되는 부분이 판매요원에게 지불되는 부분보다 더 크다니 뭔가 거꾸로 된 것 같은 느낌이다.[5] 그래도 범죄율은 계속 높아지기만 한다. 범죄에 관한 기존의 많은 연구들이 주는 교훈은, 징벌을 가혹하게 하는 것이 범죄 예방에 그리 효과적이지 못할 뿐만 아니라 오히려 범죄를 키울 우려가 있으며, 엄벌주의보다는 불평등을 줄이는 것이 범죄율과 수감자의 비율을 낮추는 효과적인 방법이라는 것이다.

불평등이 심할수록 질병도 많다

불평등과 질병 사이의 관계를 밝힌 연구들도 대단히 많다. 근래 우리나라에서도 청소년의 정신적 고통이 큰 사회문제가 되고 있다. 국민건강보험공단에 따르면, 2010년부터 2015년 사이에 20대 우울증 환자가 13.6% 늘었고, 불안장애 환자는 30.5%, 강박장애 환자는 18.7% 늘었다.[6] 세계보건기구WHO의 자료를 바탕으로 12개 선진국을 대상으로 분석해본 한 연구는 불평등과 정신병 사이에 아주 높은 상관관계가 있음을 발견했다. 즉 불평등이 심한 사회일수록 불안증·우울증·조울증·충동조절장애 등 정신병을 앓는 사람들의 비율이 크게 높아진다는 것이다. 불평등이 심한 사회일수록 알코올 및 마약 중독에 빠진 사람들의 비율이 높아진다는 점은 이미 잘 알려져 있고 이를 뒷받침하는 연구 결과도 있다. 미국 50개 주를 대상으로 조사한 연구에서도 같은 결과를 확인할 수 있었다. 비만은 온갖 성인병의 원인으로 지목되며 우리나라에서도 어린이 비만이 큰 문제가 되고 있는데, 불평등이 심한 나라일수록 비만율이 높아짐을 통계적으로 밝힌 연구도 있다.

이런 단편적인 연구들 외에도 체계적인 국민 건강지수를 바탕으로 이것과 불평등 사이의 관계를 종합적으로 살펴본 연구들도 많다. 세계 여러 나라를 비교한 연구도 있고 한 나라 안에서 지역들을 비교한 것도 있다. 종합해보면 평등한 사회일수록 건강지수가 높았다. 결코 우연이라고 볼 수 없을 만큼 이 둘 사이의 상관관계가 강했다. 1인당 의료비 지출액의 많고 적음 그리고 첨단 의료시설의 많고 적음은 국민의 건강지수나 기대수명과 밀접한 관계가 없었다. 달리 말하면, 1인당 의료비 지출액이 많고 첨단 의료시설을 잘 이용할 수 있다고 해서 국민의 건강지수나 기대수명이 높아지는 것은 아니라는 얘기다. 오히려 불평등의 감소가 건강지수를 현저하게 개선하는 구체적인 사례들이 발굴되어 학계의 큰 관심을 끌었다. 영국이 그 단적인 예를 제공하고 있다. 20세기에 들어와서 제1차 세계대전과 제2차 세계대전이 있었는데, 양차 세계대전은 합쳐서 약 10년간 계속되었다. 그런데 영국 민간인의 기대수명이 급속하게 늘어난 기간이 바로 이 10년간이다. 이 시기의 기대수명 증가폭이 20세기 나머지 기간의 기대수

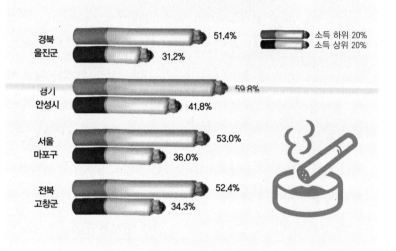

소득에 따른 각 지역내 흡연율 격차

경북 울진군
51.4%
31.2%

소득 하위 20%
소득 상위 20%

경기 안성시
59.8%
41.8%

서울 마포구
53.0%
36.0%

전북 고창군
52.4%
34.3%

흡연율, 각종 질환 발병률, 기대수명 등 건강 관련 지표도 소득격차에 따라 뚜렷하게 구분된다. 불평등이야말로 건강사회의 적인 셈이다.(자료: 서울대학교 의과대학 강영호 교수팀)

명 증가폭의 2배를 넘는다. 어떻게 전쟁중에 기대수명이 유난히 큰 폭으로 증가했을까? 대개 전시에는 완전고용 상태가 되고 모든 노동자의 임금이 크게 높아지며 정부가 모든 국민의 단합을 높이기 위한 평등주의 정책을 펴기 때문에 빈부격차가 급속하게 줄어든다. 전시의 동포애와 사회적 결속은 국민의 건강을 증진할 뿐만 아니라 범죄도 크게 줄여준다.

또 한 가지 확인된 사실은, 불평등이 심한 나라일수록 노동자의 근로시간이 길어진다는 것이다. 우리나라는 OECD의 30여 개 회원국들 중에서 두번째로 불평등이 심한 나라인데 근로시간 역시 두번째로 길다. 학생들의 학력수준과 불평등 사이의 관계를 살펴본 연구도 있다. 공인된 국제기구가 작성한 표준 학력수준 테스트를 이용하여 45개국을 대상으로 학생들의 수학과 읽고 쓰기 능력을 조사한 결과를 보면, 불평등이 심한 나라일수록 학력수준이 낮았다. 같은 방법을 미국의 50개 주에 적용해본 결과에서도 비슷한 현상이 나타났다. 10대 임신 역시 불평등과 밀접한 관계가 있는 것으로 나타났다. 유니세프UNICEF 보고서에 의하면, 불평등이 심한 나라일수록 여성인구 1000명 당 10대 임신의 비율이 높았다. 미국의 50개 주를 대상으로 조사한 결과에서도 10대 임신과 불평등 사이에 높은 상관관계가 있음이 확인되었다.

알코올 및 마약 중독, 각종 질병, 살인, 수감자 비율, 청소년 비행 등을 하나로 묶어서 사회악 지표를 만들고 이 지표와 불평등 사이의 관계를 살펴본 연구도 있다. 21개 선진국을 대상으로 한 조사에 따르면, 예상대로 불평등이 심한 나라일수록 이 사회악 지표의 수준이 현저하게 높았다. 예를 들면, 가장 평등한 북유럽 국가들의 사회악 수준은 매우 낮았고 가장 불평등한 미국의 사회악 수준은 매우 높았다.

빈곤퇴치보다 불평등 해소가 우선이다

그러나 사회악과 불평등 사이의 관계에 대한 이런 연구 결과에 대하여 반론이 없지 않다. 각종 사회악들은 주로 '빈곤'과 밀접한 관계가 있는 것들이지 '불평등' 자체와는 별 관계가 없다는 것이다. 간단히 말해서, 가난해서 병에 걸릴 가능성이 높은 거지 불평등해서 병에 걸리는 건 아니라는 얘기다. 실제 자료를 보더라도 빈곤층이 병에 걸릴 가능성은 매우 높다. 질병뿐만 아니라 각종 범죄, 마약 및 알코올 중독, 신용불량, 영아사망률 등의 현상이 빈곤과 밀접한 관계가 있다. 이런 주장을 뒷받침하는 단편적 자료들이 많이 있는 것도 사실이다. 그래서 정부의 정책이 불평등 줄이기보다는 빈곤퇴치에 역점을 두어야 한다고 주장하는 사람들이 적지 않다.

과거에는 이런 주장이 어느 정도 통했을지도 모른다. 허나 21세기에는 그렇지 않다. 만일 빈곤이 질병 및 사회적 병리현상의 주범이라고 한다면, 가난한 나라에 비해서 부자 나라에서는 질병 및 사회적 병리현상이 현저하게 적어야 한다. 달리 말하면, 1인당 국민소득 수준이 높아질수록 이에 비례해서 질병 및 사회적 병리현상이 줄어들어야 한다는 것이다. 그러나 통계자료를 보면 전혀 그렇지가 않다. 학자들이 수많은 자료들을 바탕으로 통계분석을 해보면, 질병 및 사회적 병리현상과 1인당 국민소득 사이에는 통계적으로 의미 있는 상관관계가 나타나지 않는다. 가난한 나라 중에서도 기대수명이 선진국 못지않게 높은 나라가 적지 않다. 예를 들면, 중국은 1인당 국민소득이 낮지만 기대수명은 상당히 높다. 가난하지만 범죄율이 매우 낮은 나라가 있고, 부유하지만 범죄율이 매우 높은 나라가 있다. 미국은 세계에서 가장 부자나라라고 하지만, 범죄율이 대단히 높다. 물론, 미국에도 가난한 사람들이 많이 있다. 그러니 1달러도 채 안 되는 돈으로 하루를 근근이 먹고살아야 하는 아프리카 빈민에 비하면 미국의 빈민은 빈민이라고 말할 수도 없다. 조사 결과에 의하면, 미국 빈곤층의 80%가 에어컨을 가지고 있으며, 약 75%가 자가용차를 가지고 있고, 33%는 컴퓨터와 식기 세척기를 가지고 있다.[7] 아프리카의 시각에서 보면 미국에는 사실상 빈곤이 없는 셈이다. 그러므로 빈곤이 질병과 사회적 병리현상의 주된 원인이라는 학계의 기존 주장을 맹목적으로 받아들이면 미국의 범죄율이나 수감자 비율이 매우 낮아야 한다. 그러나 현실은 정반대다. 결국 중요한 것은 빈곤의 절대적 수준이 아니라 상대적 수준이고, 이 상대적 빈곤의 정도가 곧 불평등의 정도를 반영한다.

국가 정책이 불평등 해소보다는 빈곤퇴치에 역점을 두어야 한다는 주장은 더 이상 받아들이기 어렵다. 오늘날 선진국이나 우리나라와 같이 선진국 문턱에 와 있는 나라에서는 빈곤보다는 극심한 불평등이 더 큰 문제다. 질병이 많고, 범죄가 들끓고, 살인이 끊이지 않으며, 마약과 알코올 중독자가 많고 불량 학생이 많은 사회는 불안하기 짝이 없는 사회요, 결코 살기 좋은 사회가 아니다. 극심한 불평등은 사회를 멍들게 하는 주된 요인이다. 뒤에서 자세히 살펴보겠지만, 심한 불평등은 국가 안보도 위협한다. 심한 불평등을 해소하면 그런 각종 사회악을 줄이고 국가 안보를 튼튼히 하게 된다. 그러면 우리 사회는 그만큼 안전해지고 살기 좋아진다. 흔히 심한 불평등을 없애면 주로 빈곤층만 덕을 본다고 생각하지만 이는 편견이다. 불평등 완화로 인한 혜택은 공공재처럼 모두에게 주어진다. 불평등 해결로 범죄와 폭력이 크게 줄어들어서 사회가 안전해지면 못사는 사람들이나 잘사는 사람들 모두 삶의 질이 향상된다.

각종 사회악과 불평등 사이에 밀접한 관계가 있다고 해도 그 사회악들이 감소함으로 인한 혜택이 얼마나 크겠냐고 의심할 수도 있다. 하지만 이런 의심을 하기에는 이 둘 사이의 상관관계가 너무 높고 불평등으로 인한 해악이 너무 크다. 우리나라와 미국을 비롯해서 선진국들 모두가 범죄예방 및 처벌, 질병예방 및 치료, 빈곤퇴치, 교육수준 높이기 등에 엄청나게 많은 세금을 퍼붓는다. 그러나 그 효과는 그리 좋지 않다. 만일, 불평등이 심할수록 그 사회악들이 늘어난다는 수많은 증거들과 학자들의 연구 결과를 우리가 받아들인다면, 심한 불평등을 해소하는 것이 그 많은 사회악들을 줄이는 가장 효과적이고 근본적인 방법이라는 점에 동의할 수 있다. 물론 불평등을 줄이는 데도 돈이 많이 필요하다. 특히 보수주의자들은 불평등 완화를 위한 복지지출에 강하게 반발한다. 그런데 이들은 범죄예방 및 처벌에 소모되는 막대한 세금에 관해서는 나 몰라라 한다. 그 막대한 소모적 세금 낭비를 지속할 것인가 아니면 그 돈을 불평등 해소에 투입함으로써 우리 사회를 좀 더 안전하고 살기 좋은 사회로 만들 것인가. 어떤 것을 선택해야 할지는 이제 분명해졌다고 본다.

불평등은 나라를 위태롭게 만든다

2017년 대통령선거에서는 일자리 창출과 국가안보가 단연 쟁점으로 떠올랐다. 흔히 국가안보라고 하면 우수한 무기나 강한 군사력을 연상하게 된다. 그러나 아무리 우수한 무기와 강한 군대를 가지고 있어도 국민이 사분오열 갈려서 서로 물어뜯고 싸운다면 외국이 약간만

건드려도 나라가 쉽게 무너진다는 증거가 역사 교과서에 무수히 많이 나와 있다. 인구 500만밖에 되지 않았던 만주 여진족이 수억 인구의 막강한 명나라를 무너뜨리고 청제국을 건설할 수 있었던 이유는 명나라가 분열되어 내란 상태에 빠져 있었기 때문이었다. 결국 국가 안보의 핵심은 국민들 사이의 결속과 단합이다. 결속과 단합은 협동을 낳으며, 협동이야말로 경제적으로나 군사적으로 강력한 힘의 원천이 된다. 국민들 사이의 결속과 단합은 국민들 사이의 신뢰와 정부에 대한 신뢰를 바탕으로 한다. 역사 교과서를 보면, 새로운 나라가 부상할 때는 으레 모두 다 같이 잘살아보자는 구호 아래 서로 믿고 뭉치면서 온 나라에 활기가 넘친다. 그래서 일찍이 헨리 조지는 '평등한 상태에서의 협동'이 곧 사회발전의 원동력이라고 갈파했다.[8] 그러나 세월이 흘러 부정부패가 성행하고 빈부격차가 벌어지면서 국민들의 불만이 팽배해지고 불신이 심해지고 사회적 갈등이 끓어오르기 시작한다. 불만과 갈등은 드디어 분노로 바뀌며, 이것을 극복하지 못하면 그 나라는 결국 멸망한다. 심한 불평등으로 인해서 분열된 사회는 결코 힘을 합칠 수가 없고, 따라서 강한 나라가 될 수 없다. 불평등은 안보에 직결된 문제이기도 하다. 국민적 단합이야말로 가장 강력한 국방이요, 불평등을 없애는 것이 보수진영이 바라는 강한 나라를 만드는 길이다.

불평등이 민주주의에 끼치는 해악에 관한 연구도 많다. 심한 불평등은 민주주의의 기본가치를 훼손하고 나아가서 민주주의 그 자체를 위협한다. 열심히 노력하면 누구나 돈도 벌고 출세할 수 있는 기회가 열려 있어야 한다는 것(기회의 평등)은 민주주의의 기본 원칙이다. 이 원칙이 깨지면 국민은 불공정함을 느끼면서 분노하게 된다. 현실에서 불공정과 불평등은 같은 방향으로 움직이는 경향이 있다.[9] 불평등이 심해짐에 따라 소득과 부가 일부 계층에 집중되면 필연적으로 정경유착이 심해진다. 이 결과 돈으로 권력을 사는 일이 빈번해지면, 기회의 평등 원칙도 무너지게 된다. 돈과 권력이 결탁해 법 앞의 평등이 무너지고 기회의 평등이 사라지는 사례는 인류 역사에 무수히 기록돼 있다. 또한 기회의 평등이 잘 보장되지 않으면 불평등이 심해진다. 결국 경제적 불평등과 기회의 불평등의 악순환이 거듭되면서 금수저·흙수저의 사회로 치닫게 된다.

이렇게 극심한 불평등은 국민들을 분열시키고 정부에 대한 신뢰를 무너뜨리는 중요한 요인이 된다. 세계가치조사World Value Survey나 유럽가치조사 자료를 분석해보면, 불평등한 나라일수록 국민들 사이의 신뢰도가 낮았다. 평등한 나라일수록 "대부분의 사람을 믿을 수 있다"라는 말에 동의하는 비율이 높았다.[10] 이 비율을 신뢰지수로 놓고 조사해보면, 가장 평등도가 높은 북유럽 국가의 신뢰지수는 매우 높은 반면, 불평등이 심한 미국·포르투갈 등의 나라에서는 매우 낮았다. 불평등과 신뢰의 상호관계는 미국의 50개 주를 대상으로 조사한 결과에서도 일관성 있게 나타났다. 즉 불평등이 심한 주일수록 신뢰지수가 낮았다. 사실, 불평등과 신뢰 사이의 관계는 오래전부터 학자들의 관심사였다. 비교적 평등했던 1968년부터 불평등이 아주 심했던 1998년 사이의 자료를 종합적으로 분석해본 연구에서도 소득불평등지수(지니계수)가 높을수록 신뢰지수가 낮아지는 경향이 포착됐다.[11] 한 나라의 신뢰지수는 그 나라가 경제적으로 얼마나 잘사느냐로 결정되는 것이 아니라 얼마나 평등하냐에 따라 결정된다고 이 연구는 결론지었다. '인심은 곳간에서 나온다'라는 말이 있다. 보수주의자들이 즐겨하는 이 말은, 경제적 여유가 있어야만 인심도 좋아진다는 뜻이다. 그러나 통계를 보면 이 말의 신빙성이 의심된다. 오히려 평등할수록 신뢰지수가 높고 불평등할수록 신뢰지수가 낮으니, '인심은 평등에서 나온다'고 해야 할 듯하다.

그렇다면 우리나라는 어떨까? 불평등이 심해지기 전인 1990년대만 해도 우리나라의 신뢰지수는 세계의 평균 정도였다.[12] 불평등이 아주 심해진 지금은 어떨까? 2010년 초 한국경제학회의 계간지인 『한국경제포럼』에 재미있는 논문이 실렸다. 이 논문을 보면 한국 사회는 '불신 사회'라 할 만하다. 어느 정도로 불신이 심한가? 가족에 대한 신뢰도를 100점이라고 하자. 외국인 노동자에 대한 우리 국민의 신뢰도는 46점으로 완전히 낙제 점수다. 국회에 대한 국민의 신뢰도는 어떤가? 놀라지 말라. 39점이다. 막말로 하자면, 우리 국민은 국회를 믿느니 차라리 외국인 노동자를 훨씬 더 믿는다는 얘기다. 정부에 대한 국민의 신뢰도 역시 낙제 점수인 46점으로 나왔다. 국민이 보기에 우리 정부나 외국인 노동자나 못 미덥기는 꼭 마찬가지다. 그러면 대통령에 대한 국민의 신뢰도는 어느 정도일까? 51점으로 나왔다. 대통령에 대한 신뢰도와 외국인 노동자에 대한 신뢰도가 막상막하요 도토리 키 재기다. 어떻든 학교에서는 보통 60점 이하를 낙제로 치니까 우리나라의 대통령은 신뢰도의 면에서는 완전히 낙제감이다. 오죽하면 대통령이 탄핵되고 구속되었을까.

불평등이 심할수록 국민의 신뢰지수가 떨어진다는 주장과 불평등이 심한 사회일수록 범죄에 대한 징벌이 가혹해지는 경향이 있다는 앞의 주장을 연결하면, 불평등이 심할수록 국민의 너그러운 마음이나 관용의 수준이 떨어진다고 할 수 있다. 다시 말해서 불평등이 심해질수록 국민이 야박해지고 매몰차진다는 것이다. 세월이 갈수록 우리 국민이 북한에 대하여 강경해지는 경향도 우리나라의 불평등이 심해지는 현상과 무관하지 않아 보인다.

흔히 수치심과 굴욕감이 폭력을 유발하는 요인이라고는 하지만, 수치심과 굴욕감을 느낀다고 모든 사람들이 폭력을 행사하는 것은 아니다. 돈독한 가족과 좋은 친구들이 있거나, 자랑할 만한 자격을 가지고 있거나, 가치 있는 기능을 보유하고 있거나, 좋은 교육을 많이 받아서 미래에 대한 전망이 좋을 경우에는 체면 깎이는 일을 당하거나 굴욕감을 느끼더라도 폭력을 사용하지 않는다. 자존감이 보호막이 돼주기 때문이다. 그러나 불평등이 심할수록 폭력행사를 막아주는 이런 보호막이 엷어진다.

혼밥족, 혼술족, 혼놀족

국민들 사이의 신뢰와 정부에 대한 신뢰는 경제적으로도 매우 중요하다. 우리 모두가 우려하듯이 노사분규는 막대한 경제적 손실을 초래한다. 만일 노사가 서로 굳게 믿는다면, 노사분규는 최소화될 것이고 이것만으로도 국민경제에 엄청난 이익이 발생한다. 각 백화점이나 슈퍼마켓에서 매출액의 10% 정도가 도난당한다고 하는데, 이 손실은 고스란히 물건값에 얹힌다. 만일 국민들 사이의 신뢰가 강하면 그런 도난이 크게 줄어들 것이고, 그만큼 물건값도 저렴해지니 우리 모두의 이익이다. 이와 같이 국민들 사이의 신뢰가 경제적으로도 큰 이익이라는 사실이 밝혀지면서 '사회적 자본'이라는 용어가 생겨났다. 사회적 자본이란 신뢰의 경제적·정치적 유용성을 부각시켜서 구체화한 개념이라고 할 수 있다. 미국 하버드대학의 로버트 퍼트넘 Robert Putnam 교수는 사회적 자본에 관한 연구에서 가장 널리 알려진 학자 중 한 사람이다. 그는 미국에서 "대부분의 사람들은 믿을 만하다"하다고 말하는 사람의 비율 변화를 조사해봤는데, 이 비율이 1960년에는 60%에 가까웠지만 1993년에는 37%에 불과했다. 이런 연구 결과를 바탕으로 그는 사회적 자본이 경제적 평등과 같은 방향으로 움직이는 경향이 있다고 주장했다.[13] 실제로 불평등 수준이 최고로 낮았던 자본주의 황금기, 즉 제2차 세계대전이 끝난 직후부터 1980년 사이의 기간에 미국의 사회적 자본도 가장 풍부했으나 불평등이 심해지기 시작한 1980년대부터 사회적 자본도 급격하게 줄어들었다는 것이다.

그는 미국의 이런 사회적 자본 감소 추세에 관하여 『나 홀로 볼링 Bowling Alone』이라는 유명한 책을 썼다. 옛날에는 단체로 볼링을 많이 쳤다. 단체로 운동하면 사람들 사이의 교류가 활발해지고 돈독한 인간관계가 쌓이며 이런 가운데 사회적 자본 형성의 기틀이 마련된다.

그러나 20세기 말부터 혼자 볼링을 하는 사람들이 부쩍 늘기 시작했다. 이 때문에 볼링장 주인들이 울상을 지었다. 여러 사람들이 볼링을 치면 사람들이 먹고 마시면서 돈을 많이 쓰기 마련인데, 혼자서 볼링 치는 사람들은 대체로 운동만 하고 조용히 사라지기 때문이다. 물론 혼자서 볼링 치는 사람이 많아지는 현상은 미국사회에서 사회적 자본의 감소추세를 단적으로 보여주는 하나의 상징에 불과하다. 그밖에도 미국에서 사회적 자본이 감소하고 있음을 보이는 증거들은 무수히 찾을 수 있다. 미국인은 소송을 많이 하기로 유명하며, 국민 1인당 변호사의 수도 다른 어떤 나라보다 많다.[14] 과거에는 서로 악수하며 해결했던 문제들을 이제는 법정에서 다투어야 한다고 많은 미국인들이 생각하게 됐다. 시민들 사이의 잦은 송사 때문에 미국사람들은 유럽이나 일본보다 변호사에게 훨씬 더 많은 돈을 바치고 있다. 이런 돈을 전부 합치면 미국 국내총생산의 상당한 부분을 차지할 터인데, 이 모든 것이 결국 사회적 자본의 감소에 대하여 미국사람들이 치르는 대가이다. 그래서 오늘날 미국사회는 과거에 축적되어온 사회적 자본을 까먹으면서 유지되는 사회라고 후쿠야마 교수는 비꼬고 있다.[15]

이런 미국의 현실을 먼 나라 얘기로만 생각할 수는 없다. 우리나라도 미국과 상황이 비슷해지고 있기 때문이다. 우리나라에서는 혼자밥 먹는 사람들(혼밥족), 혼자 술 마시는 사람들(혼술족), 혼자 노는 사람들(혼놀족)의 수가 급속하게 늘고 있고, 1인가구도 빠르게 증가하고 있다. 이와 같이 혼밥족·혼술족·혼놀족·1인가구의 급속한 증가

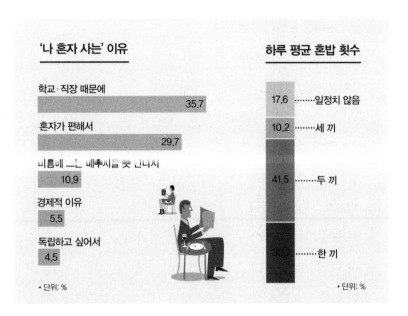

'나 혼자 사는' 이유

학교·직장 때문에
35.7

혼자가 편해서
29.7

비틀에 ㅡㄴ 배부시틀 못 니니시
10.9

경제적 이유
5.5

독립하고 싶어서
4.5

• 단위: %

하루 평균 혼밥 횟수

17.6 ········일정치 않음

10.2 ········세 끼

41.5 ········두 끼

30.7 ········한 끼

• 단위: %

1인가구의 급속한 증가와 그에 따른 혼밥, 혼술 등의 현상이 문화적·상업적으로 주목받고 있다. 그러나 1인가구의 폭증은 무엇보다 심각한 불평등의 결과일 수 있으며, 이에 따른 인적 교류의 저하는 건강 및 행복에 부정적 영향을 미친다는 게 학자들의 일반적인 견해다.(자료: KB금융지주 경영연구소, 2017 한국 1인가구 보고서)

는 우리 사회의 불평등 증가와 사회적 자본의 감소 추세와 맞물려 있다. 그리고 이런 현상은 우리 국민의 행복지수가 낮아지는 것에도 영향을 주고 있다. 행복을 전문으로 다루는 학자들은 활발한 인적 교류 그리고 돈독한 인간관계를 행복의 주요 요건으로 꼽고 있다. 많은 학자들이 사람들 사이의 인적 교류(사회적 연계망)와 건강 사이의 관계를 체계적으로 분석했는데 그 결과 인적 교류가 적을수록 사망률도 높아진다는 사실을 알아낼 수 있었다.[16] 예컨대 친구가 적을수록 사망률도 높아진다는 것이다.

불평등이 우리를 불행하게 만든다

그렇다면 불평등이 심해지면 왜 폭력·범죄·질병·신뢰감소 등 각종 사회악이 늘어날까? 많은 전문가들이 여러 가지 설명을 해주고 있다. 춥고 배고플 때는 사람들이 남을 별로 의식하지 않는다. 그러다 먹고살 만해지면 사람들은 주위를 돌아보고 남들이 어떻게 사는지 관심을 가지게 된다. 그러면서 자연스럽게 나와 남을 비교하게 된다. 남과 비교할 때 사람들이 가장 많이 보는 것은 소득이나 재산이다. 어떤 사람이 정직한지 아닌지는 잘 알기 어려워도 부유한지 아닌지는 금방 알 수 있다. 우리 속담에 "사촌이 땅을 사면 배가 아프다"라는 말이 있을 정도로 남을 의식하고 남과 나를 비교하는 것은 보편적인 현상이다. 특히 자본주의사회에서는 돈의 위력이 막강하기 때문에 소득과 재산이 비교의 가장 중요한 잣대가 된다. 그렇다면 사람들은 남과의 소득 비교에 얼마나 민감할까? 예를 들어서, 다음과 같은 두 가지 선택이 있다고 하자.

①나의 월급은 400만 원이고 다른 모든 사람의 월급은 800만 원인 상황

②나의 월급은 200만 원이고 다른 모든 사람의 월급은 100만 원인 상황

①의 상황은 ②에 비해서 내 소득의 절대적 수준이 갑절이나 더 높나. 그럼에도 불구하고 학생들을 상대로 설문조사를 해본 결과 70% 정도가 내 소득수준의 절대치가 낮더라도 남보다 더 높은 상황, 즉 ②를 택했다.[17] 이런 역설적 결과는 삶에서 의외로 자주 나타난다. 예

를 들면, 올림픽에서 은메달과 동메달을 놓고 선택하라고 하면 누구나 다 은메달을 선택할 것이다. 그렇다면 은메달을 딴 사람이 동메달을 탄 사람보다 더 기뻐해야 한다. 그러나 올림픽 메달리스트의 행복 지수를 조사한 연구에 따르면, 대체로 동메달리스트들이 은메달리스트들보다 더 기뻐한다고 한다. 왜 이런 이상한 결과가 나올까? 은메달리스트는 금메달을 따지 못한 것을 안타까워하면서 탄식하는 반면, 동메달리스트는 메달을 딴 것 자체를 다행으로 여기면서 한숨 돌린다. 은메달리스트는 자신을 금메달리스트와 비교하기 때문에 기분이 상하는 반면 동메달리스트는 스스로를 메달권에 못 든 선수들과 비교하기 때문에 기분 좋아 한다는 얘기다.

이와 같이 남과 비교하는 성향은 불평등이 심해질수록 강해진다. 비슷한 사람들끼리 모여 있으면 남을 강하게 의식하지 않지만, 불평등이 심할 경우에는 사람들 사이에 차이가 많이 드러나기 때문에 남과의 비교가 더 빈번해진다. 불평등이 심한 사회를 살아가는 현대인은 남이 나를 어떻게 생각하며 자신이 남에게 어떻게 비쳐지는지에 무척 집착하게 된다고 학자들은 말한다. 어느 사회에서나 지위 높은 사람과 부자는 극소수다. 불평등이 심해지고 그래서 남과 자주 비교하게 되면, 자연히 자존심 손상이나 굴욕감을 느끼는 일이 많아진다. 불평등이 심할수록 자존심이나 자기존재감이 위협받을 가능성이 높아지는 것이다. "요즈음 세상에 자존심을 제대로 지키면서 살아가는 사람, 거의 없어요"라는 대사가 인기 드라마에도 나온다.

자존심이 위협을 받을 때 사람들이 흔히 하는 행동은 오히려 공격적으로 반응함으로써 무너지려는 자존심과 자기존재감을 억지로 일으켜 세우려는 것이다. 부하 직원에게 화풀이한다든가, 사회적 약자를 학대한다든가, 다른 지역 사람들을 차별하고 비하한다든가, 마음에 들지 않는 사람들을 '좌빨'이라고 욕을 해대는 등의 행동들이 그런 예에 해당한다. 이런 행동을 하면 속이 후련해지면서 일종의 우월감을 느끼게 된다. 비뚤어진 자존심을 발산하는 것이다. 그런 행동이 지나치면 폭력과 범죄로도 이어진다.

학자들은 이를 뒷받침하는 재미있는 자료를 제시한다. 미국에서 가장 평등한 시대였던 1950년대의 여론조사에서는 "나는 가치 있는 존재다" 혹은 "나는 중요한 사람이다"라는 말에 동의하는 응답자의 비율이 12%에 불과했지만, 불평등이 아주 심해지기 시작하는 1980년대에는 이 비율이 무려 80%까지 치솟는다.[18] 불평등이 심해지면서 사람들의 자존심이 부쩍 높아졌다는 뜻이다. 언뜻 이상해 보이는 이런 현상은 불평등이 심해짐에 따라 자존심이 위협받는 일이 빈번해지면서, 오히려 자존심이나 자기존재감을 애써 강화시키려는 일종의 방어 메커니즘이 작동하기 때문이라고 심리학자들이 설명한다. 불평등이 심해질수록 그런 비뚤어진 자존심이 크게 늘어난다는 것이다. 한편 자존심이 위협당할 때 공격적 반응만 나타나는 것은 아니다. 다른 사람들에 대해 애써 무관심하려고 노력하고 남과 얽히기 싫어하는 반응도 나타난다. 그래서 사람들이 자꾸 혼자 있으려고 한다. 그러다 보니 혼밥족·혼술족·혼놀족이 증가한다.

불평등이 심해지면 남과 비교를 많이 하게 되고, 자연히 경쟁과 그에 따른 스트레스도 증가한다. 원래 스트레스는 동물이 위험에 처하거나 중요한 순간에 빠르게 대응할 수 있게 해주는 메커니즘의 일부다. 따라서 자연 상태의 동물이라면 적의 공격을 받거나 먹이를 잡거나 지위경쟁을 벌이는 식의 비상시에서만 스트레스-대응 메커니즘이 작동한다.

그런데 경쟁이 치열한 자본주의 시장경제 사회의 직장인은 이 스트레스-대응 메커니즘이 시도 때도 없이 지속적으로 작동하는 상황에 몰린다. 기업은 생산성을 높인다는 명목 아래 경쟁 상황을 조장한다. 그러다 보면 스트레스-대응 메커니즘이 항시 작동하게 된다. 비상사태에서만 작동해야 할 메커니즘이 항시 작동하면 몸과 마음이 서서히 망가진다. 스트레스-대응 메커니즘이 작동할 경우 우선 호르몬 분비부터 바뀐다. 위험에 처해서 스트레스를 느낄 경우 아드레날린과 같은 특정 호르몬의 분비가 촉진된다. 이 호르몬의 분비는 위험에 효과적으로 대응하기 위한 신체기능을 활발하게 하지만, 그 대신일상생활을 위한 정상적인 신체기능, 예컨대 소화기능·성행위·인체성장·조직재생 등과 관련된 호르몬의 분비를 억제한다. 따라서 지속적으로 스트레스를 받으면 정상적 신체기능을 위한 호르몬의 분비가 만성적으로 억제된다. 직장에서 심한 스트레스를 받는 사람들이 공통적으로 호소하는 증상이 소화불량·피로·우울증·성기능감퇴 등인데 이것은 비정상적인 호르몬분비 탓이다. 사실 이 정도는 약과다. 스트레스의 누적은 면역기능을 떨어뜨린다. 그렇기 때문에 스트레스를 끼고 살다보면 자연히 각종 질환에 걸리기 쉽다. 심장병·후천성

당뇨병·암 등 면역기능 저하로 인한 각종 질병에 걸릴 위험이 높아진다. 스트레스에 시달리면 암이나 각종 성인병에 걸려 죽는다는 말이 20세기 후반에 들어와서 부쩍 나돌기 시작했다. 많은 선진국형 질병들의 스트레스가 주원인이라는 진단도 이미 나와 있다.[19] 불평등이 심해짐에 따라 각종 질병이 크게 늘어나는 이유는 바로 가중되는 만성적 스트레스다.

물론 스트레스를 적절히 풀면 되지 않느냐고 말할 수도 있다. 그러나 문제는 먹고살기 바빠서 그럴 기회가 적다는 것이다. 그러다 보니 다수 현대인들이 스트레스를 푸는 방편으로 선택하는 게 폭식과 폭음 그리고 광적 쇼핑이다. 스트레스를 많이 받는 사람들이 폭식과 폭음을 즐기는 모습을 흔히 보게 된다. 근래 음식 먹기를 주제로 한, 이른바 '먹방'이 큰 인기를 끄는 현상도 현대인의 스트레스 해소와 무관치 않아 보인다. 폭식과 폭음이 비만의 원인이라는 점을 생각하면 왜 불평등이 심한 사회에 비만율이 높은지도 이해할 수 있다. 정신병도 스트레스와 직결된다. 불평등이 심할수록 지위경쟁이 심해지면서 지위 상실에 대한 걱정이 커지고 불안이 심해진다. 경쟁에서 밀리면 좌절하게 되고 우울증에 빠진다. 그래서 불평등이 심한 사회일수록 정신병을 앓는 사람들이 늘어나게 된다.

3장

불평등은 필연적이고
해결 불가능한가?

수십만 년의 평등 사회, 1만 년의 불평등 사회

불평등에 관해서 흔히 듣게 되는 잘못된 주장은 사람이 사는 사회 어디에나 불평등은 있기 마련이므로 특별히 신경을 쓸 필요도 없으며, 그걸 줄이려고 애써봐야 소용도 없다는 것이다. 불평등은 인류의 숙명이라는 뜻이다. 자본주의 최선진국이었던 18세기 영국에서 수없이 많은 빈민들이 굶주림과 병마로 죽어 갔는데, 그런 비참한 상황에서 당시 유럽 최고의 지성인의 입에서도 이런 숙명론이 나왔다. 『인구론』으로 유명한 맬서스가 바로 그 지성인이다. 그는 인간은 성욕의 지배를 받는 동물인 까닭에 먹고살 만하면 곧장 새끼를 많이 낳게 되어 있다고 이야기했다.(맬서스 자신이 자식을 많이 낳음으로써 몸소 이를 증명했다.) 이렇게 빈민들이 자식을 많이 낳으면 인구가 늘어나기 때문에 이들은 다시 빈곤의 나락으로 떨어지게 된다. 식량생산은 산술급수적으로 증가함에 반해서 인구는 기하급수적으로 증가하므로 인류는 영원히 빈곤에서 벗어날 수 없다. 이것이 맬서스의 유명한 결론이다. 맬서스의 이 말이 틀렸음은 이미 선진국에서 역사적으로 증명되었지만, 그의 숙명론은 아직도 수많은 보수층의 마음속에서 꿈틀거리고 있다.

인간사회에서 불평등이 필연적이라는 주장은 장구한 인류 역사에 비추어볼 때 틀린 것이다. 인간사회에 불평등이 고착된 것은 불과 1만 년 전 농경시대부터다. 인류가 살아온 긴 역사의 90% 이상은 평등한 사회였다. 유발 하라리Yuval N. Harari 교수를 비롯한 많은 고고인류학자들의 증언을 들어보면, 농경시대 이전 수렵·채취시대의 원시인 사회는 상하관계가 그리 엄격하지 않은, 상당히 평등한 사회였다. 사냥하거나 채취해서 얻은 것들을 집단 구성원들이 고르게 나누어 가졌다. 저장시설이 마땅치 않았으니 그럴 수밖에 없었을 것이다. 수렵·채취로 식량을 성공적으로 얻기 위해서는 협동이 필수적이었으므로, 좋은 인간관계를 유지하는 것이 먹고 사는 데 아주 중요했다. 따라서 수렵·채취시대의 원시인 사회는 협동이 일상화된 사회였고 그런 가운데 평등주의와 협동정신이 자리 잡았다.

진화심리학에 의하면, 현대인의 사회적, 심리적 특성 중 많은 부분이 이미 농경시대 이전의 기나긴 수렵·채취시대에 형성된 것이라고 한다. 진화심리학은 인간의 정의감이 왜 그렇게 강한지, 그 이유를 설명해준다. 수십만 년에 걸쳐 평등과 협동에 충실한 집단이 그렇지 못한 집단보다 더 우월했기 때문에, 긴 진화과정을 거치면서 평등주의가 몸에 배어버렸다. 불평등에 대해 연구한 앵거스 디턴Angus

Deaton 교수는 현대인의 마음속에 각인된 강한 평등의식 그리고 불평등에 대한 격한 분노는 장구한 세월에 걸쳐 인간의 뇌리에 깊이 뿌리박힌 것이라고 적고 있다.[1] 결국, 인간 사회에서 불평등이 필연적이라는 주장은 평등하게 살았던 그 수십만 년을 보지 못하고 기껏해야 1만 년밖에 되지 않는 짧은 순간만을 보고 하는 얘기다.

사실 수렵·채취시대에 평등주의만 인간의 두뇌에 각인된 것은 아니다. 인간의 뇌 구조와 마음 대부분은 수렵·채취 생활에 알맞게 재단된 상태다. 현대인 역시 그런 뇌와 마음을 가지고 있다. 그래서 원시인의 두뇌로 오늘날 고도의 문명사회를 살아가고 있는 존재가 현대인이라는 말이 나온다. 그러니 자연히 이상한 행동들이나 비합리적인 행동들을 할 수밖에 없다. 그 예로 다음과 같은 우스개가 있다.

A신도: "목사님, 기도하는 동안에 담배를 피워도 됩니까?"

목사: "(화를 벌컥 내며 꾸짖는 목소리로) 그건 절대 안 됩니다. 기도를 한다는 것은 하나님과 대화를 하는 건데 감히 하나님 앞에서 담배를 피우다니요. 천만의 말씀입니다."

B신도: "목사님, 그러면 담배를 피우는 동안 기도를 해도 됩니까?"

목사: "(환하게 웃으며 상냥한 목소리로) 그럼요. 물론이지요. 기도를 하는데 때와 장소를 가릴 필요가 있나요. 틈만 나면 기도하십시오. 밥을 먹기 전에도 기도하시고, 밥을 먹으면서도 기도하시고, 밥을 먹은 다음에도 기도하십시오."

기도를 하는 동안 담배를 피우는 것이나 담배를 피우는 동안 기도를 하는 것이나 결국 같은 행동이 아닌가. 표현만 약간 다를 뿐이다.

하지만, 목사의 반응은 정반대다. 비슷한 예를 또 하나 들어보자. 5% 당분을 포함한 주스나 95% 무가당 주스나 당분 포함량은 같다. 그러나 다이어트에 신경을 쓰는 아가씨들은 그렇게 생각하지 않는다. '5% 당분 포함'이라고 하면 꺼림칙하게 생각하고 '95% 무가당'이라고 하면 반색하며 반긴다. 그래서 압도적 다수가 '95% 무가당'을 선택한다. 근래 인기를 끌고 있는 행태경제학(혹은 행동경제학) 책을 보면 이런 이상한 행동의 사례가 그득하다. 기업들은 바로 사람들의 그런 이상한 심리를 이용해서 막대한 이윤을 챙긴다.[2]

인류의 황금기?

수렵·채취시대의 원시인들이라고 하면 굶주림과 추위에 시달리고 맹수에 쫓기면서, 먹고살기 급급한 야만인들을 연상하게 된다. 그러나 고생물학이나 고고인류학의 연구를 보면, 이 시대의 원시인 사회는 오늘날 우리가 생각하는 것과는 사뭇 달랐다. 첨단과학을 이용한 연구 방법의 발달로 수렵·채취시대 원시인들의 생활과 건강에 관해서 자료가 풍부하게 축적되어 있다. 이를 분석한 연구들이 밝혀낸 것이 옳다고 하면, 수렵·채취시대 사회는 평등하면서도 넉넉하며 오늘날 행복 전문가들이 말하는 행복의 요건을 골고루 갖춘 사회였다. 수렵·채취시대 사회를 '원초적 풍요의 사회original affluent society'라고 부르는 데는 그럴만한 이유가 있다.

우선, 수렵·채취시대의 원시인들은 무척 건강했다. 건강은 행복의 첫번째 조건이다. 건강 얘기만 나오면 의사들이 늘 하는 조언이 있다. 많이 걷고 정기적으로 운동을 해라, 편식하지 말고 여러 가지 음식을 골고루 잘 섭취해라, 기름진 고기를 적게 먹고 그 대신 채소와 과일을 많이 먹어라, 스트레스를 너무 많이 받지 않도록 해라, 스트레스를 받으면 그때그때 적당히 풀어라 등등. 귀가 따갑게 듣는 소리지만, 제대로 실천하는 사람들은 그리 많지 않은 것 같다. 사실, 실천하고 싶어도 여건이 허락하지 않는 경우가 허다하다. 먹고살기 바쁘다 보니 일일이 자신의 건강을 챙길 틈마저 없는 세상이다.

그런데 하라리 교수에 의하면 의사의 그런 조언들을 일상생활에서 그대로 꼬박꼬박 실천해서 아주 건강하게 잘 살았던 사람들이 있으니 수렵·채취시대의 원시인들이 바로 그들이다.[3] 이들은 먹을 것을 구하기 위해서 매일 수 킬로씩 걸었다. 그러니 운동부족에 걸릴 염려가 없었다. 그들은 먹거리의 종류를 가리지 않았다. 잡아먹고, 따먹고, 주워 먹고, 파먹고…. 뱀·버섯·거북이·열매·달팽이·악어 등 먹을 수 있는 것은 닥치는 대로 먹었다. 지금도 후진국 사람들은 벌레를 즐겨 먹는다. 그 모습에 많은 사람들이 얼굴을 찡그리지만 사실 벌레는 고단백질을 비롯한 여러 가지 영양소를 듬뿍 가진 먹을거리다. 오늘날의 가축과는 달리 야생 동물들은 기름기가 적다고 한다. 그러니 수렵·채취시대의 원시인들은 육식을 많이 하더라도 비만 걱정이 없었다. 아무래도 움직이는 동물보다는 식물이 손쉬운 먹잇감이기에 이들은 기꺼이 채소와 과일을 많이 먹었을 것이다. 자연 상태의 채소와 과일은 인공적으로 재배되는 채소나 과일보다 훨씬 더 다양하고 싱싱하며 섬유소를 더 풍부하게 가지고 있다. 이렇게 온갖 좋

문명의 편의와 풍요를 누리는 대신 세계 최고의 노동시간에 시달리는 현대 한국인들. 만성 수면 부족과 스트레스에 시달리는 우리는 과연 필요한 만큼만 일하고 여가를 즐겼던 수렵·채취시대의 원시인들보다 행복한 삶을 산다고 단언할 수 있을까?(동아일보, 2014년 3월 27일)

은 걸 골고루 잘 먹다보니 수렵·채취시대의 원시인들은 영양실조에 걸리거나 굶어죽는 일이 별로 없었다고 한다. 그래서 그들은 의외로 건강했고 체격이 지금의 인류보다 더 컸으며, 일단 유아기만 무사히 버티면 기대수명이 60세 이상이었다고 한다. 건강하게 오래 살았다는 것이다.

먹거리 못지않게 건강에 큰 영향을 주는 게 스트레스다. 과도한 스트레스는 만병의 근원이자 행복을 좀먹는 가장 큰 적이다. 이 점에서도 수렵·채취시대의 원시인들은 좋은 여건에 놓여 있었다. 이들은 스트레스를 많이 받지 않았다. 사실, 우리가 일상 느끼는 스트레스의 대부분은 직장의 상하관계, 동료들 사이의 치열한 경쟁, 고부갈등,

자식 걱정 등에서 온다. 다시 말해서, 주로 인간관계에서 비롯된다는 것이다. 그러나 수렵·채취시대는 평등주의가 지배하던 시대였으니 그 시대의 원시인들은 최소한 인간관계에서 빚어지는 스트레스를 훨씬 덜 받았을 것이고, 따라서 그만큼 정신적으로나 육체적으로 건강했을 것이다.

설령 스트레스를 받았다고 해도 수렵·채취시대 원시인들은 그때그때 스트레스를 쉽게 풀 수가 있었다. 이들은 하루에 평균 서너 시간밖에 일을 하지 않았다. 이 점은 하라리 교수를 비롯한 많은 인류학자들이 공통적으로 지적하는 바다. 지금도 아프리카나 남미 아마존 강 일대 그리고 인도네시아 밀림의 원주민들은 여전히 그렇게 살고 있다. 이들은 사흘에 한번 사냥을 나가며, 먹을 것을 채취하는 데 걸리는 시간은 하루에 3~6시간에 불과하다. 그래도 평상시에는 이 정도만 일해도 무리 전체가 먹고살 수 있다. 그 나머지 시간에는 쉬고, 낮잠 자고, 무리와 섞여 놀고, 자기가 원하는 일을 하면서 지냈다. 그러니 쌓였던 스트레스도 날아갈 수밖에 없었을 것이다.

수렵·채취시대의 원시인들이 그렇게 평등한 인간관계 속에서 건강한 몸과 마음으로 여가를 풍족하게 즐기던 사람들이었다면 이들이야말로 행복의 조건을 고루 갖춘 사람들이다. 현대에도 수렵·채취시대의 사회풍조가 많이 남아 있는 일부 후진국 국민들의 행복지수가 선진국보다도 높다는 사실에 많은 사람들이 의아해하지만 원시인 사회에 대한 하라리 교수의 풍부한 이야기를 듣고 나면 충분히 이해가 되고, 나아가서 그때가 인류의 황금기였다는 인상을 받게 된다.

평등하고 좋은 인간관계 속에서 잘 먹고, 건강한 몸으로 신나게 놀고, 하고 싶은 일을 마음껏 하면서 나날을 지낸다면, 그것보다 더 행복한 삶이 또 어디 있으랴.

물론 수렵·채취시대의 원시사회 모두가 풍요의 사회는 아니었을 것이다. 척박한 환경 탓에 기아에 허덕이는 원시사회도 있었을 것이다. 하지만 고도로 발전한 현대사회에도 국민 대다수가 굶주림에 허덕이는 나라들이 얼마나 많은가. 수렵·채취시대의 원시사회라고 하면 많은 사람들이 맹수나 독사, 벌레에 물려 죽는 끔찍한 광경을 연상한다. 그러나 이런 생각을 하는 사람들은 오늘날의 사회에서도 수많은 사람들이 교통사고로 죽고 이에 못지않게 수많은 사람들이 자살한다는 사실을 깜박한다.

문명사회의 시작과 함께 온 금수저·흙수저

흔히 신석기시대의 농업혁명이 인류 역사에서 하나의 획기적인 전기轉機로 꼽히고 있다.[4] 허나 농경사회를 본격적으로 연 이 혁명이 과연 인류 모두의 복지수준을 전반적으로 끌어올렸는지는 의심스럽다. 아이러니하게도 인류사회에 굶주림과 영양실조가 본격적으로 나타난 것은 식량생산이 획기적으로 늘어나기 시작한 농경시대부터라고 한다.[5] 이때부터 소수의 부유층을 제외한 서민 대부분은 삼시세끼를 밀·쌀·감자·옥수수 등 한정된 종류의 음식만 먹고살았다. 이렇게 한정된 주식에 크게 의존하다 보니, 비타민이나 미네랄 등 필수영양소를 골고루 충분히 섭취하기 어렵게 되었다. 그나마도 흉년이 들어서 농사를 망치는 날이면 수많은 사람들이 굶어 죽어야 했다.

왜 이렇게 되었을까? 인류사회에 불평등과 빈부격차가 본격적으로 나타나기 시작한 것은 농경시대부터라고 한다. 수십만 년에 걸친 평등시대가 끝나고 1만 년 전부터 인류는 불평등이 극심한 시대로 들어가게 되었다. 흔히 농경으로부터 문명이 시작되었다고 말하는데, 그렇다면 인류사회의 불평등은 문명과 함께 온 것이다. 디턴 교수의 표현을 빌리면, "불평등은 '문명사회의 선물' 중의 하나다". 농업혁명 덕분에 크게 늘어난 식량을 사회 구성원 모두가 골고루 나누어 먹었다면 대규모의 영양실조와 기아는 없었을 것이다. 농업사회가 시작되면서부터 지배계층과 농민이 확연히 갈렸고, 국민의 대다수를 차지하는 농민들은 먹고살기 위해서 그리고 지배계층을 먹여 살리기 위해서 죽도록 일해야 하는 운명에 처하게 됐다. 전쟁도 많아졌다. 식량생산이 크게 늘었다지만 농경시대가 시작된 이래 수천 년 동안 인간의 기대수명이 지속적으로 늘어났다는 증거는 없다. 늘기는커녕 실제로는 오히려 줄었을 가능성이 높다고 한다.

고대사회에서 중세봉건사회, 그리고 절대왕정사회로 이어지는 이어지는 농경사회의 가장 두드러진 특징은 계급에 따라 신분이 확연히 구분되었으며, 부나 사회적 지위가 대물림되었다는 것이다. 바로 전형적인 금수저·흙수저의 사회다. 그렇다면 인류는 왜 그 좋은 수렵·채취시대의 원시사회를 포기하고 불평등이 극심한 농경사회를 선택했을까? 한 가지 유력한 설명은, 수렵·채취시대의 원시사회가 '원초적 풍요의 사회'라서 인구가 크게 불어났고, 이 결과 수렵-채취만으로는 늘어난 인구가 먹고살기 힘들어졌기 때문이라는 것이다.[6] 다시 말해서 농경사회는 인류가 자발적으로 선택한 것이 아니라 강요되었다는 것이다.

자본주의 시대에 꽃핀 산업혁명은 전대미문의 물질적 풍요를 가져옴으로써 인류를 절대빈곤으로부터 구출한, 인류 역사상 획기적인 사건으로 평가받고 있다. 그렇다면 그 산업혁명의 결과 인류 모두가 그 물질적 풍요를 골고루 누리는 평등한 시대가 열렸는가? 전혀 그렇지 못했다는 것을 디턴 교수는 그의 저서 『위대한 탈출The Great Escape』에서 극적으로 잘 묘사하고 있다.[7] 왜 책 제목이 하필 '위대한 탈출'일까? 이 책은 제2차 세계대전 당시 독일 포로수용소에서 250여 명의 포로들이 대거 탈출했으나 3명만 성공하고 나머지는 다시 잡혀간다는 영화 얘기로 시작한다. 이 비극영화처럼 우리 인류도 산업혁명 덕분에 빈곤으로부터 탈출했지만 결국 극소수만 탈출에 성공했을 뿐이라는 저자의 주장을 듣고 나면 책 제목에 고개를 끄떡이게 된다. 이책은 이렇게 불평등 문제의 심각성을 다루고 있지만, 보수진영의 구미에 맞게 오역되었다고 해서 한때 논란이 일어나기도 했다.

인류사회에 빠른 경제성장과 물질적 풍요의 계기가 되었다는 것이 산업혁명의 한 측면이라면 또 다른 한 측면으로 역사학자들이 흔히 말하는 '대분열The Great Divergency'을 이야기할 수 있다. 산업혁명의 결과 서구 선진국들과 나머지 국가들 사이에 엄청난 격차가 나타났으며 이는 오늘날까지 좁혀지지 않고 있다. '대탈출The Great Escape' 덕분에 잘 사는 나라의 국민은 엄청난 혜택을 누리게 되었지만 나머지 세

4번째 산업혁명을 이야기하는 오늘날까지도 세계는 굶주림에서 자유롭지 못하다. 전인류가 넉넉히 먹고살 수 있는 식량이 생산되고 있지만 불평등이 적절한 식량 배분을 막고 있기 때문이다. (한겨레, 2017년 3월 13일)

계의 많은 사람들은 뒤처지면서 이 세상은 300년 전에 비해서 훨씬 더 불평등해졌다고 디턴 교수는 말하고 있다. 세계경제위기가 본격화되기 전인 2008년에 하루 1달러 이하의 돈으로 살아가는 빈민의 수가 전세계에 약 8억 명이었다. 이들이 하루에 1달러의 돈으로 살아가게 하려면 돈이 얼마나 있으면 될까? 미국의 성인들이 한 사람당 하루에 1달러씩만 기부하면 족하다. 세계 5개 부국인 미국·독일·영국·프랑스·일본의 국민이 합심한다면 1인당 0.5달러만 기부하면 된다.

그렇다고 산업혁명 덕분에 자본주의 선진국 국민들이 모두 골고루 잘 먹고 잘 살게 된 것도 아니다. 산업혁명은 한 나라 안에서도 '대분열'을 빚어냈다. 잘 알려져 있듯이 초기 자본주의는 농민들을 토지에서 쫓아내 대량의 빈민을 만들면서부터 시작됐다. 그 빈민들은 겨우 입에 풀칠할 수 있는 정도의 값싼 임금으로 자신의 노동력을 제공하면서 자본주의가 굴러가게 만든 원동력이 되었다. 산업혁명 직후 공장노동자나 도시빈민들의 비참한 생활상, 그리고 이와 극적으로 대조되는 귀족들과 자본가들의 초호화판 생활상은 역사책과 당시 문학 작품에 잘 기록되어 있다. 19세기에 들어와서 노동자와 도시빈민의 참상이 극에 달하면서 자본주의를 거부하는 사회주의 및 공산주의 운동이 전세계적으로 급속히 퍼졌다.

생산성의 급상승이 가져온 막대한 재력은 빈곤의 퇴치에 사용되기보다는 정치권으로 흘러들어가 정치적 부패와 혼란을 낳았다. 19세기 말 약 30여 년간을 흔히 '도금 시대The Gilded Age'라고 부르는데, 미국의 저명한 작가, 마크 트웨인Mark Twain이 쓴 소설의 제목에서 나온 말이라고 한다. 금으로 도금되어 있는 것처럼 겉으로는 휘황찬란하지만 실속은 전혀 없이 금수저와 흙수저가 나뉜 당시 시대상을 빗댄 말이다. 극심한 불평등과 정치적 부패가 공존하던 당시 도금 시대의 편린들이 마크 트웨인 소설의 단골 메뉴였다. 아이러니하게도 이 도금 시대에 금수저·흙수저의 격차를 정당화하는 이론까지 널리 퍼졌다. 사회진화론이 바로 그것인데, 동물사회뿐만 아니라 인간사회에도 적자생존의 원리가 적용되며, 금수저는 이 원리에 따라 자연스럽게 나타난 '적자適者'라는 것이다. 이 사회진화론은 히틀러의 나치주의를 정당화하는 데 이용되기도 했다.

본격적인 자본주의 시대에 들어와서도 부와 신분의 세습은 여전했다. 흔히 고대사회는 '노예사회'이고, 중세사회는 '농노사회'라고 말한다. 하지만 자본주의가 무르익던 18세기 말에도 세계 인구의 절대 다수인 75% 이상이 노예나 농노의 신세로 자유를 속박당했다.[8] 미국의

3대 대통령인 토마스 제퍼슨Thomas Jefferson은 미국 독립선언문의 기초자이고, 미국 역사상 가장 존경받는 대통령 중 한 명이다. 평소 그는 "사람 위에 사람 없고, 사람 아래 사람 없다" "신 앞에 모든 사람은 평등하다"고 늘 역설하고 다녔다. 하지만 그는 부모와 처갓집으로부터 상속받은 광대한 농장과 함께 그는 600명이 넘는 노예를 소유하고 있기도 했다. 19세기에 들어와서도 사람이 사람을 소유하는 일이 아주 흔했다. 민주주의 모범 국가로 꼽히는 미국에서도 39만 명의 노예 소유주가 390만 명의 노예를 소유하고 있었다.

미국에서 노예제도가 공식적으로 없어진 것은 19세기 후반, 정확하게 말하면 1865년 노예제도가 폐지되면서부터다. 여기에서 주목해야 할 부분은, 그 노예제도가 평화적이고 민주적인 방법으로 폐지된 것이 아니라는 점이다. 남북전쟁이라는 엄청난 폭력을 통해서야 겨우 폐지되었다. 그만큼 기득권층의 저항이 완강했음을 의미한다. 원래 미국에서 노예소유권은 헌법에 보장된 사유재산권이었다. 노예를 사고 팔 수 있었을 뿐만 아니라 노예를 담보로 잡히고 은행에서 돈을 빌릴 수도 있었다. 노예제도를 폐지하기 위해서는 헌법을 개정해야 했다. 자연히 격론이 벌어졌으며 국론이 분열되었다. 지금과는 달리 당시 미국의 공화당은 노예제도를 반대하는 진보적 정당이었고 민주당은 헌법 수호의 명분 아래 사실상 노예제도의 유지를 지지하는 보수정당이었다. 이때 공화당 출신 대통령으로서 남북전쟁을 승리로 이끌어서 노예제도를 폐지한 정치가가 바로 에이브러햄 링컨 대통령이다. 결국 19세기 말에 이르러서야 미국을 필두로 세계의 거의 모든 지역에서 노예제도가 불법으로 규정되었다. 허나 노예제도가 폐지되었다고 해서 모든 사람들이 평등하게 잘살게 된 것은 아니다. 한 가지 분명한 것은 극소수의 부유층이나 지배계층을 제외한 일반서민들은 먹고살기 위해서 직장에서 하루 종일 일해야 하며, 그나마도 하지 못하는 사람들은 굶주림에 시달려야 하는 상황은 현대에도 계속되고 있다는 것이다.

자본주의 황금기의 도래

인류의 긴 역사를 조감해보면 불평등이 필연적이라는 주장이 옳지 못하다는 것을 알 수 있다. 그렇다면 "가난은 나라도 구하지 못한다"는 말처럼 불평등을 줄이려고 노력해봐야 소용이 없다는 주장은 어떤가? 일리는 있지만 옳은 것은 아니다. 시대에 따라서 불평등의 정도는 오르락내리락했다. 불평등의 정도가 매우 낮았던 때가 분명히 있었다. 대부분의 경우 그 낮은 불평등은 사회적 노력의 결과가 아니었다. 얼마 전 우리나라 학계와 언론에 큰 파문을 일으켰던 『21세기 자본Capital in the 21st Century』의 저자, 토마 피케티Thomas Piketty는 자본주의의 불평등 역사를 조감해본 결과 사회적 합의 아래 사회적 갈등 없이 점진적으로 좀 더 평등한 상태로 가는 길은 존재하지 않았다고 말한다.[9] 가깝게는 두 차례 세계대전에 의한 파괴, 그리고 대공황으로 인한 자본주의 파산이 불평등을 크게 줄여주는 계기가 되었다.

허나 제2차 세계대전 이후에는 상황이 좀 달라졌다. 전쟁이나 대재앙과 같은 파괴적인 방법이 아니라 민주적이고 비교적 평화적인 방법으로 평등한 사회를 유지한 역사적 사례가 있다. 제2차 세계 대전 직후부터 1970년대 말까지 약 30여 년의 기간이 바로 그것이다. 이 시기에 미국과 유럽 선진국들은 연평균 약 4~5%의 높은 경제성장률을 구가했는데, 이는 자본주의 역사상 최고의 경제성장률이다. 이와 더불어 소득불평등 정도도 자본주의 역사상 가장 낮았다. 피케티에 의하면, 미국의 경우 최상위 10%의 몫이 1940년대 말 30~35%로 떨어지면서 1970년대까지 이런 상태를 안정적으로 유지했다. 모든 계층의 소득이 고르게 증가했는데, 최상위 5%의 소득 증가폭보다 그 아래 모든 계층의 소득증가폭이 더 컸으며 특히 중산층의 소득이 가장 많이 증가했다. 미국만이 아니었다. 유럽 선진국들의 불평등도는 대체로 미국보다 더 낮았다. 높은 경제성장률 덕분에 실업률도 아주 낮았다. 300여 년의 자본주의 긴 역사에서 이와 같이 최고의 경제성장과 최저의 소득불평등 그리고 기회의 평등이 함께 공존한 것은 이때가 유일하다. 그래서 제2차 세계대전 직후부터 1970년 말까지 약 30여 년간을 '자본주의 황금기'라고 부른다. 『21세기 자본』에는 '영광스러운 시대'로 표현되어 있다. 그야말로 태평성대였다. 미국인들은 이 시대를 '미국의 위대한 꿈'이 실현된 때라고 자랑했고 미국을 위대한 나라라고 믿었다. 실제로 미국은 '기회의 땅'이라는 생각이 전세계에 퍼져 있었고 세계 각처에서 수많은 사람들이 꿈에 그리던 삶을 개척하기 위해서 그 기회의 땅으로 건너갔다. 자본주의 황금기 시절 미국으로 유학 가서 미국 대학이 주는 장학금과 미국 정부가 주는 생활비로 공부를 하면서 박사학위를 딴 사람들이 우리나라를 비롯해 세계 여러 나라에 널리 퍼져 있다.

그 '영광스러운 시대'는 미국에서나 유럽 선진국에서 자본주의에 대한 믿음이 한껏 부풀어 올랐던 시기이기도 하다. 경제적 불평등이 급속도로 줄어들면서 재산을 소유한 중산층이 크게 늘었다. 큰 재산의 상속이나 증여도 흔하지 않았고 따라서 재산이라는 것은 일생 열심히 일해서 번 돈을 저축해서 얻는 것이라는 생각이 널리 퍼졌다. 이 시대에는 고소득계층의 사람들이 저소득계층의 사람들과 결혼하는 일이 아주 흔했다. 남성의 소득이 높을수록 여성의 소득은 낮은, 부負의 상관관계가 있었다는 통계분석 결과도 있다. 그만큼 계층 사이의 어울림과 소통이 활발했음을 의미한다. 대다수의 사람들이 자본주의 결점이 극복되었으며, 금수저·흙수저와 같은 계급격차는 아득한 옛날 얘기라고 생각하게 되었다. 그러면서 자본주의에 대한 열광의 파도가 미국과 유럽을 휩쓸었다.

자본주의 황금기에 자본주의에 대한 열광을 이론적으로 뒷받침해준 중요한 연구가 발표됐다. 노벨경제학상 수상자인 사이먼 쿠츠네츠Simon Kuznets의 연구가 그것이다. 그의 연구에 따르면, 자본주의 발달이 어느 정도 진행되면 소득불평등은 자동적으로 감소한다. 자본주의 발달 초기에는 소득불평등이 심해지지만, 일정 단계를 지나면서 생산성이 낮은 부문에 종사하던 인력이나 유휴인력들이 생산성이 높은 부문, 특히 제조업으로 대거 이동하면서 경제 전체의 생산성이 높아지고 임금수준도 전반적으로 올라간다. 그러면서 중산층이 두텁게 형성되고 소득불평등이 서서히 완화된다는 것이다. 이런 요지의 쿠츠네츠 이론은 경제가 성장하면서 불평등은 시장을 통해 자연스럽게 해소된다는 주장을 낳았고 많은 경제학자들이 이를 굳게 믿었다. 뒤에서 언급하겠지만, 이런 믿음은 오래가지 않았다.

라틴아메리카에서는 1980년대와 1990년대에 소득불평등이 매우 심했으나 그 이후 크게 낮아졌다. 19개 라틴아메리카 국가들을 대상으로 수행된 한 연구를 보면, 1990년대 후반에 일부 국가에서 지니계수가 떨어지더니 2000년대에는 거의 대부분의 국가에서 떨어졌다. 성장률이 높은 나라에서나 낮은 나라에서 모두 소득불평등도가 떨어졌는데, 한 가지 신기한 것은 좌파 정부의 국가에서나 우파 정부의 국가에서 모두 소득불평등도가 낮아졌다는 점이다. 이 연구는 여러 가지 증거들을 종합해볼 때 자본주의 황금기 시절의 미국과 유럽에서처럼 정부의 적극적 사회복지정책과 시장 개입이 합쳐져서 라틴아메리카 국가들의 소득불평등을 완화시킬 수 있었다고 결론짓고 있다. 어떻든 라틴아메리카의 경험은 일단 악화된 불평등도 노력하기에 따라 얼마든지 고칠 수 있다는 교훈을 준다.[10]

복지 확대, 높은 세율, 강한 규제가 자본주의 황금기를 낳았다

그렇다면 어떻게 해서 그런 화려한 자본주의 황금기가 도래했을까? 잊지 말아야 할 매우 중요한 사실은, 자본주의 황금기가 민주주의 정부의 직극적 개입으로 이루어졌다는 사실이다. 과거의 정부와는 달리 이 시기의 정부는 국민의 건강과 복지의 수준을 평가하는 지표를 바탕으로 경제에 적극 개입하기 시작했는데 이는 역사상 획기적인 일이라는 평가를 받고 있다.[11] 이때 미국과 유럽 정부들의 적극적 개입을 뒷받침한 이론이 케인스경제학이다. 바로 그 황금기에 미국과 유럽 선진국 정부들의 사회복지 지출이 인류 역사상 가장 많았으며, 최고 부유층에 대한 '부유세' 세율이 인류 역사상 가장 높았다. 자본주의 황금기에 선진국들이 공통적으로 실시한 정책들 중 하나는 오늘날 부자들이 들으면 눈이 튀어나올 만큼 엄청나게 높은 세율의 조세제도다.

뉴딜정책을 실시한 루스벨트정부가 최고소득에 세율 80% 이상의 세금을 부과한 이래 미국에서는 파격적으로 높은 세율의 세금이 실로 오랫동안 지속되었다. 1932부터 1980년 사이 거의 반세기 동안 약간의 등락이 있었지만 미국 정부의 최고 소득세율은 평균 81%였다. 영국은 한술 더 떴다. 소득에 대한 최고 세율이 1940년대에 98%에 이르렀고 1970년대에도 이와 맞먹는 높은 세율이 적용되었는데, 이 세율은 역사상 가장 높은 것이다. 프랑스와 독일은 1930년 이래 2010년까지 50~60%의 세율을 꾸준히 유지했다. 재산에 대해서도 무척 무거운 세금이 부과되었는데, 미국의 경우 1930년대부터 1980년대까지 재산세 최고세율이 70%내지 80% 수준을 유지했다. 영국은 재산상속에 가장 높은 세율의 조세를 부과한 나라이기도 한데, 1950년대부터 최고 세율을 80% 이상으로 인상했다. 이렇게 몰수에 가까운 높은 세율의 세금이 부과되었지만 경제성장률은 자본주의 역사상 최고로 높았고 소득불평등은 가장 낮았다.

그러면 선진국들이 왜 그런 파괴적인 조세제도를 실시했을까? 역사적으로 개인의 자유를 유난히 존중하던 선진국, 특히 미국과 영국에서 이와 같이 몰수에 가까운 높은 세율을 적용한 것은 우연이 아니다. 그런 고율의 세금이 본격적으로 부과되기 시작한 것은 소득과 부의 불평등이 최고에 이르던 제1차 세계대전 직전과 대공황 때부터다. 당시에는 지나친 불평등은 사회적으로 용인될 수 없으며 경제적으로도 생산적이지 못하다는 공감대가 국민들 사이에 널리 퍼져 있었다. 당시 세계적으로 명성을 떨쳤던 경제학자이자 미국 경제학회의 회장이었던 어빙 피셔Irving Fisher는 1919년 연설에서 점점 더 심해지는 소득과 부의 집중이 가장 큰 국가적 경제문제임을 동료들에게 분명하게 선언하고, 가장 좋은 해결책은 소득과 재산에 무거운 세금을 부과하는 것이라고 주장하면서 75%의 최고 세율을 제안했다. 대공황은 미국을 비롯한 자본주의 선진국들을 충격에 빠뜨렸고, 경제와 금융의 엘리트들이 자신의 잇속만 차리다가 나라를 망쳤다는 비난이 쏟아졌다. 몰수에 가까운 높은 세율의 조세제도는 이런 민심을 바탕으로 불평등을 최대한 억제하려는 정치적 결단의 표현이라고 보아야 한다는 것이 피케티의 주장이다.[12]

그런 고율의 조세제도를 바탕으로 사회복지 지출이 역사상 최고 수준에 이르렀으며 독과점 금지를 비롯하여 시장경쟁의 공정성 확보를 위한 규제 역시 가장 강력했다. 복지지출 감축, 부유세 감면, 규제완화를 줄기차게 외치는 보수 성향 경제학자들이나 신자유주의자들의 권고와 정반대 정책을 강력하게 실시한 결과 30여 년간의 자본주의 황금기가 이루어졌다. 그 자본주의 황금기는 국민적 지지를 바탕으로 정부가 강력한 의지를 가진다면 불평등을 얼마든지 줄일 수 있음을 여실히 보여준 대표적인 역사적 사례다. 물론 자본주의 황금기라고 해서 불평등이 아주 없었던 것은 절대 아니다. 중요한 점은 그 불평등을 국민 대다수가 대수롭게 생각하지 않는 사회적 여건과 분위기가 형성되었다는 것이다.

신자유주의가 초래한 자본주의의 쇠락

한편 자본주의 황금기를 구가하던 미국과 유럽의 선진국들은 1980년 이후 서서히 퇴락하기 시작했다. 전세계에 걸쳐 신자유주의 바람이 거세게 불면서 자본주의 황금기가 막을 내리게 된 것이다. 보수화 추세에 따라 미국과 유럽 선진국 정부들이 복지지출을 대폭 삭감하고 부유세율을 크게 줄이는 한편 시장에 대한 규제도 대폭 풀었다. 허나 그 결과는 보수진영의 예상과는 달리 경제성장률의 급격한 둔화, 높은 실업률, 그리고 극심한 소득불평등이었다. 미국과 유럽 선진국 여러 나라에서 소득불평등도가 폭발적으로 높아지기 시작했다. 미국의 경우를 예로 들면, 국민소득에서 최상위 10%가 차지하는 몫이 2000년대에는 45~50%에 이르렀으며, 2008년과 2010년대 초에는 절반을 넘었다. 국민소득증가율 자체도 크게 둔화됐는데 상위계층으로 갈수록 소득증가폭이 커졌다. 최하위 20%의 실질소득의 연평균 증가율은 0.4%에 불과했는데 이것도 노동시간의 증가(특히 여성의 노동시장 참여 증가) 때문이었다.

2000년대 미국 중산층은 그들의 부모들보다 더 잘산다고 볼 수 없다는 말이 나왔다.[13] 신기하게도 자본주의 황금기와는 반대로 이 시기에는 경제적 지위가 비슷한 사람들끼리 결혼하는 경향이 두드러졌는데, 이렇게 되면 그만큼 소득불평등이 심해지게 된다.[14] 경악스럽게도, 최상위 1%의 몫이 1970년대에 9% 수준이었으나 2000년대에 들어 20%로 급상승하더니 2007년에는 대공황 직전의 수준인 30% 근처까지 치솟았다. 2008년에 미국의 금융시장 붕괴에 이어 세계경제위기가 터졌고, 세계경제는 아직도 그 후유증에서 벗어나지 못하고 있다. 피케티는 보수적 경제학자들이 그토록 신봉하던 쿠츠네츠 이론의 폐기를 선언했다.[15] 이 이론은 자본주의의 긴 역사에서 잘해야 30여 년에 불과한 '영광스런 시대'만을 설명하는 이론일 뿐, 1980년대 이후의 시대상을 설명하지 못했다는 것이다.

『자본주의 4.0』의 저자, 아나톨 칼레츠키Anatole Kaletsky는 2008년에 도래한 세계경제위기가 단순한 위기가 아니라 자본주의의 위기라고 주장하면서 다음과 같은 말을 덧붙였다. "2008년 9월 15일에 붕괴된 것은 단순히 은행이나 금융체계만이 아니다. 그날 산산이 부서진 것은 정치철학과 경제체제 전체이며 이 세상을 살아가는 방식 그리고 이 세상에 대한 사고방식이다."[16] 어떻든 2008년~2012년 세계경제의 연평균 성장률은 1.7%로 세계경제위기 이전의 절반으로 떨어졌다. 같은 동안 미국과 영국의 연평균 성장률은 각각 0.8%와 -0.6%였으며, OECD 회원국들의 연평균 성장률도 0.6%에 불과했다. 선진국 경제 전체가 문자 그대로 멈춰서버린 것이다. 자본주의 황금기에 들떠 있었던 유럽인들은 사회적 진보를 거스를 수 없는 대세로 믿어

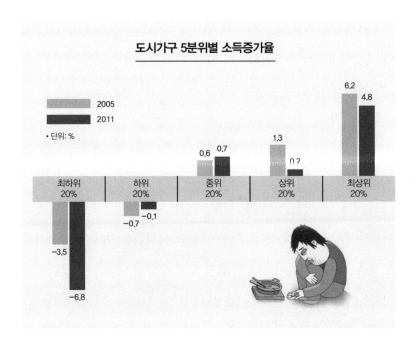

도시가구 5분위별 소득증가율

2005
2011

· 단위: %

| 최하위 20% | 하위 20% | 중위 20% | 상위 20% | 최상위 20% |

6.2
4.8

1.3
0.?

0.6 0.7

−0.1
−0.7

−3.5

−6.8

크든 적든 소득증가율이 꾸준히 상승하는 고소득층과 해마다 뒷걸음질치는 하위계층. 소득불평등도, 상대적 빈곤율 등 각종 불평등 지표들은 자본주의 황금기가 종말을 맞았음을 보여준다. 자본주의의 실패는 아이러니하게도 시장자본주의자들이 맹신해온 규제완화 복지축소, 감세정책이 대유행한 신자유주의 시기에 일어났다.(자료: 통계청)

의심치 않았다. 허나 1980년대 이후 이들은 사회적 진보가 정지되었다는 사실을 현실로 받아들이는 데 큰 어려움을 겪어야 했다.

미국을 비롯한 유럽연합이 돈 풀기(양적완화)·마이너스 금리 정책·규제완화 등 비상수단으로 위기를 극복해보려고 안간힘을 쓰고 있지만, 초저성장·극심한 불평등·높은 실업률 등 모든 악재가 겹친 상태가 계속되고 있다. 바로 직전에 있었던 자본주의 황금기와는 사뭇 대조적인 모습이다. 흔히 다보스포럼이라고 하면 세계에서 가장 부유한 1%가 주도하고 있는 극보수 성향의 모임으로 잘 알려져 있는데, 이 모임에서조차 소득불평등의 문제가 2015년에 첫번째 의제로 올랐다. 그만큼 오늘날 소득불평등의 문제가 심각한 지경에 이르고 있음을 의미한다.

이런 역사적 흐름이 우리에게 주는 교훈의 하나는 정부가 어떤 정책을 얼마나 강한 의지를 가지고 펴는가에 따라 불평등의 정도가 크게 줄어들 수도 있고 반대로 크게 악화될 수도 있다는 것이다. 스웨덴·덴마크·노르웨이·핀란드 등 북유럽 국가들은 미국과 마찬가지로 민주주의 국가들이요, 남부럽지 않게 부유한 나라들이다. 하지만 사회복지정책을 적극적으로 실천한 덕분에 이들의 소득불평등은 미국에 비해서 현저하게 낮다. 이런 사실은 적절한 정치적 선택만으로도 불평등을 완화할 수 있다고 생각할 근거가 된다. 반대로 말하면, 부적절한 정책을 선택할 경우에는 불평등이 오히려 더 악화될 수 있다는 것이다. 미국과 영국의 경우 민주주의 정부가 주도하여 자본주의 황금기를 일구어냈지만, 아이러니하게도 신자유주의를 표방한 민주주의 정부가 그것을 끝장냈다. 왜 이렇게 되었을까? 의도는 어떠했든 결과적으로 신자유주의는 기득권을 옹호하는 사상이 되었고, 이것을 표방한 민주주의 정부는 허울만 민주주의일 뿐 내용적으로는 기득권의 이익을 대변하는 정부였기 때문이다.

이제 '부익부'를 경계해야 한다

우리는 흔히 소득불평등 문제라고 하면 가난한 사람들을 연상하며,

사회복지제도라고 하면 빈민을 돕는 제도로만 생각한다. 그러다 보니 빈민만을 상대로 하지 않는 사회복지제도를 이상하게 여긴다. 예를 들면, 초등학교 무상급식제도는 원래 가난한 집 자녀들에게만 적용되던 것이었는데, 이를 모든 학생들에게 확대 적용하려 하자 이를 둘러싸고 찬성 측과 반대 측 사이에 격렬한 논쟁이 벌어지면서 온 나라가 소란해졌다. 무상급식 확대를 반대하던 서울시장이 사퇴하는 사태까지 발생할 정도였다. 정부는 빈곤을 줄이는 데 주력해야지 불평등의 정도를 줄이려고 해서는 안 된다고 주장하는 학자들도 있다. 요즈음 복지국가라는 말이 유행인데, 사실 복지국가의 기원은 불평등이 아니라 빈곤을 퇴치하려는 것이었다.[17] 실제로 세계 여러 나라들이 빈곤퇴치를 위한 명시적 목표치를 설정하고 있다. 허나 좋은 의도에도 불구하고 부자나라에서 빈곤퇴치가 매우 느리다.

그런데 설령 빈곤퇴치가 효과적으로 잘 이루어진다고 해도 이것만으로는 불평등 문제를 절대 해결할 수 없으며, 부익부에 제동을 걸어서 불평등을 해소해야 한다고 주장함으로써 학계와 언론계에 신선한 충격을 준 학자가 혜성과 같이 나타났다. 앞에서 소개한 피케티가 바로 그 사람이다.

피케티는 놀랄 만큼 방대한 자료를 바탕으로 지난 수백 년에 걸친 자본주의 선진국 사회의 빈부격차를 치밀하게 추적해 이를 숫자로 보여주었다. 이것만으로도 그는 높은 평가를 받아 마땅하다. 허나, 그의 저서에서 오히려 더 높이 사야 할 부분은 우리에게 경제적 불평등의 문제를 새로운 시각에서 볼 것을 요구하면서 통계적 증거를 제시했다는 점이다. 피케티는 빈익빈을 완화하는 것만으로는 빈부격차나 소득불평등의 문제를 해결하는데 분명한 한계가 있음을 보여주었다. 부유층의 소득과 부가 워낙 빠른 속도로 불어나고 있기 때문이다. 이 결과 자본주의 경제의 엄청난 생산력에도 불구하고 20세기에 들어와서도 극심한 불평등이 지속되었다. 다시 말해서, 자본주의의 높은 생산력이 부익부를 가속화시킴으로써 빈부격차의 확대를 주도해왔다는 것이다. 따라서 부익부에 제동을 걸어야만 불평등의 문제를 근원적으로 해결할 수 있다고 피케티는 주장했다.

보수언론들은 피케티의 저서를 깎아내리기 바빴다. 부자가 되는 것은 아주 좋은 일인데 도대체 무슨 이유로 부자가 더욱더 부유해지는 것에 제동을 걸어야 하느냐며 강력하게 반발했다. 물론 부자가 더욱더 부유해지는 일 자체는 전혀 나쁠 게 없다. 하지만 가난한 사람을 더욱더 가난의 구렁텅이로 밀어내리면서 부자가 더욱더 부유해진다는 것이 문제다. 오늘날 대부분의 경우 부유층이 더 부유해진다는 것은 국민소득 중에서 저소득계층에게 돌아가는 몫이 적어진다는 것을 의미한다. 이렇게 말하는 데는 그럴 만한 통계적 증거가 있다. 15개 OECD국가들을 보면 스위스를 제외하고는 상위 계층의 몫이 클수록 빈곤률이 높아지는 경향이 있었다.[18] 이는 불평등의 문제를 해결하지 않고서는 빈곤퇴치도 어렵다는 것을 의미한다.

부익부를 성세해야 일 또 나른 중요한 이유는 깅정이 키기 그로 인한 민주주의 본질의 파괴다. 오늘날의 불평등은 옛날과 다르다. 오늘날에는 경제적 불평등이 정경유착을 통해서 권력의 불평등을 낳고

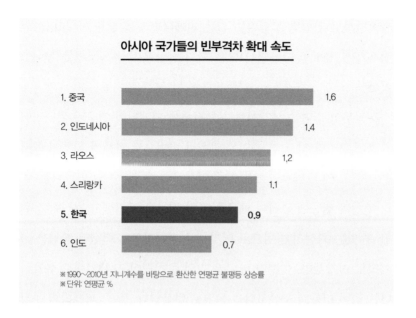

아시아 국가들의 빈부격차 확대 속도

1. 중국	1.6
2. 인도네시아	1.4
3. 라오스	1.2
4. 스리랑카	1.1
5. 한국	0.9
6. 인도	0.7

※ 1990~2010년 지니계수를 바탕으로 환산한 연평균 불평등 상승률
※ 단위: 연평균 %

'피케티 열풍'이 불편했던 경제지를 비롯한 한국의 보수언론들은 피케티의 주장이 '한국에 적용하기 어려운 관점'이라며 평가절하했다. 반면 2014년 한국을 방문한 피케티는 한국의 소득불평등 수준이 유럽이나 일본과 견줘 빠르게 상승하고 있음을 경고하며 누진소득세 등의 처방을 제안했다. 실제 그 시기 한국은 아시아 28개국 가운데 다섯번째로 빠른 속도로 빈부격차가 확대되고 있었다.(자료: 아시아개발은행, 한국은행)

이것이 기회의 불평등과 자유의 불평등을 가져온다. 따라서 부유층에 소득과 부가 집중되는 현상에 대한 효과적 대책이 없으면 멀지 않은 미래에 민주주의는 껍질만 남은 채 중세와 근대 절대왕정시대의 금수저·흙수저 사회로 회귀하게 된다는 것이 피케티의 으스스한 경고다.[19] 바로 그 금수저·흙수저의 계급을 폐지하고 모든 인간의 평등을 바탕으로 한 민주주의를 쟁취하기 위해서 인류가 얼마나 많은 피를 흘렸던가. 그렇게 피나게 얻은 민주주의가 소득과 부의 불평등에

잠식당하고 위협받고 있다는 것은 피케티만의 주장은 아니다. 그런 징후가 도처에 나타나면서 많은 학자들이 우려의 목소리를 높이고 있다.

부익부의 측면을 부각시켰다는 점에서 피케티의 연구가 획기적이라고는 하지만 사실 이 측면을 과학적 방법으로 파헤친 최초의 학자는 마르크스다. 마르크스가 인류 역사상 전에 볼 수 없었던 자본(부)의 팽창과 집중에 관하여 매우 중요한 질문을 제기했고 자신이 동원할 수 있는 최선의 방법으로 이것을 설명하려고 노력했다는 점을 피케티도 인정했다. 이뿐만 아니라 그의 통찰력이 21세기에도 유효하다는 점이 더욱더 중요하다는 논평도 덧붙였다. 물론, 피케티의 주장대로 부익부에 제동을 거는 것이 결코 쉬운 일이 아니다. 기득권계층이 완강히 저항하기 때문이다. 그렇기에 빈부격차나 소득불평등 문제의 해결에는 국민의 각별한 관심과 감시가 필요하고 끊임없이 정부를 다그쳐야 한다는 주장이 나온다.

피케티의 연구는 주로 선진국에 대한 것이다. 그래서 일부 국내 학자들은 피케티의 주장이 선진국에서나 통하는 것이라고 일축하는 태도를 보이기도 한다. 하지만 피케티가 알아낸 것은 단순히 선진국에서만 통하는 원리가 아니라 자본주의사회 전반에 걸쳐 경제적 불평등이 심해지는 원리다. 때문에 큰 틀에서 피케티가 규명한 원리는 같은 자본주의국가인 한국에도 적용된다고 볼 수 있다. 세계화 기술 진보 그리고 자본주의의 거대한 추세에 우리나라도 그대로 휩쓸려가고 있는데, 우리의 현실을 이해하는 데도 피케티의 연구가 큰 도움이 된다.

피케티가 말하는 자본주의 불평등의 원리에 관해서는 뒤에서 자세히 살펴보기로 하고 여기에서는 자본주의 불평등의 추세에 대한 그의 얘기를 들어보자. 피케티는 소득집중도와 재산집중도를 나타내는 지표를 동시에 이용해서 지난 300여 년에 걸친 경제적 불평등의 추세를 밝혀내고 그 원인을 분석했다. 우선 그가 조사한 선진국의 소득집중도 변화부터 짚어보자. 그에 의하면, 한창 불평등이 심했던 1910년경 미국의 최상위 10%가 미국 전체 소득의 약 40%를 차지했고, 프랑스와 영국에서는 최상위 10%가 45% 내지 50% 이상을 차지했다. 그러니까 최상위 10%가 국민소득의 절반 정도를 가져가고 그 아래 90%가 나머지 절반을 나누어 가진 꼴이다. 이렇게 불평등이 극에 달했을 때 바로 제1차 세계대전이 터졌다. 그 이후 소득불평등이 잠시 완화되는 듯하더니 1930년대에 또 다시 극에 달하게 되는데, 미국의 경우 1929년에 최상위 1%가 미국 전체 국민소득의 거의 30%를 가져갔다. 그 뒤에 곧 대공황이 터졌다. 제2차 세계대전 이후 자본주의 황금기가 도래하면서 아주 낮은 수준의 소득불평등이 장기간 지속되었다. 그러나 1980년대 신자유주의 바람이 불면서 소득불평등이 다시 악화되다가 2007년에는 최상위 1%의 몫이 30% 근처까지 치솟았다. 그러자 2008년 미국의 금융시장이 붕괴되면서 세계경제위기가 도래했다.

보통 재산집중도는 소득집중도보다 훨씬 심하다. 피케티에 의하면, 프랑스의 경우 19세기 초 재산을 많이 가진 최상위 10%가 국가 전체 재산(국부)의 80~85%를 소유하고 있었으며, 19세기 말에는 90%에 근접했다. 이런 극심한 재산불평등은 프랑스에 국한된 것이 아니라 유럽 전체에 나타난 현상이었다. 영국의 경우, 1810~1870년 사이에 국부에서 최상위 10%가 차지하는 몫이 85%이었다.(최상위 1%의 몫은 55~60%) 그러다 1900~1910년에는 90%를 넘어섰고 최상위 1%의 몫은 70%에 근접했다. 제2차 세계대전 이후 유럽에서 재산불평등은 크게 감소했다고는 하지만, 그래도 재산불평등이 소득불평등에 비해서 훨씬 더 심했다. 예를 들어서 프랑스의 경우 1950~1970년 기간에 최상위 10%의 몫이 60~70%였고 최상위 1%의 몫이 20~30%였다. 그러다가 1980년대 이후 부의 불평등이 급격히 심해지기 시작했다. 특히 미국에서 소득집중도와 함께 재산집중도가 급격하게 높아졌다. 2010년에 이르러서는 최상위 10%가 미국 국부의 70%를, 최상위 1%가 35%를 차지했다. 결국 오늘날 저소득계층의 경우 가진 재산 거의 없이 낮은 임금에 달랑 매달려 살고 있다.

4장

새로운 모습의 불평등

불평등에 대한 6가지 시대착오적 생각

우리 사회의 활력을 뺏을 정도로 불평등이 대단히 심각한 수준임에도 불구하고 이에 대한 정부의 대책은 매우 지지부진하다. 불평등 완화를 위한 대책이 제안될 때마다 보수진영이 끊임없이 이의를 제기하면서 논쟁이 벌어지다가 결국 흐지부지되기 일쑤였다. 불평등에 관한 보수진영의 견해에도 여러 가지가 있고 그 각각에 나름의 근거도 있지만, 그 대부분이 잘해야 옛날에나 통한 시대착오적인 견해다. 21세기의 불평등은 과거의 불평등과 단순히 정도만 달라진 것이 아니라 그 내용까지 달라졌다. 그러다 보니 보수진영의 이런 견해들이 옳지 않다는 증거들이 속속 드러나고 있다. 이를 구체적으로 살펴보기 위해서 우선 보수진영의 견해들을 정리해보면, 대략 다음과 같이 여섯 가지 줄기로 나누어볼 수 있다.

그 첫째는, 현실의 소득불평등이 그리 심하지 않다고 보면서 아예

외면하는 태도다. 이에 대해서는 앞에서 간단히 현실의 심각성을 살펴보았다.

둘째는, 빈부격차를 사회정의에 어긋나는 문제로 생각하기를 강하게 거부하는 입장이다. 불평등은 사실상 불가피한 것이므로 현실의 소득불평등이 정당한지 아닌지를 굳이 따질 필요 없이 이것을 있는 그대로 인정하자는 입장이다. 이런 입장을 취하는 사람들은 가난한 사람들을 위한 복지정책이 이들을 더 게으르고 무력하게 만들어서 오히려 가난의 덫에서 벗어나지 못하게 된다면서 반대한다. 반면에 부자들을 더 부유하게 만들어주는 정책에는 적극 지지를 보낸다. 복지정책은 국민 모두를 더 가난하게 만드는 어리석은 짓이라고 말하기도 한다. 미국의 철학자가 쓴 『정의란 무엇인가』라는 책이 선풍적 인기를 끌면서 베스트셀러에 올라간 것에서 볼 수 있듯이 사회정의에 관한 우리 국민의 관심이 부쩍 높아졌으며 우리 사회의 불평등을 사회정의에 어긋나는 것으로 보려는 분위기가 조성되고 있다. 허나 보수적 입장을 취하는 인사들은 이런 분위기를 매우 못마땅하게 여긴다.

셋째는, 부자가 가난해지기도 하고 가난뱅이가 부자가 되기도 하는 것이 세상 이치이니 누가 부자가 되고 누가 가난뱅이가 되느냐는 결국 각자 하기 나름이라고 보는 입장이다. 이런 입장을 취하는 사람들은 기회의 평등을 유난히 강조한다. 이들은 '기회의 평등 원칙'이 곧 정의로운 사회를 만드는 원칙이라고 주장하면서 우리 사회에 이 원칙이 그런대로 잘 지켜지고 있다고 은연중에 믿고 있다. 금수저·

흙수저 얘기가 돌고 있지만, 보수진영은 그것이 과장된 것이라고 일소에 부치면서 오히려 오늘날의 젊은이들이 너무 나약하고 게으르다고 질책한다.

넷째는, 경제성장을 위해서는 불평등이 꼭 필요하다는 입장이다. 사람들의 처지가 불평등해야 남보다 더 잘 살아보려고 노력하게 되고 그런 가운데 경제성장이 이루어진다는 것이다. 간단하게 말하면, 불평등을 경제성장의 촉진제쯤으로 여기는 태도다. 특히 요즈음과 같이 경기가 나쁠 때 우리가 당장 해야 할 일은 첫번째도 성장이요, 두번째도 성장이며, 세번째도 성장이라고 생각하는 사람들이 적지 않다. 우리 사회에 성장지상주의가 아직도 기승을 부리고 있다는 증거다. 엄밀히 말하면, 이 주장은 두 부분으로 분해된다. 그 첫째는 불평등이 경제성장에 도움이 된다는 것이고, 둘째는 경제성장이 국민 모두에게 이익이 된다는 것이다.

다섯째는, 설령 불평등이 심하다고 하더라도 그리고 그것이 옳지 않다고 해도, 굳이 정부가 나서서 해결하려고 애를 쓸 필요가 없다는 입장이다. 그냥 내버려두면 시장을 통해서 저절로 불평등이 해소된다는 것이다. 시장의 원리를 맹신하는 경제학자들이나 신자유주의자들이 이런 식의 주장을 자주 펴고, 보수진영이 이에 호응한다. 그러나 2008년 미국 금융시장이 붕괴되고 세계경제위기가 도래하면서 이런 수상의 설득력과 위세가 크게 밀려났다. 만일 이 주장이 옳다고 하면, 1980년대 이후 신자유주의 노선에 따라 시장을 대폭 활성화했던 주요 선진국에서 소득 및 부의 불평등이 줄어들었어야 했다. 그러나 결과는 정반대였다.

여섯째는, 자본주의사회에서 대부분의 소득은 각자의 노력과 능력에 따라 시장에서 자연스럽게 결정되는 것이므로 정당하다고 보면서 불평등을 정당화하는 입장이다. 물론, 이때의 시장은 자유경쟁이 잘 보장된 시장임을 전제한다. 경제학적으로 말하면 완전경쟁시장임을 전제한다는 것이다. 그러나 대부분의 경우 이런 식으로 불평등을 정당화하는 사람들은 이 전제를 명시적으로 표명하지 않거나 별 근거 없이 현실의 시장이 완전경쟁시장에 가깝다고 생각한다.

이 여섯 가지 견해들 중에서 첫번째 주장과 다섯번째 주장이 옳지 않다는 것은 이미 설명했다. 나머지 주장에 대해서는 자세히 살펴볼 필요가 있다. 이 장에서는 세번째 주장과 네번째 주장을 반박하고, 두번째 주장과 여섯번째 주장은 다른 장에서 다룰 것이다.

금수저와 흙수저를 만드는 불평등

보수진영은 기회의 평등을 강조하면서 누가 부자가 되고 누가 가난뱅이가 되느냐는 결국 각자 하기 나름이라고 주장한다. 그러나 21세기 불평등은 그냥 보통의 불평등이 아니라 돈의 많고 적음에 따라 사회적 신분이 결정되고 부와 신분이 세습되는 경향이 강해지는 불평등이라는 점을 많은 학자들이 지적하고 있다. 다시 말해 금수저·흙수저의 대물림이 21세기 불평등의 특징이라는 것이다. 이것이 오늘날 불평등을 경계해야 할 하나의 중요한 이유가 된다.

아무리 빈부격차가 심해도 열심히 노력하면 가난뱅이도 얼마든지 부자가 될 수 있고, 부자도 게으름 피우면 어느새 가난뱅이로 전락하게 된다면 억울해할 사람이 얼마 없을 것이다. 다시 말해서 출세하고 부자가 될 수 있는 기회가 누구에게나 고르게 열려 있다면, 각자 하기 나름이므로 빈부격차가 심하더라도 큰 문제가 되지 않을 수도 있다. 실제로 1990년대 이전에는 나름대로 열심히 공부하고 부지런히 일하면 누구나 돈도 벌고 출세도 할 수 있었다. 대체로 어느 나라에서나 좋은 교육을 많이 받는 것이 신분상승을 위한 가장 효과적인 방법이라는 것은 상식이기도 하고, 통계적으로 밝혀진 사실이기도 하다. 1990년대 이전 우리나라의 고도경제성장기에는 고등교육을 받을 수 있는 기회가 그런대로 풍부하게 열려 있었다. 아무리 시골 촌뜨기요 가난한 집안 자녀들이라도 공부만 잘 하면 명문대학에 들어갈 수 있었다. 서울대학교에도 촌구석에서 올라온 시골뜨기와 가난한 집 자녀들이 수두룩했다. 두어 달 아르바이트를 하면 등록금을 마련할 수 있을 정도로 학비도 쌌다. 웬만한 대학을 졸업하면 대기업에 척척 들어갔고, 각종 고시에 합격하면 출세 가도를 달릴 수 있었다. 말하자면, '계층상승의 사다리'를 타고 사회 위 계층으로 올라갈 기회가 비교적 폭넓게 열려 있었던 '기회의 평등' 시대였다.

그래서 '개천에서 용 나는 일'이 아주 흔했다. 높은 교육열 그리고 이로 인한 우리 국민의 높은 교육수준이 과거 '한강의 기적'이라고 불렸던 고도경제성장의 원동력이기도 했다. 그 시절을 겪었던 지금의 노인들은 자신들이 그 고도경제성장의 견인차였음을 자랑스럽게 생각하면서 그때 얘기를 지겹게 반복한다. 고도경제성장의 결과 빈부격차가 좀 벌어지기는 했지만, 가난뱅이가 부자가 되고 부자가 가난뱅이가 되는 일이 잦았기 때문에 다들 그러려니 했다. 다시 말해서 계층이동이 비교적 원활했기 때문에 빈부격차에 크게 개의치 않는 사회 분위기였다는 것이다. 그런 시절이 우리나라에만 있었던 것은 아니다. 선진국에서도 1945년부터 1970년대에 이르는 '영광스러운 시대'에는 돈 벌고 출세할 기회가 모든 사람들에게 비교적 풍부하게 열려 있었다. 소득 최상위 1%에 속한 부자들도 대체로 자수성가한 인물들이었다.

그러나 우리나라의 경우 1998년 IMF외환위기 이후부터 그리고 선진국에서는 한 발 앞선 1980년대부터 불평등이 점차 심해지면서 그런 좋은 시대가 서서히 막을 내리기 시작했다. 소득불평등이 심하더라도 기회의 평등이 보장되면 되는 것 아니냐고 말은 할 수 있겠지만, 앞에서 설명했듯이 현실에서는 이 두 가지가 같은 방향으로 움직이는 경향이 있다.[1] 즉, 경제적 불평등이 기회의 평등을 저해하고, 기회의 평등이 무너지면 경제적 불평등이 더 심해지면서 이 둘 사이에 악순환이 형성된다는 것이다. 실제로 우리 사회의 소득불평등이 아주 심해지면서 요즈음에는 힘 있고 돈 많은 집안에 태어나지 않으면 좋은 학교에 가기도, 좋은 직장을 얻기도 어려워지고 있다. 부의 대물림도 점점 더 심해지고 있다. 미국의 경우 100대 부자의 70%가 당대의 창업자라고 하는데, 우리나라에서는 거꾸로 75%가 물려받은 부자다.[2] 우리나라에서 불평등 관련 연구로 많이 알려진 학자가 최근 발표한 논문에 의하면, 상속과 증여가 전체 재산에 기여한 비중이

2000년대에 들어와 급속하게 늘어났으며 국민소득 대비 연간 상속액의 비율도 10% 근처까지 높아졌다.[3] 19세기 말 유럽에서는 연간 상속액이 국민소득의 20%였는데 이 수치는 한 국가 내의 사유재산 80%가 상속된 재산임을 의미한다. 아직은 우리나라가 이 정도는 아니지만, '세습 자본주의'라는 말이 보수진영에서 나올 정도로 연간 상속액의 비율이 매우 빠르게 증가하고 있다.

이 결과 돈도 없고 힘도 없으면 돈을 벌기도, 출세하기도 점점 더 어려워지고 있다. 초등학교 학생들조차 성공을 위해서 가장 중요한 요소로 개인의 능력이 아니라 '부모의 배경'을 꼽고 있다. "오늘날 불평등에 관한 새로운 현상은 세습이 불평등을 심화시킨다는 점이다"라는 어느 학자의 말과 같이 지금 우리 사회가 당면하고 있는 불평등은 단순한 불평등이 아니라 부와 신분의 대물림이 심해지는 '금수저·흙수저 불평등'이다.[4] 바로 이런 점 때문에 문제가 더욱더 심각한 것이다.

미천한 집안이나 가난한 집안 출신들이 사회의 상위 계층으로 올라갈 기회가 줄어드는 현상을 놓고 계층상승의 사다리가 끊기고 있다고 말한다. 또 밑에 있는 사람들이 올라오지 못하게 기득권 계층이 그 사다리를 걷어차고 있다고 말하기도 한다. 이제는 부자가 되고 출세할 기회가 모두에게 고르게 열려 있지 않다는 것이다. 계층상승의 사다리가 넓다는 것은 기회의 평등이 잘 보장된다는 뜻이기도 하고, 계층이동이 잘 되고 있다는 뜻이기도 하다. 좀 더 넓은 의미로 사회적 이동이 원활하다고 말하기도 한다. 2014년 서울을 방문한 IMF

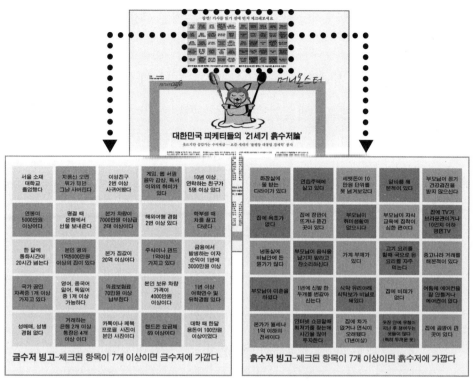

이른바 금수저·흙수저 빙고게임. 금수저 항목의 '본인 명의의 1억 원 이상 주택' '본가 집값 20억 원 이상' '대학 때 한 달 용돈 100만 원 이상' '연간 금융이자 수익 3000만 원 이상' 따위의 조건들은 재력가 부모를 만나지 못한 대다수 평범한 사람의 임금소득만으로는 달성이 불가능하다. 이렇듯 '웃픈' 수저계급 놀이에 많은 사람들이 공감하는 것은 노력만으로 극복하기 힘든 불평등에 대한 조소가 아닐까.(아시아경제, 2015년 10월 29일)

부총재는 중산층 몰락과 사회적 계층 이동의 감소를 한국경제가 당면한 큰 문제로 꼽았다.[5] 실제로 많은 사람들이 금수저·흙수저의 불평등을 피부로 느끼고 있다. 현대경제연구원의 조사 결과에 의하면, 각 개인이 열심히 노력하더라도 계층상승 가능성이 낮다고 생각하는 응답자 비중이 2013년 75.2%에서 2015년에는 81.0%로 높아졌다.[6]

우리 국민의 압도적인 다수가 금수저·흙수저를 인정하고 있다는 얘기다.

특히 20대 청년층이 비관적으로 변하고 있다. 계층상승 가능성이 낮다고 생각하는 20대 청년층의 비율은 2013년 70.5%에서 2015년 80.9%로 무려 10.4% 포인트나 상승했다. 이들을 중심으로 '헬조선'이니 '삼포세대'니 하는 자조적인 단어가 급속히 퍼지고 있다. 결국 보수진영의 세번째 주장, 즉 기회의 평등을 강조하면서 누가 부자가 되고 누가 가난뱅이가 되느냐는 결국 각자 하기 나름이라는 주장은 통계적으로나 여론조사에 비추어 보거나 설득력을 잃고 있다는 것을 알 수 있다.

금수저·흙수저의 불평등이 우리나라에만 있는 것이 아니다. 선진국들의 경우 계층이동에 관한 연구들이 적지 않은데, 이에 따르면 불평등이 심한 나라일수록 계층이동이 적은 것으로 나타났다. 예를 들면, 과거 미국은 기회의 땅으로 알려졌으나 21세기에 들어와서는 불평등이 극심해지면서 계층이동이 가장 적은 나라가 되었다. 미국 다음으로 불평등이 심한 나라인 영국 역시 사회적 이동이 적은 나라다. 독일은 중간쯤이고 가장 평등한 북유럽 국가들은 사회적 이동 역시 가장 활발한 나라들이다.[7]

21세기 선진국의 소득불평등에서 나타나는 특징 중 하나로 피케티는 상속 및 증여의 비중이 크게 늘어나고 있다는 점을 꼽았다. 여간 국민소득에서 상속액이 차지하는 비중이 크게 늘어나고 있다는 것이다. 상속이나 증여는 부유층에서 주로 일어나는 일이며, 특히 최고 부유층에서 빈번해지고 있다. 소득 최상위 10%도 상이한 두 그룹으로 나뉘어 있다. 최상위 1%와 바로 그 아래 9%(차상위 9%)가 또 차이를 보인다. 최상위 1%의 소득의 거의 대부분은 자본소득이며 또 그 대부분이 이자, 배당금 등의 금융자본 소득이다. 반면에 그 아래 9%에는 의사·변호사·최고경영자CEO·자영업자 등이 포함되어 있다. 과거에는 이 차상위 9%의 소득에서 노동소득이 명백하게 압도적 비중을 차지했으나 근래에는 자본소득이 크게 늘어나고 있으며, 그 대부분이 부동산소득이었다. 이제는 사회 최상층에서는 상속받은 재산에 얻는 소득이 노동소득을 압도하기 시작했다. 피케티는 선진국에서 새로운 형태의 세습 자본주의patrimonial capitalism가 대두되고 있다고 보았다. 이 결과 1970년대 이후 태어난 세대는 이미 세습되는 부의 위력을 19세기 사람들 못지않게 절실하게 경험하고 있다.[8]

'기회의 평등'은 거짓말이다

계층상승의 사다리가 끊기고 있는 것도 문제이지만, 이것이 몰고 오는 사회적 단절이 더 큰 문제다.『정의란 무엇인가』의 저자 마이클 샌델은 계층간 어울림이 줄어들면서 시민정신과 공동체 의식이 사라지는 현상을 더 안타깝게 생각했다. 옛날의 야구경기장은 모두가 어울려서 즐기는 장소였다. 기업의 임원과 공장 노동자가 나란히 앉아 경기를 관람하고, 먹을 것을 사기 위해 똑같이 줄을 서며, 비가 오면 부자나 가난한 사람이나 가리지 않고 함께 비를 맞으면서 응원하는 곳이었다. '진정으로 도와준다는 것은 비가 올 때 같이 우산을 쓰는 것이 아니라 같이 비를 맞는 것이다'라는 말이 있다. 진정으로 도와준다는 것은 어려움에 처했을 때 그저 도움의 손을 내미는 것이 아니라 같이 그 어려움을 겪으며 이겨나가는 것이라는 의미다.

하지만 언제부터인가 경기장 높은 곳에 고급 관람석(스카이박스)이 등장하면서 부자와 특권계층은 일반 관람석에 앉는 보통사람들과 분리됐다. 원래 운동경기는 사회구성원을 결속하고 시민의식을 고취하는 원천이었는데 스카이박스로 그 원천이 봉쇄된 것이다. 야구경기장 얘기는 상징적인 예에 불과하다. 운동경기뿐만 아니라 일상생활에서도 계층간에 높은 담장이 쳐지고 계층간 어울림이 줄어들면서 미국인의 공동체 의식과 시민정신이 심하게 훼손되고 있음을 샌델은 개탄한다. 미국 미시간대학교 경기장에 스카이박스를 만들려는 계획이 세워지자 동문들이 항의하고 탄원서를 낸 일이 있었다. "125년 동안 믿음직스런 미시간 팬들은 나란히 함께 서서 함께 추위에 떨었고, 함께 응원했으며, 함께 승리를 즐겼다. 호화스런 박스석은 그러한 전통에 완전히 반하는 것으로 미시간 팬을 소득 수준으로 가르고 그들의 화합을 해칠 뿐 아니라 미시간 팬이라면 나이와 배경에 상관없이 누구나 경기를 함께 관전하며 느끼는 흥미와 동포애를 훼손시킨다."⁹ 계층간 어울림이 현격하게 줄어들고 있는 것은 우리의 현실이기도 하다. 계층간의 격리가 시민정신과 공동체 의식을 엷게 만들며, 이것은 민주주의를 위협하는 큰 요인이 된다.

불평등이 심해지면 계층이동이 줄어들 뿐만 아니라 부유층과 빈곤층이 공간적으로도 격리되는 현상이 점점 심해진다. 우리나라에서도 이런 격리현상이 심해지면서 부유한 동네와 가난한 동네를 의도적으로 인접시키려는 시도가 많이 있었지만 완강한 저항에 부딪치는 일이 잦다. 이를테면, 부자 아파트 옆에 임대아파트를 건축하려고 하면 집값이 떨어진다며 부자 아파트 쪽에서 크게 반발한다. 부촌과 빈촌이 서로 격리되는 현상이 늘 있는 일이라고 하지만, 문제는 불평등이 심해질수록 격리의 골이 깊어진다는 것이다. 선진국의 주거 격리현상에 대한 연구를 보면, 불평등이 심한 사회일수록 공간적 격리현상도 늘어나는 경향이 나타난다. 달리 말하면 불평등이 심할수록 사회구조가 경직된다는 얘기다.[10] 이렇게 계층간 격리가 심해지면 계층별 문화적 차이도 커지면서 다른 계층에 대한 편견도 심해진다는 게 큰 문제다. 문화적 차이와 편견은 계층간 어울림과 소통을 어렵게 만든다. 민주주의는 국민들 사이의 원활한 대화와 이해를 전제로 한다. 그래서 심한 불평등은 민주주의를 위협한다.

그렇다면 왜 '기회의 평등'의 원칙이 무너지고 계층상승의 사다리가 끊기고 있는가? 사실 이에 대한 우려가 상당히 오래전부터 있었고 그 원인에 대한 진단도 다각도로 전개되었는데, '교육의 상품화' 혹은 '교육의 시장화'가 그 한 요인으로 자주 꼽혀왔다. 대체로 보면, 어느 사회에서나 좋은 교육을 많이 받는 것이 신분상승의 첩경이다. 그런 교육을 받을 기회가 특정 계층에게만 열려 있다면 계층간 이동이 줄어든다. 1990년대 후반 IMF외환위기 이후 사교육이 점차 성행하기 시작했다. 일류 학원에 다니고 비싼 족집게 과외를 받지 않으면 좋은 대학에 가기가 점점 더 어려워졌다. 좋은 대학을 나오지 않으면 좋은 직장을 얻기도 어렵다. 실제로 많은 우리 국민이 이렇게 생각하고 있다. 그러니 자녀에게 사교육을 시키지 않을 수 없다. 이제 교육도 돈을 주고 사야만 하는 상품이 되었다. 가계비에서 사교육비가 차지하는 비중이 날로 무거워지면서 집집마다 아우성이다. 이와 같이 교육이 상품화되면 저소득계층 자녀들이 좋은 교육을 많이 받을 기회가 급속히 줄어들 수밖에 없다. 대학교 등록금도 저소득계층이 감당할 수 없을 만큼 비싸졌고, 대학이 기업화되었다는 비난이 일고 있다. 결국 교육의 시장화가 소득불평등의 한 요인이요, 계층이동을 가로막는 요인이며, 우리 사회가 정의롭지 못함을 실감하게 만드는 요인이 된다.

사교육비와 불평등 사이에 밀접한 관계가 있다는 사실은 선진국들의 경험에서도 여실히 드러난다. 영국을 제외한 유럽 선진국들의 경우 교육비 중에서 사교육비의 비중이 매우 낮다는 것은 잘 알려져 있다. 선진국의 계층이동에 관한 연구를 보면, 평등한 나라일수록 교육에 대한 정부의 지출이 컸다. 가장 평등한 노르웨이의 경우 교육비의 거의 대부분(97.8%)이 공적 지출인 반면, 불평등이 가장 심한 미국의 경우에는 68.2%에 그쳤다.[11] 사교육비의 비중이 높을수록 고등교육을 받을 기회가 부유층에 집중되고 따라서 금수저와 흙수저의 격리가 고착될 가능성이 높다.

빈부격차나 소득불평등 얘기만 나오면 보수진영은 으레 '기회의 평등'의 원칙을 들먹이지만, 계층상승의 사다리가 끊겼다는 것은 사실상 이 원칙이 무너졌음을 의미한다. 부유층은 자녀들이 좋은 교육을 많이 받도록 해주기 때문에 이들은 돈벌이와 출세의 경쟁에서 다른 아이들보다 유리한 입장에 선다. 다시 말해서 경기장에서 부유층 자녀들은 같은 세대의 다른 사람들보다 더 앞에서 출발하게 된다는 것이다. 경기에서 사람에 따라 출발선이 달라진다면 이것은 '기회의 평등'의 원칙에 어긋나는 일이다. 설령 부모의 세대는 똑같은 출발선에서 출발했다고 하더라도 그 자녀들은 어떤 부모를 만났느냐에 따라 다른 출발선에 서게 된다. 즉 현세대에 나타난 결과의 불평등이 다음 세대에는 기회의 불평등이 되며, 따라서 불공정의 원인이 된다.

기회의 평등 원칙은 사실상 실현 불가능한 원칙이다. 기회가 평등하게 주어진다는 것은 경기에서 모두가 똑같은 출발선에 서게 한다는 뜻이다. 그렇지만 경기가 공정하게 진행된다고 하더라도 경쟁의 결과 항상 승자와 패자가 정해지기 마련이며, 다음번 경기에서는 승자는 패자보다 앞에서 출발하게 된다. 첫 경기에서 기회의 평등 원칙이 지켜지더라도 그 다음 경기에서는 이 원칙이 무너진다. 인간사회에서는 이런 경기가 무한히 반복된다. 그렇다고 매번 경기를 할 때마다 모두를 똑같은 출발선에 세울 수는 없다. 기득권자들의 완강한 반대 때문이다. 성경에는 '희년제'라는 말이 나온다. 매 50년마다 모두의 재산을 회수해서 똑같이 나누어주고 나서 모두를 똑같은 출발선에 서게 하는 제도다. 서구사회가 기독교 사상이 바탕에 있는 사회라고 하지만 희년제가 실시되었다는 말을 들어본 적이 없다. 요컨대, 한 경기에서 모두에게 기회가 똑같이 주어진다고 하더라도 그 결과 불평등이 만들어지며, 이것이 다음번 경기를 불공정하게 만드는 요

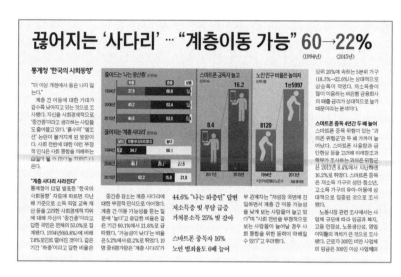

불평등은 공동체 내의 소통을 저해하고 갈등을 부른다. 한국사회의 계층이동 사다리가 끊어진 것을 두고 많은 사람들이 더 이상 '개천 용'을 볼 수 없게 됐다고 한탄하지만, 그보다 더 심각한 문제는 계층별로 공간적·정서적 단절이 심해지고 있다는 사실이다. (한국경제, 2016년 12월 13일)

인이 된다는 것이다. 오늘의 결과가 내일 경기에 영향을 미치는 것이다. 이런 결과가 누적되면 결국 첫번째 경기에서 승리한 사람은 금수저가 되고 나머지는 흙수저가 된다. 이와 같이 결과의 불평등이 기회의 평등에 영향을 미치기 때문에 기회 평등의 원칙만으로는 정의로운 사회를 만들 수 없다. 다시 말해서 기회의 평등과 함께 결과의 평등도 함께 고려해야만 금수저·흙수저를 없앨 수 있다는 것이다.

불평등이 경제성장을 망친다

불평등을 정당화하는 보수진영의 강력한 주장들 중 하나가 인센티브(유인) 논리다. 부지런히 일하든 안 하든, 능력이 있든 없든 상관없이 누구에게나 똑같은 보수를 준다면 누가 열심히 일하려고 할 것이며, 누가 능력을 기르려고 노력할 것인가. 소득의 평준화는 모두를 가난뱅이로 만드는 길이라는 게 보수진영의 익숙한 레퍼토리다. 잘 사는 사람이 있고 못 사는 사람이 있어야만 남보다 더 잘 살아보려는 의욕을 가지게 될 것이며, 능력 있는 사람에게 남보다 더 많은 보수가 주어져야만 능력을 기르려고 노력할 것이다. 이렇게 모두가 더 잘 살아보려는 의욕을 가지고 부지런히 일하고 능력을 기른다면 경제성장이 촉진되면서 결과적으로 모두가 더 잘 살게 된다는 것이 보수진영의 일관된 논리다. 즉 불평등이 인센티브 효과를 줌으로써 경제성장의 촉진제 역할을 한다는 것이다. 설령, 불평등이 나쁜 것이라고 해도 그것은 경제성장을 위한 필요악이라고 본다.

그러나 지난 20~30여 년 동안 수많은 학자들이 방대한 자료를 바탕으로 불평등과 경제성장 사이의 관계를 분석해보았지만 불평등이 경제성장을 촉진한다는 증거를 거의 찾아볼 수 없었다.[12] 우선 불평등이 경제성장의 촉진제라는 주장이 옳다고 하면, 이런 의문이 들지 않을 수 없다. 1998년 IMF외환위기 이래 우리나라의 소득불평등이나 빈부격차는 날이 갈수록 심해지고 있다. 만일 소득불평등이 경제성장의 촉진제라고 한다면 우리나라의 경제성장률은 날이 갈수록 높아졌어야 했다. 하지만 현실은 전혀 그렇지 않다. 2014년을 제외하고 2012년 이래 실질경제성장률이 매년 3% 이하의 저조한 실적을 기록했다. 우리나라의 경제성장률이 3% 이하를 기록한 것은 매우 드문 일이다. 1950년대 중반 이후 2012년까지 약 60년간 실질경제성장률이 3% 아래였던 적은 단 네 차례밖에 없었는데, 그 대부분이 오일쇼크·IMF외환위기·세계경제위기 등 비상 상황이었다. 그러나 2012년 이후에는 뚜렷한 위기 상황이 없었는데도 성장률이 3% 이하의 매우 낮은 수준까지 내려갔을 뿐만 아니라 최근까지도 저성장률이 계속되고 있다.[13]

지난 수십 년 동안 불평등과 경제성장률 사이의 관계를 통계적으로 분석한 결과에 의하면, 불평등이 오히려 경제성장의 발목을 잡는 사례가 훨씬 더 빈번하게 나타났다. 즉 대체로 불평등 정도가 낮으면 경제성장률이 높고, 불평등 정도가 높으면 경제성장률이 낮았다. 앞에서도 살펴보았지만, 자본주의 황금기 시절 선진국에서는 불평등 정도가 자본주의 역사상 가장 낮았으면서 경제성장률은 최고로 높았다. 미국은 불평등과 경제성장률 사이의 이런 관계를 여실히 보여주고 있는데, 민주당 정부 때에는 불평등 정도가 낮았고 경제성장률은 높았다. 반면에 공화당 정부 때에는 불평등 정도가 높았고 경제성장률은 낮았다.[14]

이런 통계적 근거를 들이대면 보수진영은 경제성장률이 워낙 많은 요인들의 영향을 받는 것이라서 그렇게 간단하게 말할 사항은 아니라고 변명한다. 일단 그렇다고 치자. 그리고 보수진영의 주장대로 불평등이 경제적 인센티브를 조성하며 경제성장의 촉진제가 된다는 수상이 옳다고 하자. 이는 경제성장에 도움 되는 불평등은 사회적으로 용인될 수 있다는 의미다. 달리 말하면 경제성장에 기여하는 불평등은 사회적으로 정당한 불평등인 셈이다. 그러나 이 말을 뒤집으면,

경제성장을 저해하는 소득불평등은 사회적으로 용인될 수 없다는 뜻이기도 하다. 그렇다면 근래 선진국이나 우리나라가 겪고 있는 소득불평등은 용인될 수 없는 불평등이다. 경제성장에 도움은커녕 크나큰 걸림돌로 작용하고 있기 때문이다.

멀게는 1980년대 신자유주의 바람이 불면서부터, 가깝게는 2008년 세계경제위기가 덮치면서부터 선진국들도 초저성장에 골치를 앓고 있다. 최근 권위 있는 국제기구들이 잇달아 소득불평등을 경고하는 한 가지 큰 이유는, 바로 이것이 초저성장의 원인이 되고 있다고 보기 때문이다. OECD와 IMF의 최근 보고서들은 일제히 그 증거를 제시하고 있다. OECD가 19개 회원국들을 상대로 통계분석을 해본 결과 소득불평등이 경제성장률을 끌어내리는 효과가 있었던 것으로 나타났다.[15] IMF도 비슷한 취지의 보고서를 잇달아 내놓았다. 2011년에 발표한 보고서에서는 경제성장과 소득분배가 상호 보완적 관계라는 통계 자료를 제시했다. 즉 상대적으로 소득이 균등하게 분배되는 국가에서는 경제성장이 활발히 평균 24년 동안 지속되는 데 반해 소득이 불균등하게 분배되는 국가에서는 그 기간이 14년에 불과했다는 것이다.[16] 2015년 보고서에서는 국민소득에서 소득계층 최상위 20%의 몫이 증가하면 경제성장률이 떨어지며, 반대로 최하위 20%의 몫이 증가하면 경제성장률이 높아진다는 분석 결과를 내놓았다. OECD와 IMF의 이런 보고서들이 옳다면, 소득불평등이 오히려 경제성장을 저해했으므로 우리나라를 포함한 많은 국가들의 불평등은 사회적으로 정당화될 수 없다고 결론을 내릴 수 있다. 동시에 이는 불평등이 경제성장을 위한 필요악이라는 보수진영의 주장이 틀렸음을 의미한다.

그렇다면 왜 극심한 소득불평등이 경제성장의 발목을 잡게 되었을까? 여러 가지 설명이 있다. 가장 많이 나오는 설명은, 소득불평등이 심해지면 기업들이 시장에 내놓은 물건들이 잘 팔리지 않게 된다는 것이다. 흔히 하는 말로 내수가 위축된다는 것이다. 소득불평등이 심해진다는 것은 중산층이나 저소득계층의 호주머니가 가벼워진다는 뜻이요, 따라서 국민의 대다수를 차지하는 이들의 소비가 위축됨을 의미한다. 물론 부자들의 소득은 늘어나지만, 그들의 소득에서 소비가 차지하는 비중(이를 소비성향이라 한다)은 그리 크지 않다. 반면에 중·저소득계층은 돈 벌기가 무섭게 쓰기 바쁘고, 소비성향이 부유층에 비해서 상대적으로 더 크다. 특히 저소득계층의 소비성향은 매우 크다. 소득불평등이 심해진다는 것은 소비성향이 적은 계층의 소득은 많이 늘어나는 반면 소비성향이 큰 계층의 소득은 적게 늘어나거나 늘어나지 않음을 뜻한다. 국민의 대다수를 차지하는 중·저소득계층이 충분한 구매력을 갖추지 못하게 되면서 이것이 내수 부진으로 이어지게 된다. 내수가 부진해지면 기업들이 투자 의욕을 잃게 된다. 투자를 해서 생산을 늘려봐야 시장에서 잘 팔리지 않기 때문이다. 내수 부진과 투자 감소는 불경기를 초래하는 가장 큰 요인이며, 이것이 오늘날 우리나라나 신진국들이 겪고 있는 저성장의 근본 원인이라는 것이 OECD와 IMF보고서의 입장이다.

노동의욕을 떨어뜨리는 불평등

극심한 소득불평등이 경제성장을 저해하게 되는 또 하나의 중요한 이유는 근로의욕의 저하와 사회 분위기의 침체다. 소득불평등이라고 하면 주로 가계소득의 불평등을 의미하는데, 가계소득의 대부분은 근로소득이다.[17] 따라서 소득불평등의 핵심은 근로소득의 불평등이라고 할 수 있다. 실제로 2002년부터 2014년까지 고소득계층의 근로소득은 크게 늘어났지만, 저소득계층의 근로소득은 별로 늘어나지 않으면서 소득격차가 크게 벌어졌다.[18] 우리나라 기업의 고위경영진 CEO들의 평균 근로소득은 일반노동자의 평균소득의 30배~40배에 이른다.[19] 그래서 오늘날의 소득불평등 문제는 자본가와 노동사 사이의 불평등 문제일 뿐만 아니라 노동자와 노동자 사이의 불평등 문제라고 진단하기도 한다.[20]

근로소득의 이런 큰 격차에 대해서 충분히 납득한 만한 설명이나 논리가 없다면, 저임금 노동자들은 불만을 품게 되고 무언가 공정치 못하다고 생각하게 된다. 여기에 보수진영이 내놓는 정당화 논리 중 하나는 생산성 논리다. 임금은 생산성에 따라 결정되어야 하며, 실제로 사람들이 받는 임금은 생산성을 반영한다는 것이다. 그러나 각 개인의 생산성을 객관적으로 정확하게 추정하는 것은 사실상 불가능하다. 각 개인의 생산성은 자신의 노력과 능력뿐만 아니라 주위 사람들과의 인간관계 및 협동의 정도에 따라 크게 달라지는, 불확실한 것이다. 설령 각자의 생산성을 정확하게 추산한다고 하더라도 이것으로 끝나는 것이 아니다.

노동자들은 임금이 공정한지 아닌지에 대단히 예민하게 반응한다. 우리나라에서만 그런 것이 아니다. 노사관계가 비교적 합리적이라고 보수진영이 치켜세우는 미국에서도 마찬가지다. 공정성에 대한 인간의 감정은 수십만 년 동안 인간의 뇌리에 각인된 것이라서 쉽사리 지울 수 없다고 하는데, 어떻든 노동자들이 공정성에 매우 민감하므로 임금의 공정성 여부가 생산성에도 큰 영향을 미치게 된다. 노동자들이 자신들의 보수가 공정치 못하다고 느끼고 불만을 품으면 열심히 일하고 자기개발할 의욕을 잃는다. 그뿐만 아니라 소속감을 잃으면서 협동의 분위기도 깨진다. 결과적으로 생산성이 전반적으로 떨어지게 된다.

반대로 노동자들이 자신들의 임금을 흡족하게 생각하면 생산성이 높아진다. 실제로 우리나라의 모 재벌회사는 회사원들에게 대한민국 최고의 보수를 지급함으로써 이들로 하여금 대한민국의 최고 인재라는 자부심을 가지게 했다. 이 회사원들은 애사심을 가지고 조직을 위해서 그야말로 분골쇄신했다. 이 결과 이 재벌회사는 우리나라뿐만 아니라 세계적인 기업으로 성장할 수 있었다. 이와 같이 노동생산성을 높이기 위해서 전략적으로 지급되는 임금을 흔히 '효율임금'이라고 부른다. 임금은 노동자의 사기와 노동의욕에 직결된 사항이요 따라서 생산성에 직결되는 사항이다.

경제학 교과서는 마치 각 노동자의 생산성이 이미 정해져 있고 이 생산성에 맞추어 임금을 주는 것처럼 설명하고 있다. 유능한 노동자와 무능한 노동자가 따로 있다는 식이다. 교과서의 설명과는 달리 현실에서는 대우를 어떻게 해주느냐에 따라 유능한 노동자가 무능해질 수도 있고 반대로 무능한 노동자가 유능해지기도 한다. 공정성과 생산성 사이에 밀접한 관계가 있다는 사실은 수많은 연구에서 확인되고 있다. 우리나라의 한국은행 총재에 해당하는 미국 연방준비위원회FED 의장인 재닛 옐런Janet Yellen 의장의 남편은 노벨경제학상 수상자인 조지 애커로프George Akerlof 교수인데, 이 부부가 노동시장에 관하여 공동연구를 수행한 적이 있었다. 이 연구는 임금과 생산성 사이에 상관관계가 있음을 밝혀내면서 그 이유를 여러 가지로 설명한다.[21] 많은 경우 노동자는 임금을 단순히 노동에 대한 대가라고 여기지 않는다. 회사가 자신을 어떻게 생각하는지를 가늠하는 하나의 징표로 생각한다. 예를 들어서 높은 보수를 받는 회사원은 회사나 상사로부터 자신의 존재나 능력을 확실히 인정을 받았다는 증거로 여기고 흐뭇해하면서 더 큰 책임감과 자신감을 느끼며, 회사를 위해서 더욱 열심히 일하려는 의욕을 가지게 된다. 다른 사람의 인정을 받고 싶어하는 심정은 인간의 아주 뿌리 깊은 감정이기도 하다.

노동경제학 분야에서 미국 최고의 권위자이기도 했던 앨버트 리Albert Ree 교수는 현실 세계에서 임금이나 봉급의 결정에 가장 중요한 요인은 공정성이었다고 증언하면서 그 이유를 다음과 같이 설명했다. 경제학 교과서는 임금이 시장에서 노동에 대한 수요와 공급에 따라 결정된다고 가르치고 있지만 현실은 그렇지 않다. 노동에 대한 수요와 공급은 특정한 임금수준을 결정하는 것이 아니라 단지 그 범위만 설정할 뿐이다. 다시 말해서 수요와 공급은 임금의 상한선과 하한선을 결정할 뿐이다. 그 범위 안에서 실제 임금이 구체적으로 어떤 수준에서 결정될 것인지는 이해관계자들 사이의 협상이라든가 사회적 규범에 달려 있는데, 이 부분에서 공정성 여부가 핵심적 역할을 한다. 리 교수는 어느 학술모임의 초청 연설에서는 그가 일생 가르쳤던 경제학 교과서의 이론이 현실의 노동문제 해결에 눈곱만큼도 도움이 되지 않았다고 솔직하게 토로했다.[22]

공정성을 앞세우면 생산성을 망친다고 보수진영은 끈질기게 주장하고 있지만, 사실은 그렇지 않다는 연구결과들이 많이 나와 있다. 생산성과 공정성 사이의 관계에 대한 그 많은 연구결과에 비추어보면, 현재 우리 경제의 경쟁력이 떨어지고 사회가 활력을 잃고 있는 데는 극심한 소득불평등에 대한 국민의 불만이 크게 작용하고 있다는 사실을 알 수 있다.

이제 낙수효과는 없다

극심한 소득불평등이 경제성장을 저해하는 요인이라고 하지만 2008년 세계경제위기 이후 선진국이나 우리나라의 경제성장이 아주 멈춘 것은 아니었다. 사실 우리나라는 2012년까지 꾸준히 3~4%의 경제성장률을 기록했고 선진국들도 한두 해를 빼고는 2% 안팎의 경제성장률을 달성했다. 3~4%의 경제성장률이 아주 높은 것이라고는 할 수 없을지 모르지만 지난날의 긴 역사에서 보면 결코 낮은 수치는 아니다. 피케티에 의하면, 1700년부터 2012년까지 전세계의 경제성장률이 연평균 1.6%이었으며, 1인당 국민소득의 연평균 증가율은 0.8%였다. 5~6%의 높은 경제성장률에 익숙해진 우리는 연 1%의 증가율을 대수롭지 않게 생각하지만, 1인당 국민소득의 증가율이 연평균 1%라고 해도 한 세대 후에는 1인당 국민소득의 수준이 35% 높아지며, 1.5%라고 하면 한 세대 후에 1인당 국민소득 수준이 50% 이상 높아진다. 이 정도 증가는 생활양식에 엄청난 변화를 가져온다. 달리 말하면 한 세대가 지나면 아주 다른 세계가 전개된다는 것이다. 통상 우리는 연 4~5%나 그 이상의 성장률이 지속되어야 실질적으로 성장했다고 보는데, 이런 성장률은 선진국의 경우 제2차 세계대전 직후 '영광스러운 시대'에나 있었던 것이다. 선진국 이외의 지역에서는 1970~1980년대 우리나라나 근래의 중국 등 추격적 경제성장을 하는 소수의 나라에서나 있을 수 있는 드문 일이다. 어떻든 2008년 세계경제위기 이후 우리나라가 선진국들에 비해서 상당히 높은 경제성장률을 기록했다는 점에 비추어보면, 심한 소득불평등이 경제성장의 발목을 잡고 있다는 OECD와 IMF의 연구 결과가 우리나라의 경우에는 적용되기 어렵다는 반론이 제기됨직도 하다. 불평등이 경제성장에 도움이 된다는 보수진영의 주장이 어느 정도 설득력을 가진다고 할 수 있다.

하지만 설사 이런 주장을 받아들인다고 해도, 소득불평등이 사회적으로 용인되기 위해서는 경제성장에 도움이 된다는 것만으로는 부족하다. 성장지상주의는 경제성장이 국민 모두를 더 잘 살게 만든다는 것을 전제한다. 경제성장의 과실이 온 국민에게 비교적 골고루 퍼질 때 이런 결과를 낳는 소득불평등이 어느 정도 사회적으로 용인될 수 있다고 말할 수 있다.

경제성장의 혜택이 아래 계층까지 퍼져 내려가는 현상을 '낙수落水효과'라고 부른다. 통상 경제성장의 과실 대부분이 부유층에게 떨어지지만, 낙수효과가 충분히 크다면 저소득계층에게도 적지 않은 떡고물이 떨어지기 때문에 결국 모두가 더 잘살게 된다. 그러므로 보수진영의 주장을 받아들이면, 충분히 큰 '낙수효과'를 동반하는 소득불평등은 사회적으로 용인될 수 있다. 또한 낙수효과가 충분히 크면 시간이 지남에 따라 소득불평등이 완화될 수도 있다. 지난 수십 년 우리나라를 포함한 세계 여러 나라들이 경제성장 정책에 저돌적으로 매달리면서 내세운 강력한 근거가 바로 이 낙수효과였다.

실제로 우리나라의 경우 1960년대부터 1980년대까지 약 30년 동안에는 경제성장이 충분히 큰 낙수효과를 수반했다. 이 덕분에 서민들의 소득수준이 전반적으로 높아지면서 빈부격차가 줄어들었고 '잘살아보세'라는 구호 아래 모두가 열심히 일하는 사회적 분위기가 조성되었다. 말하자면 경제성장이 소득불평등을 줄여주었고, 이것이 다시 경제성장을 촉진하는 선순환이 이루어졌다. 이 결과 중산층이 급격하게 불어나면서 우리 사회의 허리가 튼튼해지고 사회도 안정되었으며, 정치적 민주화에도 활력이 불어넣어졌다. 낙수효과는 소득불평등에 대한 불만을 누그러뜨리면서 경제성장의 정당성을 높이는 중요한 명분이다.

그러나 1998년 IMF 외환위기 이후에는 낙수효과가 서서히 소멸하면서 불평등이 심해지기 시작했다. 그러면서 소득불평등이 경제성장의 발목을 잡으며 경제성장률이 떨어졌고, 이것이 다시 소득불평등을 악화시키는 악순환이 시작되었다.[23] 경제성장과 소득불평등 사이의 선순환 구조가 1990년대 후반을 분기점으로 악순환 구조로 반전된 것이다. 이 결과 중산층이 급격히 줄어들었다. 중산층이라고 하면 통상 중위소득(소득이 높은 순서로 가구들을 일렬로 세웠을 때 한가운데 해당하는 가구의 소득)의 50%에서 150% 사이의 가구들을 말한다. 1990년부터 2013년 사이에 우리나라 중산층 가구의 비율이 75%에서 67.1%로 크게 감소했다.[24] 이런 객관적 기준 못지않게 중요한 것은 주관적인 판단이다. 객관적 지표로는 중산층으로 분류되는 사람들 상당수가 스스로를 중산층이라고 여기지 않는 현상이 발생하고 있다. 우리나라가 한창 활기를 띠던 1980년대 후반에는 전체 인구의 60~80%가 스스로를 중산층으로 인식했다. 그러나 1990년대 중반에는 그 비율이 42%로 떨어지더니 2013년에는 20.2%로 크게 떨어졌다.[25]

이렇게 객관적 지표로 보나 주관적 인식의 면에서 보나 중산층이 눈에 띄게 엷어지면서 낙수효과가 소멸되었다는 주장이 잇달아 제기되었다. 과거 이명박정부에서 경제 분야의 핵심적 역할을 담당했던 한 경제학자는 그간의 경제성장이 낙수효과를 수반하지 않았다는 것을 공개적으로 인정했다.[26] 선진국에 비해서 양호한 경제성장률이 지속되었음에도 불구하고 노동자들의 실질임금이 정체 상태에 머물러 있다 보니, 우리 경제가 '임금 없는 성장' 구조에 빠져 있다는 진단도 나왔다.[27] 2008년 이후 5년 동안 우리 경제는 17% 성장했지만, 노동

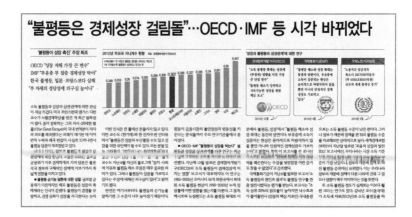

1980년대 이래 신자유주의 경제모델의 충실한 전도사를 자임했던 국제통화기금(IMF)마저 세계경제위기를 겪으면서 낙수효과를 공식적으로 부정했다. 이로써 불평등을 감수하는 성장지상주의는 윤리적 측면뿐만 아니라 경제성장 전략에서도 그 설득력을 완전히 상실하게 됐다.(한겨레, 2015년 11월 3일)

자들의 임금은 고작 2.5% 증가에 그쳐서 경제성장의 성과로부터 노동자들이 갈수록 배제되는 구조가 고착되고 있다는 것이다. 그렇다면 보통 국민들 입장에서는 도대체 무엇을 위해서 경제성장을 하는지 묻지 않을 수 없다. 선진국에서도 2008년 세계경제위기 이후 낙수효과가 사라지기 시작했음을 증명하는 연구 결과들이 속속 나왔다. 앞에서 소개한 IMF보고서는 낙수효과를 공식적으로 부인했고 OECD보고서도 이에 동조하고 있다.[28]

그럼에도 노동자들의 임금이 2.5% 증가한 것을 놓고, 적으나마 성장의 떡고물이 떨어진 게 아니냐고 반문할 수도 있다. 이런 반론을 어떻게 볼까? 통계적으로 소득불평등을 얘기할 때 주목하는 것은 최하위 계층의 소득수준이다. 통상 소득 최하위 10%(1분위)가 자주 인용되는데, 2002년부터 2014년까지 소득 최하위 10%의 실질 근로소득은 늘기는커녕 오히려 1.2% 감소했다.[29] 1990년대 이후 소득불평등에 관한 연구들을 종합적으로 살펴본 어느 경제학자는 우리나라의 소득 불평등이 심해지는 이유로 소득 최상위계층의 소득은 늘어나는 반면 소득 하위 계층의 실질소득은 오히려 감소하기 때문이라고 결론짓고 있다.[30] 이런 결론이 옳다면 경제성장이 국민 모두를 더 잘 살게 만든 다는 보수진영의 주장은 더 이상 설득력을 가질 수 없다. 낙수효과를 수반하지 못하는 경제성장은 금수저·흙수저 문제의 한 원인이 되기 도 한다.

물론 1990년까지 거슬러 올라가서 그때부터 2015년까지 25년의 기간을 놓고 보면, 소득 최상위 10%의 소득이 6배 가까이 늘어날 때 최하위 10%의 소득도 3.5배 늘어났다. 이렇게 보면 25년 전에 비해 서 최하위계층의 생활형편도 더 좋아졌다고 말할 수 있다. 그러나 이 는 1990년대가 낙수효과가 상당히 컸던 시기였기 때문에 나타난 결 과다. 보수진영은 자꾸 옛날에 비해서 지금 우리가 얼마나 더 잘살게 되었는지를 얘기해댄다. 하지만 이런 얘기는 과거 실제로 잘 살게 된 시기와 근래의 못 살게 된 시기를 물 타기한 궤변이요, 최근 10여 년 동안 낙수효과가 소멸되면서 저소득계층이 받는 경제적 타격이나 극 심한 빈부격차를 외면한 채 현실을 직시하지 않는 무책임한 발언이 다. 현실을 직시하지 못하면 제대로 된 정책도 나올 수 없음은 물론 이다. 오늘을 살아가고 있는 사람들에게는 25년 전에 비해서 오늘날 우리가 얼마나 더 잘살게 되었는지는 별로 의미가 없다. 이들에게는 현재가 중요하고 미래가 걱정이다.

다만 지난 25년 전체를 놓고 보면 미래를 읽을 수 있는 측면은 있다. 그 기간에도 저소득계층의 소득이 증가하는 속도는 국민 전체 소득이 증가하는 속도에 훨씬 못 미쳤다. 즉 국민의 평균소득이 100% 증가할 때 최상위 10%의 소득은 110% 증가하는 반면 최하위 10%의 소득은 75%만 증가했다. 이는 경제성장의 혜택에서 최하위계층이 배제되는 구조적인 요인이 있었음을 시사한다. 이런 추세를 찾아낸 경제학자는 "성장 중심 정책만으로는 소득 격차를 줄이고 저소득층의 생활을 개선하는 데 한계가 있음을 알 수 있다"고 결론을 내렸다.[31]

5장

정의롭지 못한 불평등

지속가능하지 않은 불평등

앞에서 살펴보았듯이 오늘날의 인류사회에서 어느 정도의 불평등은 불가피하다. 다만 그것이 사회적으로 용인될 수 있느냐 아니냐가 문제다. 철학적으로 말하면 불평등이 정당한지 아닌지가 문제다. 때문에 불평등은 고대부터 철학자들이 정의론에서 중요하게 다룬 주제였다. 정의의 주된 목적은 사회적 갈등을 원만하게 푸는 것인데, 인류 역사에서 불평등에 대한 불만 그리고 이로 인한 사회적 갈등이 한 나라의 운명을 좌우했기 때문이다. 역사적으로 수많은 철학자들이 정의에 관한 이론을 폈는데, 그중에서도 가장 유명한 이론이라고 하면 플라톤의 정의론, 아리스토텔레스의 정의론, 공리주의 정의론, 존 롤스의 정의론 등을 꼽을 수 있을 것이다. 이 네 가지 정의론이 말하는 정의는 각기 다르다. 때로는 서로 상반되기도 한다. 그럼에도 불구하고 오늘날의 불평등에 관해서는 거의 비슷한 시사점을 던진다. 아직까지도 권위를 자랑하는 그 네 가지 정의론, 그 어느 것에 비추어보아도 오늘날 우리 사회의 불평등은 정당화되기 어렵다. 다시 말해서 정의롭지 않은 불평등이라는 것이다.

우선 고대 그리스의 철학자, 플라톤의 정의론부터 살펴보자. 플라톤은 극심한 불평등으로 인한 사회 붕괴를 막기 위해서는 가난한 사람들에게도 어느 정도의 소득과 재산을 보장해주어야 한다고 주장했다. 그렇다면 어느 정도의 소득과 재산이어야 할까? 달리 말하면, 어느 정도의 불평등이 지속가능한 사회를 담보하는 불평등일까? 플라톤은 한 나라 안에서 가장 부유한 사람이 가장 가난한 사람보다 4배 이상을 갖지 못하도록 해야 한다고 주장했다.[1] 말하자면 4:1 정도의 불평등이 심한 사회적 갈등을 유발하지 않으면서 사회를 지속가능하게 만드는 수준이라고 본 셈이다. 그렇다면 4:1 정도의 불평등은 사회적으로 용인되는 불평등이요, 사회적으로 정당한 불평등이라고 해석할 수 있다.

그런데 왜 하필 4:1일까? 이탈리아 경제학자이자 사회학자였던 빌프레도 파레토Vilfredo Pareto는 이 비율이 상당히 자연스런 현상임을 암시하는 관찰 자료들을 제시했다.[2] 그는 완두콩을 재배하면서 콩 수확량의 약 80%가 약 20%의 콩깍지에서 나온다는 사실을 발견했고, 이탈리아 땅의 약 80%를 약 20%의 인구가 소유하고 있다는 사실도 발견했다. 많은 자료를 바탕으로 통계기법을 이용하여 분석한 결과 파레토는 인구의 20%가 언제나 국부의 80%를 차지하게 되어 있다는 결론을 내리게 되었다. 이런 주장에 '파레토 법칙'이라는 이름이

붙으면서 인간사회에서 소득이나 부의 분배양태는 불변이므로 이것을 바꾸려고 해봐야 소용이 없다는 믿음도 생겼다. 물론 앞에서도 살펴보았듯이 피케티는 이 법칙이 전혀 사실이 아님을 증명했다.[3] 파레토가 많은 자료를 이용해서 이 법칙을 끌어냈다고는 하지만 그것들은 기껏해야 10여 년에 걸친 자료다. 긴 역사적 안목에서 보면 소득의 분배양태가 때에 따라 크게 변했으며, 재산의 분배양태도 매우 다양하다.

하지만 4:1의 비율 혹은 80 대 20의 비율 자체는 현실에서 의외로 많이 관찰된다고 한다. 예를 들어 개미라고 하면 모두가 열심히 일하는 것처럼 보이지만 사실은 부지런한 20%의 개미와 게으른 80%의 개미가 있고, 부지런한 20%가 전체 먹이의 80%를 모아온다. 꿀벌 사회도 비슷하다고 한다. 흥미로운 사실은, 개미 집단에서 부지런한 20%를 인위적으로 제거해도 시간이 지나면 차츰 게으른 80%에서 다시 20%의 부지런한 무리가 등장한다는 것이다. 이런 현상을 보고 '개미의 법칙'이라고 부르기도 한다. 인간사회에서도 20%의 고객이 백화점 전체 매출의 80%에 해당하는 쇼핑을 한다거나, 20%의 범죄자가 80%의 범죄를 저지른다는 자료가 있다.

그렇다면 이 비율을 언급한 플라톤의 주장이 현실의 빈부격차에 무슨 시사점을 던지는가? 4:1의 비율에 입각한 플라톤의 주장은 최상위 10%에 속한 사람들의 평균소득이 나머지 90%에 속한 사람들의 평균소득의 4배를 넘지 말아야 한다는 것으로 해석해볼 수 있다. 이런 해석이 옳다면, 소득 최상위 10%가 국민소득에서 차지하는 몫이 30%를 넘지 말아야 한다.⁴ 플라톤의 뜻에 따라 이 정도의 소득불평등을 '지속가능한 불평등'이라고 하자. 그렇다면, 소득 최상위 10%가 우리나라 국민소득의 거의 절반(47.9%)을 가져가는 소득불평등은 지속가능한 불평등에서 거리가 한참 멀다. 플라톤이 보기에, 우리나라의 불평등은 정당하지 못한 불평등이다. 불평등이 본격화되기 직전인 1998년에는 그 비율이 약 33%로 아슬아슬하게 걸친 상황이었는데, 불과 15년 사이에 우리나라의 소득불평등이 위험 수준에 이른 것이다.

20세기 초 유럽에서 최상위 10%가 국민소득의 40% 내지 50%를 차지한 불평등이나 1930년대 미국에서 최상위 1%가 국민소득의 거의 30%를 차지한 불평등 역시 이 지속가능한 불평등과 한참 거리가 먼 위험한 수준이었다. 이를 증명이라도 하듯이 불평등이 이 수준을 크게 넘어서자 제1차 세계대전이 발발했고 대공황이 터졌다. 자본주의 황금기 시절에 선진국들의 소득불평등 정도가 지속가능한 불평등의 수준으로 내려갔지만, 1980년대 이후 다시 지속가능한 불평등과 거리가 멀어졌고, 드디어 2008년 세계경제위기가 터졌다. 그러나 세계경제위기가 약간 잠잠해질 무렵부터 다시 불평등이 심해지기 시작했다. 피케티는 이러다가 선진국들이 19세기와 20세기 초의 금수저·흙수저 불평등 시대로 되돌아간다고 경고한다. 이미 그 징후가 도처에 나타나고 있다. 아마도 수렵·채취 시대 이후 인류 역사의 거의 대부분에 걸쳐 지속가능한 불평등과 거리가 먼 불평등이 지속되었을 것이다. 그래서 그토록 역사에서 폭동·혁명·내란·전쟁·공황 등이 빈발했던 것이 아닐까.

각자의 정당한 몫에서 벗어난 불평등

소득불평등에 관하여 아마도 일반대중들에게 비교적 쉽게 다가오는 정의의 원칙은 '각자에게 각자의 몫을 주는 것'을 요체로 삼는 아리스토텔레스의 원칙일 것이다. 여기에서 말하는 '각자의 몫'이란 각자가 요구할 자격이 있는 '정당한 몫'을 의미한다. 이렇게 해석하면, 큰 틀에서는 이 원칙에 반대할 사람은 없을 것이다. 그러나 이 원칙을 현실에 적용할 경우 각자의 '정당한 몫'을 놓고 의견 충돌이 벌어지기 쉽다. 도대체 각자의 '정당한 몫'이 무엇인가?

이 질문에 대한 해답의 실마리를 제공함으로써 보수진영의 속을 시원하게 해준 이론이 약 200년 전에 경제학계에서 발표되었다.[5] 자본주의사회에서는 국민 대부분의 소득이 시장에서 결정되는데, 이 이론에 의하면 시장에서는 생산에 기여한 정도에 따라 소득이 결정된다. 다시 말하면 생산성에 따라 소득이 결정된다. 고등 수학을 바탕으로 정교하게 구성된 이 이론을 경제학에서는 '한계생산성 이론'이라고 한다. 이 이론에 의거해서 일부 보수 성향 경제학자들이 시장에서 결정된 소득이 곧 각자의 '정당한 몫'이라고 주장했고, 이에 보수진영이 크게 환호했다. 사람에 따라 유능한 사람이 있고, 무능한 사람이 있으며, 세으른 사람이 있고 부지런한 사람이 있다. 유능한 사람이나 열심히 일하는 사람의 생산성은 높으므로 높은 보수를 받고, 그렇지 못한 사람의 생산성은 낮으므로 낮은 보수를 받게 된다.

그러니 사람에 따라 소득이 달라지는 것은 당연하다. 요컨대 현실에서 나타나는 소득불평등은 각자의 능력과 노력의 차이에 기인하므로 지극히 자연스런 것이요, 사회적으로 정당하다는 것이다. 보수진영이 금과옥조로 삼고 있는 신자유주의의 관점으로는, 불의不義를 시정하는 것이 국가의 책무이지만, 시장에서 결정되는 소득과 부의 분배는 불의가 아니므로 국가는 이를 시정할 이유가 없다. 소득이 각자의 생산성에 따라 결정되며 그것이 각자의 정당한 몫이라고 인정한다면, 자본주의 시장에서 결정되는 소득분배는 아리스토텔레스의 정의론에 부합하는 것이다.

그러나 이런 보수진영의 시각은 지나친 논리의 비약을 안고 있다는 비판을 사게 된다. 생산에 기여한 정도(생산성)에 따라 결정된 소득을 일단 각자의 '정당한 몫'이라고 치자. 그렇다면 한 가지 심각한 문제가 제기된다. 예를 들어 부모로부터 물려받은 시골의 토지로부터 꼬박꼬박 지대를 받아 서울에서 빈둥거리며 살고 있는 사람이 있다고 하자. 그 토지에서 나오는 지대는 어디까지나 그 토지가 생산에 기여한 정도를 반영한 것이지 그 사람이 생산에 기여한 정도를 반영한 것이 아니다. 그는 생산에 기여한 바가 전혀 없다. 따라서 그가 받는 소득을 사회적으로 정당한 소득이라고 할 수 없다. 이 사람뿐만 아니라 금수저들이 누리는 자본소득의 대부분은 직접 생산에 기여한 바 없는 소득이요 따라서 정당한 소득이라고 볼 수 없다. 그렇다면 부유층 소득의 상당한 부분이 한계생산성 이론으로 정당화될 수 없는 소득이라는 얘기가 된다. 한계생산성 이론이 증명한 것은 시장에서 결정된 소득이 어디까지나 토지·자본·노동 등 각 생산요소의 기여도를 반영한다는 것이지, 그 생산요소를 소유하고 있는 사람의 기여도를 반영한다는 것이 아니다.

한발 더 양보해서, 각 생산요소의 기여도에 따라 결정된 소득을 그 생산요소를 소유한 사람의 정당한 소득으로 인정한다고 해보자. 한계생산성 이론에 의지하는 보수진영의 논리에는 또 하나의 결정적인 하자가 있다. 한계생산성 이론은 경쟁이 완전히 자유로운 시장(경제학에서 말하는 완전경쟁시장)을 전제한 이론이다. 오직 완전경쟁시장에서만 생산에 기여한 정도에 따라 각자의 몫이 결정된다는 것이다. 허나 독과점이 성행하고 있는 현실의 시장은 완전경쟁시장과는 거리가 한참 멀다. 따라서 현실의 시장에서 결정된 소득이 생산성을 반영한 소득이라고는 할 수 없다.

예컨대 독점기업은 가격을 높여서 독점이윤을 얻어서 경영진 등의 임금으로 나눠주는데, 이때 독점기업의 경영진들이 받는 소득에는 각자의 생산성과 관계없는, 시장 지배력을 악용한 부분이 포함돼 있다. 그 독점이윤은 소비자들로 하여금 정상적인 수준보다 더 많은 돈을 지불하게 만들어서 편취한 것이다. 이렇게 독과점이 판치는 현실의 시장에서 결정된 소득은 생산성을 제대로 반영한 것이 아니므로 정당한 소득이라고 볼 수 없다. 나아가서 그런 부당한 소득에 기인하는 현실의 소득불평등은 아리스토텔레스의 정의의 원칙에도 부합하지 않으며, 그런 소득불평등을 낳는 현실의 시장 역시 정의롭지 못하다는 것이 진보진영의 논리다. 물론 보수진영도 현실의 시장이 완전경쟁시장이 아니라는 점을 인정하지만, 현실의 시장에서 결정된 소득이 완전경쟁시장에서 결정되는 소득의 근사치가 될 수 있다고 주장한다. 과연 그럴까? 논쟁의 여지가 많다. 그뿐만 아니라 현실의 시장이 날이 갈수록 완전경쟁시장과 멀어지는 경향이 있다.

생산에 기여한 정도에 따라 각자의 몫을 결정한다고 해도 그 기여도를 객관적으로 추정하기가 현실적으로 무척 어려운 까닭에 주먹구구에 의존할 가능성이 높다. 생산성은 각 개인의 노력과 능력으로 결정되는 게 아니다. 생산에 참여한 사람들 간의 협동도 각자의 생산성에 큰 영향을 준다. 협동이 잘되면 생산량이 더 많아진다는 것은 상식이다. 남들이 잘 도와주면 내 생산성이 올라가고 남들이 도와주지 않으면 내 생산성도 낮아진다. 서로 서로 도와주면 각자의 생산성도 높아진다.

예를 들어서 협동이 잘된 결과 순이익이 5000만 원 더 늘어났다고 하자. 이 5000만 원을 놓고 누가 얼마나 기여했는지를 객관적으로 정확하게 계산하는 사실상 불가능하다. 굳이 계산해야 한다면 주먹구구를 이용해서 대충 계산할 수밖에 없다. 각 기업들이 대충 계산해서 결정한 소득이 생산성을 제대로 반영한 것이 아니라고 하면, 시장에서 결정된 소득도 생산성을 제대로 반영한 것이라고 보기 어렵다. 시장에서 결정된 소득은 하늘에서 뚝 떨어진 것이 아니라 결국 시장을 구성하는 각 개별 기업들의 결정이 종합된 것이기 때문이다. 이런 여러 가지를 다 생각해볼 때 소득은 각자의 노력과 능력에 따라 시장에서 자연스럽게 결정되는 것이므로, 소득격차가 정당하다고 보는 보수진영의 주장은 옳다고 볼 수 없다.

　최근 많은 논란이 되고 있는 성과급제의 원래 취지는 각자의 능력에 따라 보수를 지급함으로써 경쟁 분위기를 조성해 전체의 생산성을 높이려는 것이다. 물론 성과급제가 실시되면 남보다 더 많은 보수를 받기 위한 경쟁이 치열해지면서 모두가 더 열심히 일한 결과 전체의 생산성이 높아질 수도 있다. 하지만 경쟁만이 생산성을 높이는 길은 아니다. 협동도 이에 못지않게 중요하다. 문제는 경쟁이 치열해지면 자연히 협동 분위기가 죽는다는 것이다. 협동이 사라지면 전체의 생산성도 낮아진다.

　오늘날 거의 모든 상품이 수많은 사람의 협동과정을 거쳐서 생산되는데, 성과급제의 무차별적 실행은 오히려 생산성을 전반적으로 떨어뜨릴 수 있다. 이를 뒷받침하는 연구들도 많이 있다.[6] 이것이 성과급제가 무용지물이라는 것은 아니다. 단순한 작업이 반복되는 경우에는 협동이 그리 중요하지 않기 때문에 성과급제도를 실시해도 무방할 것이다. 각 개인의 생산성을 어느 정도 파악할 수 있고, 협동보다는 각 개인의 능력이 월등히 중요한 경우에도 성과급제가 전반적 생산성 향상에 도움이 될 수 있을 것이다. 그러나 현실에서 이런 경우를 찾기는 결코 쉽지 않다. 흔히 프로스포츠팀의 경우에는 성과급제가 팀의 전력에 도움이 된다고 알려져 있고, 실제로 성과급제가 많이 실시되고 있다. 그러나 방대한 자료를 바탕으로 학자들이 장기적으로 분석해본 결과는 그런 통념과는 거리가 있었다. 예를 들어서 10년 가까이 미국의 메이저리그 29개 야구 팀 소속 1600명의 선수들을 상대로 정밀하게 분석해본 연구에 의하면, 선수들 사이의 연봉 격차가 적을수록 팀의 성적이 현저하게 높았음이 밝혀졌다.[7] 스타플레이어의 역할이 무척 두드러진 프로스포츠팀의 경우에도 성과급제의 효과는 극히 제한적이라는 얘기다.

앞서 설명했지만, 노동자들은 보수의 공정성 여부에 대단히 민감하다. 성과급제가 실시되면 자연히 노동자들 사이에 임금 격차가 벌

프로스포츠에서 최고 연봉은 최고 선수의 바로미터다. 그렇다면 무조건 고액 연봉자가 많을 수록 팀성적도 좋을까? 1998년~2009년 한국 프로야구리그에서 연봉-팀성적의 상관관계를 분석한 노동연구원에 따르면 꼭 그렇지 않았을 뿐만 아니라, 팀내 연봉격차가 큰 구단일수록 성적이 급격히 떨어지는 경향이 드러났다.(서울신문, 2011년 4월 16일)

어지게 되는데, 그 격차가 심해질 경우 임금의 공정성이 시빗거리로 불거지면서 많은 노동자들이 불만을 품게 된다. 각자의 생산성을 객관적으로 계산해내기 어려운 상황에서는 이런 일이 더욱더 빈발한다. 노동자들이 임금의 공정성을 의심하고 불만을 품게 되면 자연히 근로의욕이 떨어지고 협동할 마음도 없어지며 생산성은 하락한다.

'최대 다수의 최대 행복'을 주지 못하는 불평등

플라톤과 아리스토텔레스 이후 기독교 사상이 서구사회를 지배하면서 실로 오랜 세월 정의에 관한 공식적인 논의가 수면 아래로 가라앉았다. 하나님의 말씀이 옳고 그름을 판가름하는 궁극적 근거로 자리 잡게 되었기 때문이다. 따라서 하나님의 말씀을 담은 성경에 따라 행동하는 것이 옳은 것이요, 성경에 어긋나면 그른 것이다. 많은 사람들, 특히 지배계층은 바로 그 하나님의 말씀과 성경에 의거해서 극심한 불평등을 포함한 모든 것을 정당화했다. 잘 살고 못 사는 것이 모두 하나님의 뜻이므로 더 이상 떠들 사항이 못 된다는 것이다. 은근히 이런 식으로 생각하는 사람들이 아직도 적지 않다. 지금도 교회에 가면 이 세상에 하나님의 뜻을 세우는 것이 곧 정의로운 사회를 만드는 길이라는 말을 귀가 따갑게 듣는다.

계몽주의 시대가 열리면서 세상이 많이 달라졌고, 옳고 그름에 대한 새로운 이론이 나타났다. 제러미 벤담의 공리주의가 그것이다.[8] 벤담은 옳고 그름을 판정하는 궁극적 근거를 인간의 행복에 두었다. 인간을 행복하게 만드는 것은 옳은 것이요, 불행하게 만드는 것은 옳지 않은 것이다. 한 나라의 차원에서 보면, 국민을 행복하게 하는 것이 곧 옳은 것이고, 국민을 불행하게 만드는 것은 옳지 못한 것이다. 소득불평등이 정당한지 아닌지는 국민 전체의 행복의 관점에서 판단할 문제다. 이와 같이 벤담은 옳고 그름을 판정하는 궁극적 기준을 하나님의 말씀으로부터 지상에 사는 인간의 행복으로 끌어 내렸다. 벤담의 이런 생각은 많은 추종자들을 끌어 모으면서 공리주의라는 사상으로 발전했다. 흔히 공리주의라고 하면 '최대 다수의 최대 행복'이라는 말을 떠올린다. 극심한 소득불평등은 소수의 부자들을 행복하게 만들지만 다수의 저소득계층을 불행하게 만들기 때문에 결국 국민 전체의 행복을 떨어뜨린다. 다시 말해서, '최대 다수의 최대 행복'을 달성하지 못하게 한다. 따라서 극심한 소득불평등은 사회적으로 정당하지 못한 것이요, 정의롭지 못한 것이다.

공리주의는 정부의 사회복지지출에 관해서도 매우 중요한 시사점을 던진다. 아마도 정부의 사회복지지출을 가장 체계적으로 정당화하는 이론은 공리주의일 것이다. 오늘날 선진국 어디에서나 정부지출에서 가장 큰 비중을 차지하는 부분은 사회복지지출이다. 정부가 존재하는 가장 큰 이유를 사회복지에서 찾는 학자들도 많다.[9] 사회복지지출의 주목적은 고소득계층으로부터 저소득계층으로 소득을 재분배하는 것이다. 그러면, 소득재분배는 왜 필요한가? 이 질문에 대한 공리주의 대답에서 핵심은 소득의 한계효용체감 법칙이다. 부자에게 100만 원은 하루저녁 술값에 불과한 푼돈이지만, 가난한 사람들에게 100만 원은 한 달 생계가 걸린 큰돈이다. 이런 쉽고 일상적인 비유에서처럼, 소득이 많아질수록 추가되는 소득의 가치가 점차 감소하는 경향이 있다는 것이다. 날로 성업중인 보험업은 이런 한계효용체감의 현상이 얼마나 광범위하게 우리 일상생활에 퍼져 있는지 잘 보여준다. 사람들은 경제적 여유가 있을 때 미래의 재난에 대비해서 각종 보험을 들어둔다. 일단 재난이 터지면 경제적으로 큰 피해를 당하면서 급격하게 소득수준이 떨어진다는 것을 알기 때문이다. 재난 발생 확률이 낮고 따라서 보험금을 탈 확률이 낮다는 것도 잘 안다. 그럼에도 불구하고 사람들이 보험을 드는 이유는 재난을 당해서 소득이 낮을 때 100만 원의 가치가 소득이 높을 때 100만 원의 가치보다 훨씬 크다는 것을 직감으로 알기 때문이다. 다시 말해 소득의 한계효용체감 현상을 피부로 느끼기 때문이다.

사람들의 한평생에 걸친 지출 추세를 보면, 한계효용체감 현상이 우리 일상생활에서도 나타남을 알 수 있다. 대부분의 사람들은 돈 벌 때 저축해두었다가 돈 벌지 못할 때 꺼내 쓰려고 한다. 물론 그렇지 않은 사람도 있다. 돈 많이 벌 때 흥청망청 쓰면서 살다가 돈 떨어지면 죽어버리겠다든가, 짧고 굵게 살겠다는 사람도 간혹 있겠지만, 일생에 걸쳐 지출을 고르게 유지하려는 경향이 대부분의 사람들에게 뚜렷하게 나타난다.

한계효용체감 현상 때문에 똑같은 100만 원이라고 하더라도 그 만족감이 부자에게보다는 가난한 사람들에게 훨씬 크다고 하자. 그렇다면 부자로부터 100만 원을 받아내서 가난한 사람에게 주면, 가난한 사람이 추가적으로 느끼는 행복이 부자가 느끼는 약간의 불행을 상쇄하고도 남는다. 따라서 행복의 총량은 증가한다. 이와 같이 고소득 계층으로부터 저소득계층에게 소득을 재분배하면 사회 전체 행복의 총량은 증가한다. 그러므로 공리주의에 의하면, 소득재분배는 사회적으로 정당하다. 특히 빈부격차가 크게 벌어져 있을 때 소득재분배와 사회복지정책을 적극적으로 추진하는 것은 정의로운 사회를 만드는 길이다.

물론 보수 성향 경제학자들은 이런 식의 주장에 강력하게 반발한다. 비록 소득의 한계효용체감 현상이 보편적으로 나타나는 현상이라고는 하지만, 어디까지나 각 개인에게 개별적으로 나타나는 현상이지 사람과 사람 사이에 걸쳐서 나타나는 현상이 아니라는 것이다. 사람들이 느끼는 감정은 직접적으로 비교 불가능하다. 예컨대 부자가 느끼는 100만 원의 가치와 가난한 사람이 느끼는 100만 원의 가치는 직접 비교할 수 없다. 같은 액수라도 100만 원이 어떤 사람에게는 큰 만족감을 주는가 하면 또 어떤 사람에게는 별로 큰 만족감을 주지 못할 수도 있다. 감정이란 사람마다 천차만별이다. 부자의 돈을 걷어서 가난한 사람에게 준다고 해서 가난한 사람의 행복이 부자의 불행을 상쇄하고도 남는다고 장담할 수 없다는 것이다. 따라서 소득의 한계효용체감 법칙은 정부 주도의 소득재분배를 정당화하지 못한다고 주장한다.

과연 사람들이 느끼는 감정은 전혀 비교 불가능할까? 어떤 사람이 모진 고문으로 신음하고 있다면 누구나 그 사람이 엄청난 고통을 느끼고 있음을 직감할 수 있다. 그리고 마치 자기 자신이 고문을 당하는 것처럼 전율하면서 고문에 분노한다. 그럼에도 불구하고 사람들이 느끼는 감정은 비교 불가능하기 때문에 실제로 고통을 받는지 아닌지는 알 수 없다고 말하는 사람이 있다면 분명히 그는 이상한 사람 취급을 받을 것이다. 고문당하는 사람의 느낌과 편안하게 낮잠을 자는 사람의 느낌은 누가 보아도 아주 다르다. 보수 성향 경제학자들의 말대로 비슷한 처지에 있는 사람들이 느끼는 행복이나 불행을 정확

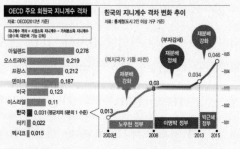

소득재분배 정책 OECD 최하위권

시장–가처분소득 지니계수 격차
OECD 30개국 가운데 28위 그쳐
개선 효과, 회원국 평균의 4분의1
직접세 부담·연금 효과 적은 탓
"소득세 누진율·자산세를 높여야"

'헬조선'과 '흙수저'는 한국의 현실을 상징하는 신조어로 떠올랐다. 소득·자산의 극심한 양극화로 한국 경제가 마침내 '세습자본주의'에 도달했다는 절망감이 여실하다. 이에 정부는 소득재분배로 양극화 제어에 나섰지만, 국제사회의 흐름에 견줘 갈 길이 멀어 보인다. 한국의 지니계수는 재분배 효과를 반영했을 때 개선 효과가 다른 나라들에 견줘 현저하게 떨어지는 것으로 나타났기 때문이다. 21일 〈한겨레〉가 경제협력개발기구(OECD·2012년 기준)에 보고된 각국의 지니계수를 분

재분배가 얼마나 강력한지 짐작할 수 있다. 격차가 클수록 재분배 효과가 센 것으로 보면 된다.

회에선 여전히 낙제점이란 걸 알 수 있다. 이에 한국노동연구원은 지난해 말 '경제적 불평등 실태와 정책 대응' 보고서를 펴내어

똑같은 액수의 돈이라도 부자와 빈자에게 체감되는 가치와 효용은 천지차이이다. 따라서 모두에게 동일하게 적용되는 간접세 비율을 줄이고 소득세 등 직접세를 차등적으로 부과하는 소득재분배 정책은 '최대 다수의 최대 행복'이라는 공리주의적 정의관에 부합한다.(한겨레, 2016년 9월 22일)

하게 비교하는 것은 불가능할지도 모른다. 하지만 소득재분배나 사회복지 정책의 타당성을 얘기할 때 주된 비교대상은 처지가 비슷한 사람들이 아니라 극단적으로 다른 처지에 있는 사람들이다. 즉 같은 중산층 사람들의 행복을 비교하는 게 아니라 극빈자의 불행과 부자의 행복을 비교하는 것이다. 대부분의 사람들이 하루에 한 끼도 제대로 먹지 못하는 극빈자들의 배고픔에 대해서는 몹시 가슴 아파 하는 반면, 한 달 술값을 3000만 원에서 2900만 원으로 100만 원 줄임으로써 재벌 2세가 느낄 고통은 가볍다고 생각한다. 아마도 부자들 자신도 이렇게 생각할 것이다.

어떤 상황이 아주 비참한 상황이고 어떤 상황이 무척 행복한 상황

인지에 대해서는 대다수의 국민들이 대체로 공감할 수 있다. 이런 공감은 일상에서 나의 경험과 다른 사람의 경험을 늘 비교하면서 나온다. 일상생활에서 우리는 내가 느낄 행복을 남이 느낄 행복과 늘 비교하며, 이를 바탕으로 다른 두 사람이 느낄 즐거움 및 고통을 가늠할 수 있다. 역지사지易地思之는 인생에서 항상 강조되는 격언이다. 상대방의 처지에서 그가 어떤 기분일지 생각해봐야 한다는 것이다. 이런 일상적 공감의 결과 대다수의 국민들은 사람마다, 그리고 각 계층마다 다른 감정을 가진다는 걸 알게 된다. 다시 말해서 극빈자의 100만 원은 부자의 100만 원보다 훨씬 큰 만족을 준다는 걸 안다. 대다수 평범한 사람들이 이렇게 느끼는데 보수 성향 경제학자들이 확고한 과학적 근거도 없이 그렇지 않다고 우기는 것은 이상한 일이다. 어떻든 대다수의 국민들 사이에 형성된 그런 공감대가 극빈자의 고통을 덜어주어야 한다는 주장으로 발전하고 정부로 하여금 소득재분배정책을 추진하게 만든다.

만일 이렇게 소득의 한계효용체감 현상이 나타난다면, 고소득계층으로부터 저소득계층으로 소득재분배를 하는 건 '최대다수의 최대행복'을 달성하는 길이며, 공리주의가 추구하는 정의로운 사회를 구현하는 길이다. 공리주의의 원칙에 따르면, 극심한 빈부격차는 정당화될 수 없으며, 그런 빈부격차를 초래하는 시장은 결코 정의롭다고 말할 수 없다. 이런 점에서 보면, 공리주의는 대단히 평등 지향적 사상이라고 할 수 있다.

정부의 과도한 소득재분배 정책이 가난한 사람들을 더욱더 게으르게 만든다는 주장도 보수진영에서 자주 등장한다. 이른바 '도덕적 해이'라고 한다. 사회복지 얘기가 나올 때마다 보수진영이 꺼내는 문제다. 그러나 소득재분배 정책에 관하여 많은 깊은 연구를 수행한 맨커 올슨Mancur Olson 교수는 거의 대부분의 경우 소득재분배로 인한 사회적 편익이 도덕적 해이로 인한 사회적 손실과는 비교가 안 될 정도로 크다고 주장한다.[10] 그럼에도 보수진영은 편익의 측면은 무시한 채 도덕적 해이에 너무 집착하는 경향이 있다. 소득재분배는 원칙의 문제요, 도덕적 해이의 문제는 부차적 문제다. 따라서 올슨은 원칙을 훼손하지 않는 범위 안에서 도덕적 해이의 문제를 다뤄야 한다고 강조한다.

정의롭지 못한 불평등

공리주의는 우리 일상생활의 구석구석을 파고든 현실적인 사상이다. 의외로 많은 사람들이 공리주의적 사고방식을 가지고 행동한다. 그러나 칸트는 공리주의 정의론을 정면으로 비판하면서 정의에 대한 논쟁에 불을 붙였다. 사회적으로 옳고 그름의 판정은 확고한 불변의 잣대에 의거해서 이루어져야 하는데, 기분에 따라 수시로 변하는 인간의 행복은 그런 잣대가 될 수 없다는 것이다. 칸트의 추종자들은 공리주의를 '돼지 철학'이라고 맹렬히 비난했다.

이런 칸트의 정신을 이어받아 현대의 정의론을 확립한 학자가 존 롤스다. 일찍이 마르크스는 자본주의사회야말로 다른 그 어떤 체제보다도 정의가 절실히 요구되는 사회이며 날이 갈수록 정의에 대한 요구가 거세질 것임을 갈파했는데 이런 예언에 부응이라도 하듯이 자본주의가 한창 무르익을 무렵 롤스의 『정의론A Theory of Justice』이 출간됐다. 오늘날 롤스의 정의론을 빼고는 정의에 대한 얘기를 할 수 없을 만큼 그는 정의에 관한 한 독보적 존재가 되었고, 다른 정의론은 그저 사족처럼 보일 정도다. "현대적 철학의 정의론은 롤스를 준거로 삼을 수밖에 없다."[11] 그만큼 롤스의 정의론은 불평등의 정당성을 얘기함에 있어서 매우 강력한 논거가 된다.

우선 '정의란 무엇인가?'라는 질문부터 짚어보자. 이 질문에는 크게 두 가지 대답이 있을 수 있다. 그 하나는 이해당사자들 모두를 이롭게 함으로써 갈등을 원만하게 푸는 것이 정의의 요체라는 것이다. 이런 의미의 정의를 '상호이익으로서의 정의'라고 한다.[12] 어떤 사람에게는 이익을 주지만 다른 어떤 사람에게는 손해를 주는 정책은 강력한 반발을 살 것이므로 정당하다고 볼 수 없다. 상호이익으로서의 정의를 바탕으로 하는 정의관을 받아들이면, 자본주의 시장은 정의로운 제도라고 할 수 있다. 왜냐하면, 개념적으로 시장은 상호이익을 도모하는 곳이며, 거래의 결과는 이해당사자 모두에게 이익을 주기 때문이다. 한쪽은 이익을 보고 다른 쪽은 손해를 보는 거래는 있을 수 없다. 신자유주의자들 중에는 이런 식으로 자본주의 시장을 정당화하는 사람들이 많다. 허나 상호이익으로서의 정의관은 심각한 결함을 안고 있다. 뇌물을 주고받는 것은 상호이익을 도모하는 행위다. 그렇다면 정경유착이 정의롭다고 할 수 있을까? 대부분의 사람들은 강하게 부정할 것이다.

'정의란 무엇인가?'에 대한 또 하나의 대답은 모든 이해관계를 초월해서 불편부당不偏不黨하고 공평무사公平無私하다고 모두가 인정하는 어떤 원칙에 따르는 것이 정의의 요체라는 것이다. 이런 정의관을 '불편부당으로서의 정의'라고 한다. 우람한 대법원 건물 안에 있는 정의의 여신상은 이런 정의관을 대변한다. 이 여신은 두 눈을 가린 채 저울과 칼을 들고 있다. 눈을 가렸다는 것은 이해관계자 그 어느 누구의 편도 들지 않는다는 뜻이다. 달리 말하면, 정의의 여신은 누가 찾아오든 저울로 시비를 정확하게 가린 다음 원칙에 어긋나는 것은 가차 없이 칼로 응징한다는 것이다. 정의에는 권위와 힘이 있어야 사회적 갈등을 효과적으로 해결할 수 있은데, 그러기 위해서는 어느 한쪽에 치우침이 없어야 한다. 각 개인의 차원에서는 비록 손해를 보더라도 공인된 원칙에 따라 행동하는 것이 정의로운 행동이다.

롤스의 정의론은 불편부당으로서의 정의관에 입각하고 있다. 따라서 롤스의 정의론은 정의의 원칙을 찾아내는 것부터 출발한다. 민주주의 사회에서 정의의 원칙은 국민적 합의로 결정되어야 한다. 그러기 위해서는 국민 각각이 개인적인 손익계산을 떠나 중립적이고 객관적인 입장에서 무엇이 진정 옳은가를 생각할 수 있어야 한다. 그러고 나서 정의에 관하여 토론해야 합의에 이를 수 있을 것이다. 현실에서 개인들 사이의 분쟁이나 정치권의 이전투구가 끊이지 않는 가장 큰 이유는 모두가 자신의 이익에 집착하기 때문이다. 여당과 야당이 맨날 싸우는 이유도 공익보다 정당의 이익과 개인적 이익에 너무 집착하기 때문이다. 그러므로 불편부당한 정의의 원칙을 만들어내고 모두가 이에 합의하기 위해서는 우선 각 개인들이 사적 이해관계를 초월해서 생각할 필요가 있다.

어떻게 하면 이런 상황을 만들 수 있을까? 가령 대한민국의 성인들 모두가 완전히 벌거벗고 달나라에 모여서 정의에 대한 대토론회를 벌인다고 하자. 여기서 정의의 원칙을 정하고 나서 각자가 지구의 대한민국으로 복귀할 때는 자신이 어떤 처지에 놓이게 될지 전혀 모른다. 노인이 될지 젊은이가 될지, 여자가 될지 남자가 될지, 부자가 될지 가난뱅이가 될지, 머리 좋은 사람이 될지 멍청한 사람이 될지, 판검사가 될지 장사꾼이 될지, 서울사람이 될지 시골사람이 될지 등 개인적 신상에 대해서는 아무것도 모른다. 이를 롤스는 이른바 '무지의 장막' 뒤에 놓여 있는 것이라고 표현했다. 다만 세상 돌아가는 이치나 인류의 역사를 잘 알고 있으며 인간의 삶이 어떤 것인지도 잘 알고 있다. 유독 자기 자신의 처지에 대해서만 모를 뿐이다. 모든 것이 '무지의 장막'에 가려 있는 상황에서는 무엇이 자신에게 이익이고 손해인지를 알 수가 없으므로 각 개인은 이기적 손익계산을 초월하게 될 것이요, 따라서 정의의 원칙에 관하여 쉽사리 합의하게 될 것이다. 롤스는 이런 상황을 '원초적 상황the original position'이라고 불렀다. 원초적 상황에서 모든 사람들이 합의한 정의의 원칙은 불편부당한 정의의 개념에 가장 가까운 원칙이 될 것이다.[13]

모든 국민이 그런 원초적 상황에서 정의에 대하여 토론한다면, 이들이 합의하게 될 원칙들은 구체적으로 어떤 내용일까? 아마도 자유에 대한 얘기가 제일 먼저 나올 것이다. 현대인은 자유의 속박을 가장 싫어하며, 개인의 자유를 최고로 중요하게 생각한다. 그렇다고 각 개인으로 하여금 마음대로 행동하게 내버려두는 건 곤란하다. 이렇게 내버려둘 경우 자유와 자유가 충돌하는 문제가 발생할 수 있다. 마치 신호등이 없는 교차로에서처럼 대혼란이 벌어지며 오히려 통행의 자유를 제대로 누리지 못하는 것과 같다. 따라서 개인의 자유행사에 대해서도 교통정리를 할 필요가 있다. 원초적 상황에서 국민들이 자유에 관해서 토론한다면, 다른 사람들에게 지장을 주지 않는 범위 안에서 모든 사람에게 최대한의 자유를 허용하자는 원칙에 합의하게 될 것이다. 이것이 '자유의 원칙'이다.

그러나 이 세상에는 가장 기본적인 것이면서도 누구나 골고루 향유할 수 없는 것이 있다. 지위 및 일자리와 소득(돈)이 바로 그것이다. 이런 것들의 총량에는 한계가 있기 때문에 모두가 원하는 만큼 가질 수 없다. 한 나라 안에 대통령이 둘일 수 없으며, 한 부처에 장관이 둘일 수 없고, 한 회사에 사장이 둘일 수는 없으며, 한 대학에 총장이 둘일 수 없다. 높은 지위와 좋은 일자리는 한정되어 있는데 원하는 사람들이 많다면 갈등이 일어날 수밖에 없다. 이 갈등을 적절히 해결하지 못하면 사회는 큰 혼란에 빠지면서 나라가 망할 수도 있다. 그러므로 원초적 상황에서 정의에 관하여 토론할 때 또 하나의 중요한 의제는 지위나 일자리의 공정한 배분 문제일 것이다. 과연 국민들 중에서 누구에게 장차 내 부인 자리를 주고 누구에게 국회의원 배지를 주며, 누구에게 회사 회장 자리를 줄 것이며 누구를 과장 자리에 앉힐 것인가? 대다수가 수긍할 수 있는 어떤 원칙에 따라 지위와 일자리

배분이 이루어져야 함은 물론이다. 그 구체적인 방법은 상황에 따라 달라지기는 하겠지만, 원초적 상황의 국민들은 아마도 한 가지 원칙에는 합의할 수 있을 것이다. 즉 그런 지위와 일자리를 차지할 기회를 모든 국민에게 똑같이 부여한다는 것이다. 이것이 흔히 말하는 기회균등의 원칙이다.

어느 사회에서나 심각한 사회적 갈등을 초래하는 또 하나의 중요한 요인은 소득분배다. 롤스는 소득불평등이 원칙적으로 용인될 수 없다고 봤다. 누구나 이 세상에서 똑같이 잘 살 권리가 있으며, 소득은 인간적인 삶을 살아가는 데 가장 기본적인 것이기 때문이다. 소득분배의 불평등이 너무 심해지면 국가경제 전체의 생산성이 떨어질 뿐만 아니라 국민들의 불만이 커지면서 사회가 위기에 처하게 된다. 그렇다고 모두가 똑같이 나누어 가진다면 아무도 더 열심히 일하려는 의욕을 가지지 않게 될 우려가 있다. 원초적 상황의 국민들은 이런 점들을 충분히 고려해서 한 가지 원칙에 합의할 수 있을 것이다. 즉 소득분배의 불평등을 허용하되 사회의 최약자最弱者(또는 최소수혜자)에게도 이익이 되는 불평등만을 인정한다는 것이다. 다시 말하면, 사회적 최약자에게 손해가 되는 불평등은 용인될 수 없다는 것이다. 이 원칙을 '차등의 원칙' 혹은 '최약자보호의 원칙'이라고 부른다.

이런 롤스의 세 가지 정의의 원칙에 비추어보면, 작금의 우리나라 소득불평등은 이 세 가지 원칙 모두를 위배하는 '정의롭지 못한' 불평등이다. 우선 오늘날 금수저·흙수저의 불평등은 부의 세습이 심해지고 계층상승의 기회가 줄어들게 만들기에 '기회균등의 원칙'에 위

배된다. 또 오늘날의 불평등은 최약자보호의 원칙에도 위배된다. 지속적 경제성장에도 불구하고 2002년부터 2014년까지 소득 최하위 10%(이른바 1분위)의 실질 근로소득은 늘기는커녕 오히려 1.2% 감소했다.[14] 1990년대 이후 소득불평등이 심해지는 이유로 소득 최상위계층의 소득은 늘어나는 반면 소득 하위 계층의 실질소득은 오히려 감소하기 때문이라는 경제학자의 진단이 나와 있다.[15] 요컨대 지난 10여 년 동안 지속적 경제성장에도 불구하고 최하위계층의 생활형편은 오히려 더 나빠졌다는 것이다. 경제성장이 사회의 최약자에게 혜택을 주지 못하고 있는 것이다.

자본주의사회는 보통 자유를 최고의 가치로 놓는다고 알려져 있다. 자본주의 시장을 옹호하는 가장 강력한 논리 중 하나는 시장이 각 개인을 최대한 자유롭게 해준다는 것이다. 시장이라는 곳은 사람들이 자발적으로 나와서 자유스럽게 거래하는 곳이다. 그래서 시장에서는 누구나 자유롭다. 시장에 나가보면 그야말로 없는 것이 없다. 도처에 옷가게들이 있고 음식점들이 발에 채일 정도로 많다. 음식의 종류도 무척 다양하고 옷의 종류도 옷감·디자인·색깔에 따라 헤아릴 수 없이 많다. 해마다 다양한 전자제품들이 쏟아져 나온다. 그만큼 시장은 우리에게 풍부한 선택의 자유를 준다. 그러나 이런 주장은 소득불평등이 심하지 않을 때나 통하는 주장이다.

어나 소득불평등이 심한 상황에서는 시장에 밀릴 수 없다. 기본주의 사회는 사실상 돈에 비례해서 자유를 누리는 사회다. 부유층은 더 많은 선택의 자유를 누리는 반면, 저소득계의 자유는 극히 제한된다.

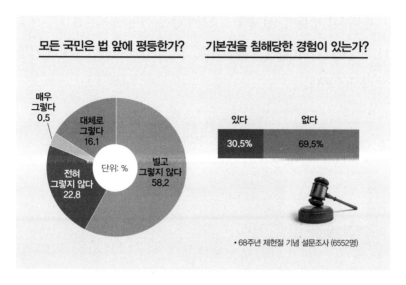

모든 국민은 법 앞에 평등한가?

- 매우 그렇다 0.5
- 대체로 그렇다 16.1
- 별로 그렇지 않다 58.2
- 전혀 그렇지 않다 22.8

단위: %

기본권을 침해당한 경험이 있는가?

있다	없다
30.5%	69.5%

• 68주년 제헌절 기념 설문조사 (6552명)

대한민국 헌법 11조는 '모든 국민은 법 앞에서 평등하며 누구든지 성별·종교 또는 사회적 신분에 의하여 정치적·경제적·사회적·문화적 생활의 모든 영역에 있어서 차별을 받지 아니한다'고 규정하고 있지만, 가진 돈에 비례해서 자유의 크기가 결정되는 불평등한 사회에서는 법 앞의 평등을 누리기도 쉽지 않다.(자료: 헌법재판소)

빈곤층 사람들은 싸구려만 사야 하고, 먹고 사는 데 꼭 필요한 것만 사야 한다. 부유층은 하고 싶은 걸 마음껏 할 수 있는 반면 빈곤층들에게는 선택의 여지가 별로 없다. 이런 사람들에게 시장이 제공하는 자유는 그림의 떡에 불과하다. 지난 10여 년 동안처럼 사회적 최약자의 생활수준을 떨어뜨리는 소득불평등이 지속된다면, 선택의 자유를 누릴 수 없는 사람들이 점점 더 늘어날 것이다. 이런 소득불평등은 다수의 자유를 희생하고 소수의 자유를 크게 늘려주는 결과를 낳는다. 이렇게 금수저·흙수저가 고착되고 나면, 저소득계층이 더 많은 자유를 누릴 가능성은 점점 더 희박해진다.

지금까지 봤듯이, 현재의 소득불평등은 어떤 정의론의 기준으로 봐도 정당화될 수 없는 불평등이다. 정상적인 국가라면 마땅히 시정에 나서야 한다.

6장

왜 날이 갈수록
불평등이 심해지는가

고용 없는 경제성장

어찌 보면, 빈부격차가 날로 확대되는 이유는 간단하다. 부자들은 더욱더 부유해지는 반면 가난한 사람들은 더욱더 가난해지기 때문이다. 다시 말해서 부익부 빈익빈 때문이라는 것이다. 따라서 빈부격차의 불평등 문제를 해결하기 위해서는 이 두 가지 측면 모두에 주목해야 한다. 그럼에도 불구하고 우리나라에서는 아직까지는 부익부보다는 빈익빈에 관심이나 연구들이 쏠려 있다.

그러면 빈익빈의 측면부터 살펴보자. 우리나라에서 왜 가난한 사람들이 늘어나며 이들이 더욱더 가난해지고 있는가? 이 질문에 대한 대답은 1차적으로 일자리 문제에 직결된다. 우선 실업자가 늘어나면 소득이 없는 사람들이 늘어나니까 빈부 격차가 확대될 것이다. 실업률이 높아질수록 소득불평등의 정도가 심해지는 경향이 있음을 통계적으로 확인한 연구도 있다.[1] 물론 자본주의 경제에서는 실업률이 수

시로 오르락내리락 하는 경향이 있다. 그러나 현재는 구조적으로 일자리가 잘 만들어지지 않으면서 실업률이 오랜 기간에 걸쳐 높은 수준을 유지한다는 데 문제의 심각성이 있다. 과거 1970년대나 1980년대의 고도경제성장 시대에는 인구증가에 맞추어 일자리도 많이 늘어났기 때문에 실업률이 낮았고 그래서 소득불평등도도 낮았다. 그러다가 1998년 외환위기 이후부터 사정이 바뀌기 시작했다. 2015년 통계청 자료에 의하면 실업률은 3.6%로 높아졌다. 사실 정부가 발표하는 실업률은 실제 체감 실업률과 거리가 멀다는 비판을 많이 받고 있다. 취업은 했지만 안정적이지 못해서 정상적인 일자리를 새로 찾고 있는 반실업 상태의 사람들이 적지 않고, 일자리 찾다가 지쳐서 포기한 사람들도 많다. 이런 사람들을 포함해서 계산한 실업률은 10.1%인 것으로 나타났는데, 이는 무척 높은 수치다. 통계에 잡히지 않는 사실상의 실업자들이 무척 많다는 얘기다.[2] 이런 사실상의 실업률이 소득불평등을 실질적으로 악화시키는 요인이다.

어떻든 사실상의 실업률이 매우 높은데 일자리는 늘어나지 않고 있다는 것, 특히 청년실업률이 매우 높다는 것이 우리 경제가 안고 있는 큰 고민이다. 한강의 기적을 이룬 기성세대는 집에서 노느니 차라리 변소 청소라도 하라고 젊은이들을 다그치지만, 대학 졸업생들이 하루 종일 그런 허드렛일만 한다는 건 자신들의 능력을 살리지 못하고 있다는 뜻이니 그만큼 우리 사회의 큰 낭비가 된다. 이와 관련하여 꼭 염두에 두어야 할 것은, 일자리의 총량 못지않게 일자리의 질이 중요하다는 점이다. 설령 일자리가 늘어난다고 해도 좋은 일자

리는 줄어들고 근로조건과 임금 수준이 열악한 '나쁜 일자리'만 늘어

난다면 소득불평등은 심해진다. 지금 우리나라가 바로 그런 상황이

다. 단순히 일자리가 부족한 것이 아니라 괜찮은 일자리가 부족하다

는 것이 우리의 문제다.[3]

왜 이런 문제가 벌어지는 것일까? 그 이유를 한마디로 설명할 수

는 없다. 흔히 기술진보, 세계화, 산업구조의 변화, 대기업과 중소기

업의 불균형 등이 주된 요인으로 꼽히고 있다. 결국 일자리 부족 문

제는 이런 여러 요인들의 합작품이다.

우선 일자리 창출의 주 원천인 제조업의 고용이 1990년대 중반부

터 큰 폭으로 줄어들기 시작했다는 점에 주목해야 한다. 1991년에

516만 명이던 제조업의 고용자 수가 2009년에는 384만 명으로 뚝

떨어졌다. 특히 섬유·신발 등 경공업과 비숙련 노동자들을 많이 고

용하는 산업에서 고용이 크게 줄어들었다. 이 과정에서 인력이 대거

저임금·생계형 서비스업으로 밀려났다. 2012년 현재 전체 임금근로

자의 64.8%가 서비스업에 고용되어 있는데, 이들 중 26.3%가 10인

미만의 영세업체에 근무한다.[4] 이런 산업구조의 변화는 저임금 일자

리가 양산된다는 걸 의미하는데, 이 변화 과정에서 특히 저소득층(소

득 최하위 10%계층)의 소득이 크게 감소했다. 따라서 우리나라의 소득

불평등이 심해진 중요한 원인으로 산업구조의 변화를 들지 않을 수

없다.

일자리가 늘어나지 않는 데는 대기업과 중소기업 사이의 심한 불

균형 탓도 있다. 잘 알려졌다시피 제조업을 포함한 우리나라 전 산업

에 걸쳐 대기업들, 특히 재벌 기업들이 엄청나게 큰 비중을 차지하고 있다. 2011년 우리나라의 30개 재벌기업들이 상품과 서비스를 팔아서 번 돈은 우리나라 전 기업들이 번 돈의 약 40%에 이른다.[5] 여기에 다른 대기업들이 번 돈까지 합치면 그 규모는 더 말할 나위 없이 크다. 이렇게 어마어마하게 큰 비중을 차지하는 대기업들이 일자리를 많이 만들어낸

제조업 성장-고용 '따로국밥'
취업계수 작년 17.4명 '최저'

2008년 20명이후 감소 추세
고용탄력성 1년새 대폭 하락
"고부가 서비스업 창출 나서야"

수요 증가시의 고용창출 능력을 보여주는 취업유발계수가 사상 최저치를 기록했다. 제조업을 중심으로 '고용 없는 성장' 현상이 가속화되고 있어 서비스업을 통한 일자리 창출 능력을 제고해야 한다는 지적이 나오고 있다.

8일 한국은행과 통계청, 노동연구원에 따르면 실질 국내총생산(GDP) 10억원당 취업자 수를 뜻하는 취업계수는 지난해 17.4명으로 전년보다 0.3명 줄어 사상 최저 수준으로 떨어졌다. 취업계수는 GDP 10억원의 생산에 필요한 취업자 수로 고용창출력을 나타내는 지표로, 직접적인 고용 효과를 나타낸다. 우리 경제의 취업계수는 2008년 20.0명 이후 2010년 18.8명, 2012년 18.4명, 2015년 17.7명을 주구하며 감소 추세다.

취업자 증가율을 GDP 증가율(경제

성장률)로 나눈 고용탄력성도 지난해 0.353으로 1년 새 큰 폭으로 떨어진 것으로 나타났다. 고용탄력성은 경제가 성장할 때 고용이 얼마나 늘어나는지 보여주는 지표로, 2008년 0.315에서 2012년 0.515로 높아졌다가 다시 빠르게 줄어들고 있다.

반면 제조업 취업자 수는 전년동기 대비 지난해 3분기 7만1000명, 4분기 11만명, 올해 1분기 11만2000명 줄어경제 관련 기관들에 따르면 2014년 기준 취업유발계수는 제조업이 8.8명에 그쳤다. 반면 서비스업은 제조업의 2배에 가까운 16.7명을 기록했다.

특히 최근 수출 호황을 이끄는 반도체, 화학 등의 취업유발계수는 제조업 평균보다 훨씬 낮다.

전문가들은 제조업의 고용창출 능력이 떨어지는 현상을 고려해 서비스

한국의 불평등은 일자리의 원천인 제조업 고용이 감소한 것과도 맥을 같이한다. 괜찮은 일자리 창출 없이는 불평등 완화를 기대하기 힘들다. (디지털타임스, 2017년 5월 9일)

다면 우리나라 전체의 일자리 수도 크게 늘어나서 취직하기도 쉬워질 것이다. 하지만 현실은 전혀 그렇지 않다. 대기업들이 돈을 많이 벌면서도 일자리를 많이 만들지 못하고 있는 것이 실정이다. 30여 년 전인 1980년에만 하더라도 우리나라 전체 노동자의 약 절반이 대기업에서 일을 했는데, 2014년에는 20%도 되지 않는다.[6] 80% 이상은 중소기업에 고용되어 있다.[7] 그렇기 때문에 지금은 중소기업들이 활발히 사업을 해야 일자리가 늘어날 텐데, 반대로 계속 위축되고 있다. 대기업의 등쌀 때문이다. 중소기업들은 대기업들의 경쟁상대가 되기 힘든데, 중소기업들이 하던 사업들이 조금만 잘 된다 싶으면 대

기업들이 잽싸게 달려들어 가로챈다. 대기업들이 백화점은 물론 대형마트, 심지어 슈퍼마켓까지 차리니 동네 구멍가게들과 재래시장이 자꾸 망해서 없어지며, 체인점을 통해 피자니 김밥·통닭·빵까지 만들어 파는 통에 동네음식점들이나 빵집들이 없어지고 있다. 이렇게 일자리를 잘 만들어내지 못하는 대기업들은 몸집을 불리고 있고, 일자리를 만들어내는 중소기업들은 날로 찌그러들고 있으니까 경제가 성장해도 일자리가 늘어나지 않는다는 것이다. 그래서 '고용 없는 경제성장'이라고 말이 나온다.[8]

대기업과 중소기업의 임금격차도 문제다. 2013년 영세기업의 월평균 임금은 300인 이상을 고용하는 대기업의 절반 수준이고, 중소기업 전체의 월평균 급여는 대기업의 62%에 불과한 실정이다.[9] 그러니 중소기업이 고용하는 노동자가 늘어나도 소득불평등은 크게 해소되지 않는다. 앞으로 일자리를 늘려 실업률을 낮추고, 노동자간 임금격차를 줄이려면 대기업의 횡포를 막고 중소기업을 살려야 한다는 것이 많은 전문가들의 주문이다.

세계화, 기술진보, 그리고 비정규직 노동자의 양산

하지만 제조업의 비중이 늘어나고 대기업이 중소기업의 시장을 잠식하지 않는다고 해도 큰 고용창출 효과는 기대하기 어렵다. 세계화와 기술진보가 고용창출을 가로막는 큰 장벽이 되고 있기 때문이다. 대기업들은 저임금 지역을 찾아서 해외로 진출하고 있다. 삼성전자, 현대자동차, LG전자, SK에너지 등 재벌기업의 생산과 투자의 상당 부분이 해외에서 이루어지고 있다. 예를 들면, 삼성전자가 생산하는 휴대폰 중 90% 이상이 해외에서 생산되고 있고, 삼성전자 직원의 60% 이상이 우리나라가 아닌 해외 공장의 외국인 노동자들이다.[10] 이런 세계화는 국내 일자리 감소와 소득불평등 악화의 주된 원인으로 지목되고 있다. 최근 영국의 유럽연합 탈퇴(브렉시트)나 미국의 트럼프 당선 등은 이런 세계화의 부작용이 얼마나 심했는지를 단적으로 보여준다. 비단 영국과 미국뿐만 아니라 세계 도처에서 세계화에 반발하는 움직임이 일어나고 있다.

베를린 장벽이 무너진 1988년부터 세계경제위기가 도래한 2008년 사이의 20년 동안을 흔히 세계화의 절정기라고 부른다. 전세계인들 중에서 과연 누가 세계화의 최대 수혜자이고 최대 피해자일까? 방대한 자료를 바탕으로 이 절정기를 포함한 2012년까지 약 25년간 세계화가 범지구인들의 소득분배에 미친 영향을 분석한 결과 크게 세 가지 결론이 나왔다.[11] 첫째, 이 기간 실질소득증가율이 가장 높은 집단은 중국·인도·타이·베트남·인도네시아 등 아시아 신흥국가들의 중산층이다. '글로벌 신흥 중산층'이라고 부를 수 있는 이들은 세계화의 승자다. 둘째, 같은 기간 실질소득은 전혀 증가하지 않은 집단도 있는데, 거의 대부분 우리나라를 포함한 OECD 회원국들의 중하위계층에 속한 사람들이다. 따라서 고소득국가의 중하위계층이 단연코 세계화의 최대 패자들이라고 할 수 있다. 과거 신자유주의자들은 바로 이들이 세계화의 최대 수혜자가 될 것이라고 떠들며 고소득국가 정부에게 개방 정책을 강요했다. 그러나 결과는 정반대였다. 즉 우리나라의 중하위계층은 세계화와 신지유주의 정책의 최대 피해자들이라고 할 수 있다. 셋째, 실질소득이 대폭 증가한 또 한 집단이 있는데 바로 고소득국가의 부유층이다. 글로벌 신흥 중산층이 세계화의 승자라고 하지만, 이들의 소득은 고소득국가 부유층의 소득에 비하면 그야말로 새 발의 피다. 따라서 세계화의 최대 승자는 단연 고소득국가의 부유층이라 할 수 있다. 이런 결론이 옳다고 하면, 세계화는 우리나라를 포함한 고소득국가의 소득불평등을 크게 악화시킨 주요인이다.

세계화와 더불어 기술진보가 제조업과 대기업의 고용창출 효과를 떨어뜨리면서 소득불평등을 악화시킨 또 하나의 중요한 요인으로 꼽히고 있다. 옛날에는 대기업도 노동자들을 많이 고용했다. 그러나 지금은 고급기계 및 장비, 우수한 컴퓨터, 첨단 기술 등을 이용해서 적은 인원으로 훨씬 더 많은 일을 할 수 있게 되었다. 기술진보 덕분에 노동을 덜 쓰는 생산방법(노동절약적 생산방법)이 널리 도입된 것이다. 10억 원어치의 생산에 필요한 일자리 수를 보통 고용유발계수라고 하는데, 2011년 우리나라 제조업의 고용유발계수는 5.5명이었고 서비스업의 고용유발계수는 11.5명이었다.[12] 같은 금액을 생산하는 데 제조업의 고용창출효과가 서비스업의 절반도 되지 않는다는 얘기다. 그런 데다가 기술진보가 계속되면서 제조업의 고용유발계수는 날이 갈수록 낮아지고 있다. 특히 우리나라는 제동화기 쉬워요 간기계품이나 자동차 등 중화학공업의 산업 비중이 일본·미국·서유럽 등 다른 선진국보다 높다. 이 산업들에서는 생산기지 해외 이전이 빠르게 일어나고 있으며, 국내에서 생산하더라도 노동절약적 생산방법에 대한 투자를 활발히 하고 있다.[13] 2017년에 들어와서 수출이 예상 밖의 호조를 보였고 투자도 크게 늘어나면서 경제성장률이 반짝 높아졌다. 그러나 서민들은 일상에서 그 온기를 체감하지 못했다. 수출을 견인하는 산업들의 고용효과가 워낙 약하고 투자의 대부분이 노동절약 기술의 개발 및 채택에 투입되기 때문이다. 요컨대 낙수효과가 없다는 것이다.

노동절약 기술의 도입은 사회 전반에 거쳐 일어나고 있다. 예를 들면, 경비원들을 고용하는 대신 성능이 좋은 방범시설을 설치하며, 서류 정리라든가 사무실 일을 하는 사람 대신 성능이 뛰어난 컴퓨터를 쓴다. 얼마 전에 어느 아파트단지에서 방범시설을 설치한 다음 경비원들을 쫓아냈다고 해서 말썽이 된 적이 있다. 아파트 입주민들은 관리비 부담을 줄이기 위해서 어쩔 수 없다고 변명한다. 대학에서도 경비인력을 대폭 줄이고 있다. 앞으로도 이런 사태는 계속 벌어질 것이다. 요새는 많은 사람들이 컴퓨터로 물건을 구입한다. 직접 가게를 찾아가서 물건을 사는 일이 줄어드니까 그런 가게들이 줄어들게 되고, 자연히 그런 곳에서 일하던 사람들도 일자리를 잃게 된다. 현재 자동차 운전사 일자리가 약 100만 개 된다고 하는데, 자율 자동차가 앞으로 상용화되면, 그중 많은 사람들이 일자리를 잃게 될 것이다. 이와 같이 기계·컴퓨터·첨단 기술 등이 일자리를 줄이는 예는 이루 헤아릴 수 없이 많다.

이런 얘기를 하면 하나만 알고 둘은 모르는 소리라고 비웃는 전문가들이 많다. 회사들이 인건비를 줄이기 위해서 기계와 컴퓨터를 많이 이용하다 보니 일자리가 줄어드는 것은 맞지만, 그 대신 기계와 컴퓨터를 생산하고 판매하고 관리하는 회사들이 새로 생겨나기 때문에 일자리들이 그만큼 새로 많이 창출된다는 것이다. 예를 들면, 휴대폰을 팔고, 고쳐주고, 교환해주는 가게들이 길거리 도처에 있다 그 덕분에 옛날에는 없던 가게들도 새로 생겼다. 하지만 그렇게 만들어지는 일자리의 수가 없어지는 일자리의 수보다 더 많은지 적은지에 대한 정확한 통계는 없다.[14] 아마도 옛날에는 새로 만들어지는 일자리의 수가 더 많았을지도 모른다. 하지만 앞으로도 그러리라는 보장은 없다. 미래는 절대 그렇지 않을 거라고 주장하는 학자들도 적지 않다.

설령 기술 낙관론자들의 주장대로 없어지는 일자리만큼 새로운 일자리가 생겨난다고 해도 이 새로운 일자리의 노동조건이 없어진 일자리보다 현저하게 더 열악하다면, 그 기술진보는 불평등을 더 심하게 만들 수도 있다. 이는 실제로 일어나고 있는 일이기도 하다. 기술이 빠르게 발전한다고 해서 직원들이 하던 일들을 하루아침에 몽땅 기계나 컴퓨터에게 시킬 수는 없다. 대기업들은 이런 일들을 다른 기업들에게 넘긴 다음 파견 형식으로 불러서 일을 시킨다. 다시 말해서 하청을 준다는 것이다. 이런 일이 다반사가 되면서 자연히 하청업체들이 우후죽순처럼 늘어났다. 하청업체들은 값싼 임금으로 일을 일 사람들을 끌어 모은 다음 이들을 대기업에서 근무하게 한다. 기술진보로 일자리에서 쫓겨난 사람들이 이런 하청업체를 찾아가게 된다.

이렇게 하청업체에 속하면서 다른 기업에서 근무하는 노동자들을 흔히 '비정규직' 노동자라고 한다. 비정규직이라고 하더라도 그 종류가 시간제·계약직·임시직·계절직·재택근무 등 매우 다양하다. 어떻든 기술진보로 일자리를 잃은 사람들은 설령 새로 일자리를 찾는다고 해도 질이 떨어지는 비정규직이 되고 만다.

비정규직 노동자의 임금은 정규직 노동자 임금의 절반 수준밖에 되지 않을 정도로 매우 낮으며, 근로여건이 열악하고 안정적이지도 못하다. 비정규직 노동자는 상여금이나 수당도 거의 받지 못한다. 중·저소득계층은 거의 전적으로 근로소득에만 의존해서 살아가고 있기 때문에 정규직과 비정규직의 임금격차는 곧 노동자들 사이의 소득격차로 이어진다. 2013년 정부의 발표에 따르면 우리나라 노동자들 중에서 33%가 비정규직 노동자다. 실제로는 46%라는 의견도 있다. 20세부터 29세 사이 청년들의 경우엔 32%가 비정규직에 종사하고 있다.

이와 같이 비정규직이 크게 늘어나면서 나타나는 이상한(?) 현상은 비정규직 노동자가 정규직과 같은 직장 안에서 똑같은 업무를 수행하면서 월급은 절반밖에 받지 못하는 경우가 대거 발생한다는 것이다. 결국 '동일노동 동일임금'의 경제원칙이 무너지면서 우리나라 노동자들의 사기도 무너졌다. 이 여파로 우리 경제와 사회도 활기를 잃고 있다. 큰 문제가 아닐 수 없다. 그래서 비정규직을 포함한 나쁜 일자리의 양산을 우리나라 노동시장의 가장 핵심적인 문제요, 소득불평등의 주된 요인으로 꼽는 국내 학자들이 많다.[15] 이들은 소득불평등 문제를 해결하기 위해서는 고용률을 높이는 것보다 일자리의 질을 높이는 것이 시급하다고 입을 모은다.

이렇게 비정규직 노동자가 크게 늘어나는 현상은 선진국에서도 관찰된다. 2013년 전체 OECD 회원국들의 근로자 중에서 약 1/3이 비정규직이었고 그 40%가 청년들이었다.[16] OECD는 이런 비정규직의 양산이 전세계적인 현상이며 소득불평등을 가속화시키는 주된 요인이라고 주장하고 있다. 한 가지 재미있는 사실은, 산업혁명 이전에는 거의 대부분의 일자리가 오늘날 우리가 이야기하는 비정규직이었다는 것이다. 그때는 정시 출퇴근이나 실업, 은퇴라는 개념이 별 의미가 없었다.[17] 산업혁명과 더불어 공장이 생기고 회사가 생기면서 정시에 출퇴근하는 정규직이 보편화되었다. 20세기까지만 해도 그랬다. 그러다가 비정규직이 크게 늘어나기 시작한 것은 21세기에 들어와서부터라는 것이 정설이다. 선진국들의 빈부격차가 중세 봉건시대 수준으로 되돌아가는 징후가 나타나고 있다고 피케티가 경고한 바 있는데, 일자리의 양상마저도 과거로 되돌아가고 있다는 인상을 주고 있다.

제4차 산업혁명

2016년에 온 나라를 한동안 떠들썩하게 만든 사건이 발생했다. 세계 최고의 바둑 고수라고 하는 이세돌 9단이 인공지능을 장착한 컴퓨터(알파고)에게 4판을 지고 겨우 한 판밖에는 이기지 못하자 많은 사람들이 크게 놀랐다. 이세돌을 꺾은 알파고의 큰 특징은 스스로 학습하는 능력(딥러닝)을 장착하고 있다는 것이다. 과학계의 전망에 따르면, 30년 이내에 인간의 지능에 맞먹는 인공지능을 장착한 로봇이 개발된다고 한다. 이렇게 되면 그동안 인간이 직장에서 하던 그 많은 고되고 지루하고 위험한 일들을 로봇이 인간보다 훨씬 더 정확하고 빠르게 수행하면서 생산성이 비약적으로 높아진다. 수많은 노동자들이 일을 하지 않고 놀아도 국민 전체가 종전보다 더 잘살 수 있을 만큼 총생산과 총소득이 늘어난다는 얘기다. "일하지 않는 자는 먹지도 말라"는 말이 있지만, 앞으로는 일하지 않고도 충분히 먹고살 수 있는 풍요로운 시대가 온다는 것이다. 이런 전망에 많은 사람들이 환호했고 2016년 2월 다보스포럼(세계경제포럼)은 '제4차 산업혁명'이라는 어마어마한 말을 퍼뜨렸다. 우리나라에서도 2017년 대통령선거를 앞두고 제4차 산업혁명이라는 말이 크게 유행했다. 대통령 후보들이 저마다 경쟁적으로 제4차 산업혁명을 경제회생의 계기로 삼겠다는 공약을 내놓으면서 마치 이것이 큰 축복이라도 되는 듯이 떠들어댔다. 하지만 다른 한편에서는 제4차 산업혁명에 대한 우려가 학계를 중심으로 조용히 퍼지고 있는 것도 사실이다.

잘 알려져 있듯이 제1차 산업혁명은 주로 석탄을 이용한 동력의 증강, 제2차 산업혁명은 전기를 이용한 에너지원의 확산, 제3차 산업혁명은 컴퓨터를 중심으로 정보의 저장과 계산 및 연산의 증강 등을 핵심으로 하는 것이었다. 흔히 말하는 제4차 산업혁명에서는 인공지능과 빅데이터 기술의 발달을 바탕으로 컴퓨터 연결망이 사람과 사람 사이를 연결할 뿐만 아니라 사물과 사물을 연결하는 수준으로 확장된다. 그렇다면 제4차 산업혁명이 제3차 산업혁명과 근본적으로 다른 점이 무엇인가? 일각에서는 혁명이라는 단어가 붙을 정도의 근본적인 차이가 없으며 따라서 제4차 산업혁명이라는 말 자체가 현실을 너무 과장한 것이요, 다분히 장삿속 선전의 성격이 강하다고 주장한다. 하지만 한 가지 굉장히 중요한 차이도 있다는 점을 간과해서는 안 된다. 제1차 산업혁명에서부터 제3차 산업혁명까지 그간 개발된 기계나 기술은 언제나 인간의 주도적인 명령에 따라 인간을 위한 보조적인 도구의 역할만을 수행했다. 그러나 제4차 산업혁명으로 개발된 기계와 기술은 그렇지 않다. 즉, 자율성을 가진다는 것이다. 거칠게 말하면, 우리 인간의 뜻과는 전혀 다른 방향으로 제멋대로 움직일수 있으며, 심하면 인간의 머리 꼭대기에 올라앉을 수도 있다는 것이다.[18] 예컨대 이세돌을 이긴 알파고처럼 처음에 일정한 정보를 주고나면, 자율적인 학습능력에 따라 컴퓨터 나름대로 어떤 독자적인 방식으로 사고하면서 인간보다 뛰어난 정보처리 능력을 갖출 수 있는 것이다. 알파고는 수많은 바둑대국의 기보에서 얻은 정보와 자기 학습으로 실력을 쌓아서 결국 세계 최고의 프로를 능가하게 되었다. 아마도 이세돌 9단이 거둔 1승이 바둑에서 인간이 인공지능을 이긴 마지막 대국이 될 것이라는 이야기도 있다.[19]

제3차 산업혁명까지의 기계와 기술의 성능이나 성과는 대체로 우리 인간이 예측할 수 있는 범위 안에 있었지만, 제4차 산업혁명에서는 무어가 나올지 예측하기 어려운 상황이다. 그것이 무서운 재앙을 초래할 수도 있다. 그래서 핵무기를 사기업에 맡길 수 없듯이 인공지

바둑기사 이세돌은 알파고와의 대국에서 3전4기 끝에 어쩌면 마지막이 될지도 모를 승리를 따냄으로써 인간의 마지막 자존심을 지켜냈다. 그러나 인간이 고안한 가장 어렵고 복잡한 게임이라는 바둑에서조차 세계 최고수의 실력이 인공지능에게 크게 밀렸다는 사실은 모든 산업-분야에서 컴퓨터와 로봇이 인류를 밀어낼 시대가 코앞으로 다가왔음을 시사한다.(세계일보, 2016년 3월 14일)

능을 장착한 모든 로봇은 앞으로 국유화해야 한다는 주장도 나온다.
어떻든 이세돌 9단이 알파고에 패한 사건은 제4차 산업혁명에 대한
일반대중의 우려를 촉발시킨 계기도 되었다. 이들의 첫번째 반응은
일자리에 대한 불안감이다. 과학계의 예측대로 인간의 지능에 맞먹
는 인공지능을 장착한 로봇이 개발된다면 사람이 하던 일의 대부분
을 로봇이 수행하면서 수많은 노동자들이 일자리를 잃게 될 것이다.

한국고용정보원의 2016년 보고서에 따르면 인간이 도저히 로봇의
경쟁상대가 될 수 없는 일자리가 앞으로 수두룩해진다고 한다. 2025
년에는 전체 취업자의 70% 이상이 고성능 컴퓨터와 로봇의 발달로
직장을 잃을 위험에 처한다. 청소원, 주방보조원 등 단순노무직의 경

우에는 90% 이상이 인공지능 컴퓨터와 로봇으로 대체되며, 상점판매원의 80% 이상이 실직의 위기에 놓이게 된다고 한다.[20] 실제로 여론조사를 해보면, 우리나라 직업인의 44.7%가 "인공지능과 첨단기술 때문에 자신이 종사하는 직업에서 일자리가 줄어들 것"이라고 판단하고 있다. 이렇게 판단하는 사람의 비율이 특히 각종 기술진보가 빠르게 이루어지고 있는 금융·보험업의 경우 81.8%로 매우 높고, 공정 자동화가 이뤄지고 있는 제조업 부문에서도 61% 내지 64%로 상당히 높은 편이다. 그나마 사회복지나 종교관련 직장의 경우에는 13.6%로 낮았다. 그렇다면 앞으로 이런 기술변화에 어떻게 대처해야 할까? 아직까지는 분명치 않은 부분이 많다. 그래서 그런 기술변화의 영향에 준비가 되어 있다는 응답자의 비율은 15.4%로 매우 낮았다.[21]

옛날에는 기계나 컴퓨터가 주로 육체노동·단순노동을 대체했기에 주로 그런 일을 하는 사람들이 일자리를 잃었다. 하지만 고도의 인공지능을 장착한 로봇은 머리를 많이 쓰는 고급 일거리까지 척척 해내게 될 것이다. 그러면 고급 일자리도 줄어들게 되고, 기업에서 좀 높은 자리에 있던 사람들도 많이 떨려나게 된다. 지금은 방송국 아나운서가 인기 있는 직업이라고 하지만 로봇이 아나운서 일을 할 때가 머지않았으며, 변호사나 회계사와 같은 인기 직업도 많이 없어질 거라고 한다. 설령 고급 일자리가 없어지지 않는다고 해도 비정규직 노동자로 채우는 일이 빈번해지고 있다.

외국의 석학들도 잇달아 기술진보에 관한 우려를 표명하고 있다.

불평등에 관한 연구의 세계적인 권위자인 앤서니 애트킨슨Anthony. B. Atkinson 교수는 앞으로 수십 년에 걸쳐 미국 일자리의 47%가 자동화로 없어질 가능성이 매우 높다고 보고 있다. 사라질 가능성이 높은 일자리들은 특히 사무직·관리직·판매 그리고 서비스 부문에 많이 있다. 그렇다면 자동화와 기계화로부터 안전한 일자리는 어떤 것인가? 애트킨슨 교수는 건강관리·교육·대인 서비스나 예술·언론 등에 관한 일자리들이 비교적 안전하다고 말한다. 사회의식·협상·설득·창의성과 같은 인지 능력을 특히 많이 필요로 하는 일자리들이 컴퓨터와 기계화의 위협을 덜 받는다는 것이다.[22] 인간의 가장 큰 특징은 공감 능력인데, 아무리 컴퓨터가 발달해도 인간처럼 공감능력을 갖출 수는 없다고 한다. 공감능력은 책상머리에 앉아서 공부만 해서는 얻어질 수 없다. 사람들과 잘 어울리고 잘 놀 때 공감능력이 생성된다. 이런 공감능력을 함양하기 위해서는 앞으로 교육제도도 확 바꾸어야 한다. 현재와 같은 입시위주의 교육 아래에서는 사람들이 컴퓨터와 기계에 밀려나는 걸 피할 수 없을 것이다.

기술진보의 역설

기술진보는 비정규직을 양산함으로써 소득불평등을 초래할 뿐만 아니라 정규직 안에서도 큰 임금격차를 초래하며 나아가서 '고액 연봉'의 원인이 되고 있다. 노벨경제학상 초대 수상자인 네덜란드의 경제학자, 얀 틴베르헨Jan Tinbergen은 고학력 노동자에 대한 수요와 교육받은 인구의 증가 사이의 '경주'에 관한 이론을 40여 년 전인 1975년에 발표했다. 그의 이론을 발전시킨 연구들에 따르면, 기술진보는 비숙련 노동자의 생산성보다는 숙련 노동자나 고학력 노동자의 생산성을 더 높이는 경향이 있다. 즉 기술진보가 숙련노동에 유리하다는 것이다. 예를 들면, 정보·통신기술 발달의 결과 비숙련 노동자의 생산성은 그리 높아지지 않는 반면 숙련 노동자들이나 고학력 노동자들은 종전보다 더 많은 일을 성공적으로 수행하게 된다. 그러므로 기술이 진보하고 생산이 고도화됨에 따라 저숙련low-skilled 노동에 대한 수요가 줄어들고 숙련 노동자와 고학력 노동자에 대한 수요가 증가하면서 이들의 보수가 상대적으로 더 커지게 된다. 즉, 숙련 노동자와 고학력 노동자의 임금에 프리미엄이 붙는다. 이것을 임금 프리미엄wage premium이라고 부르기도 한다.

오늘날 많은 학자들이 노동시장의 변화와 소득불평등의 심화 현상을 기술진보와 '교육의 경주'로 설명하고 있다. 기술은 날로 진보하고 있는데, 교육이 이를 따라가 주지 못하면 노동시장의 양극화가 나타나고 이것이 소득불평등의 심화로 이어진다는 것이다. 기술진보에 발맞추어 충분히 높은 수준의 교육을 받은 소수의 고학력자들은 새로운 기술의 개발과 이용 및 관리에 따른 임금 프리미엄을 독차지하면서 고액 연봉을 받는 반면, 그럴 만큼의 교육을 받지 못한 저학력자들은 실업자가 되거나 허드렛일을 도맡는 비정규직으로 전락한다. 이 결과 선진국의 경우 많은 직장에서 피라미드에 해당하는 중간 수준의 기능직이 줄어들고 고액 연봉의 관리직과 낮은 임금의 기능직만 남는, 이른바 '공동화hollowing-out'현상이 나타나고 있다. 앞으로 우리나라에서도 서서히 이런 현상이 본격화될 것이다. 이런 공동화 현상은 근로자들 사이에도 엄청난 소득의 격차를 낳는다.

2014년 우리나라 최고경영자CEO의 평균보수가 여타 근로자의 평균임금의 30~40배에 이르며, 미국의 경우에는 340배에 이르는데, 이런 엄청난 격차가 소득불평등의 중요한 요인으로 꼽힌다.[23] 자연히 이런 이상할 정도의 어마어마한 고액연봉을 설명하는 이론들이 줄을 이어 등장했다.[24] 보수성향의 경제학자들은 기본적으로 고액연봉은 높은 생산성을 반영하는 것인데, 기술진보가 최고경영자들의 생산성을 엄청나게 높였기 때문에 천문학적인 고액연봉을 받게 되었다고 주장한다. 그러나 사회적 물의를 일으킬 정도의 엄청난 고액 연봉에는 교육과 기술진보의 경주만으로 설명할 수 없는 부분이 매우 큰 것도 사실이다. 사실 최고경영자들 거의 대부분은 기술적 능력을 보유한 사람들이 아니다. 만일 연봉이 단순히 기술적 생산성을 반영한 것이라고 한다면 이런 기술을 보유한 사람들, 예컨대 기술진보를 주도한 수학자·컴퓨터과학자·공학도 등의 소득이 크게 증가했어야 한다. 하지만 실제로는 그렇지 않았다. 미국의 경우, 기술진보가 아주 빠르게 이루어졌던 1989년부터 1997년 사이에 수학자들과 컴퓨터 과학자들의 보수는 4.8% 증가했을 뿐이고, 공학도들의 소득은 오히려 1.4% 감소했다. 반면에 최고경영자들의 소득은 100% 증가했다.[25] 이런 사실은 고액연봉 속에 기술진보와 관련된 생산성 증가를 반영하지 않은 부분이 많음을 시사한다.

고액연봉을 설명하는 이론 중에서 설득력이 높고 비교적 확실한 증거가 뒷받침하는 것은 CEO들이 대체로 자기 자신들의 보수를 스스로 결정할 수 있는 영향력을 가지고 있다는 설명이다. 대부분의 경우 이들의 보수는 생산성과 명백한 관계를 가지지 않는다. 더욱이나 큰 조직에서는 각 개인의 생산성을 추정할 객관적 자료나 근거가 거의 없다.[26] 그만큼 CEO가 자신의 보수에 관하여 재량권을 행사할 여지가 클 수밖에 없다.

2014년 노벨경제학 수상자인 디턴 교수는 기술진보에 관하여 좀 더 음울한 전망을 내놓고 있다. 저임금 직종 중에서도 앞으로 임금 수준이 높아지고 고용이 늘어나는 직종도 있을 것이다. 소매업·음식점·건강관리 등의 서비스 업종 중에서 특히 직접 얼굴을 보고 봉사하는 업종(대면서비스 업종)은 높은 수준의 기술이 필요하지는 않지만 컴퓨터화하기 어려운 부분들이 많다. 이런 대면서비스 업종들은 부유층들의 수요가 많은데, 이외에도 요리·집사·애완동물 관리·구매대행·운전 등이 부유층이 많이 필요로 하는 서비스 직종들이다. 최고 부자들은 핸드폰과 지갑이 필요없다. 수행원들이 전화를 받아주고 대신 연락을 해주며, 시종들이 대신 물건을 사오고 계산해준다. 인간 사회에서 많은 사람을 거느리면서 떵떵거리는 것처럼 기분 좋은 일은 별로 없다.

앞으로 빈부격차가 점점 더 벌어지면, 한편으로는 대면 서비스나 시종들기에 대한 부유층의 수요가 늘어나면서 다른 한편으로는 그런 것들을 기꺼이 공급해주려는 가난뱅이들도 늘어날 것이다. 과거 중세시대에 왕족이나 귀족들이 수많은 종들을 거느렸는데, 빈부격차와 기술진보를 방치하면 앞으로 자본주의사회의 부유층들이 수많은 종들을 거느리고 사는 시대가 올지도 모른다. 이것이 디턴 교수의 경고성 예측이다. 이렇게 되면, 사실상 자본주의사회가 중세 유럽의 신분세습사회와 비슷한 사회로 퇴보하는 것이다. 역설적이게도 기술진보가 그 퇴보의 원인이다. 이러니 불평등과 기술진보에 각별한 경계심을 가지지 않을 수 없다.

기술진보 그 자체에 대한 전망도 그리 밝지는 않다. 설령 기술진보가 일자리의 총량을 줄이지 않는다고 치더라도 한 가지는 분명하다. 기술진보 탓으로 많은 사람들이 직장에서 떨려난다는 것 그리고 이들이 새로운 일자리를 찾는다고 해도 대부분의 경우 종전의 일자리보다 더 나쁜 일자리로 내몰린다는 것. 그들은 소득이 줄어들고 언제 해고될지 모르는 불안한 상태가 될 것이다. 눈부신 기술진보가 "옛날 방법을 쓸어 없애면서 옛날 방법에 매달리던 수많은 사람들의 생활과 생계를 파괴한다".[27] 그만큼 소득불평등이 심해질 수밖에 없다. 여기서 하나의 역설적인 현상이 시작된다. 심한 소득불평등은 소수의 부와 다수의 궁핍을 의미한다. 국민의 대다수를 차지하는 일반서민들에게 경제적 여유가 없으니 시장에서 물건이 팔리지 않게 된다. 그렇다면 기술진보의 산물인 고급 자동화 기계나 로봇 그리고 이것들이 생산한 상품을 누가 사줄 것인가? 아무리 싸고 효율적으로 물건을 만들든 팔리지 않는다면, 누가 생산할 것인가? 결국 기술진보가 심한 불평등을 낳고 이것이 기술진보의 발목을 잡게 된다. 바로 이 점이 기술진보를 주도하는 사람들의 큰 고민거리가 될 것이다.

자본의 몫, 노동의 몫

기술진보가 일자리 총량을 줄이는지 아닌지에 관해서는 설왕설래가 있지만, 소득불평등의 주원인이 되고 있다는 점은 분명하다. 그리고 또 하나 분명한 것은 기술진보가 자본가에게 더 큰 이익을 가져다주는 방향으로 진행된다는 점이다. 통상 새로운 기술의 개발이나 상업화는 막대한 자본을 필요로 한다. 역사적으로 보면 기술진보는 대체로 많은 자본의 투자를 필요로 했다. 그리고 기술의 개발 및 상업화로 얻는 이익의 대부분은 자본가가 차지하게 된다.

세계화 역시 자본가에게 유리한 방향으로 진행된다. 세계화는 자본과 노동의 국가간 자유로운 이동을 의미한다. 허나 노동이 국경을 넘어 이동하는 것은 쉬운 일이 아니다. 반면에 자본은 컴퓨터 클릭 한 번으로 국경을 넘나들 수 있다. 자본가들은 인건비 절약을 위해서 세계의 저임금 지역을 찾아 손쉽게 자본을 이동시키지만, 노동자는 높은 임금을 주는 나라로 옮겨가기가 쉽지 않다. 따라서 세계화는 노동자보다는 자본가에게 훨씬 더 유리할 수밖에 없다. 심지어 이런 점을 이용해서 자본가는 기업하기 좋은 환경을 만들어주지 않으면 공장을 외국으로 옮겨가겠다고 정부를 위협하기도 한다. 이렇게 위협하는 것을 보고 흔히 '자본파업'이라고 한다. 우리는 노동자만 파업을 하는 것으로 알지만 사실은 그렇지 않다. 오히려 자본가가 더 빈번하게 파업을 한다. 역대 대통령들이 당선되자마자 재계의 거물들은 만나서 회유하는 관행이 있다는 것만 봐도 '자본파업'이 얼마나 강력한지를 짐작할 수 있다. 지난 수십 년에 걸친 세계화 과정에서 자본의 이동성이 크게 증가하고 투자유치를 위한 국가 간 경쟁도 치열해지면서 '자본 파업'을 들먹이는 자본가의 협상력이 아주 높아졌다. 이는 장기적으로 자본가의 몫을 불리는 데 큰 기여를 했다.[28]

결과적으로 기술진보와 세계화는 국민소득 중에서 자본에 귀속되는 소득(자본의 몫)을 크게 하는 반면 노동에 귀속되는 소득(노동의 몫)을 적게 한다. 전체 소득에서 자본의 몫과 노동의 몫이 차지하는 비율을 각각 자본소득분배율과 노동소득분배율이라고 한다. 자본의 몫이 늘어나면 노동의 몫이 감소하기 때문에 자본소득분배율은 높아지고, 노동소득분배율은 낮아진다. OECD와 IMF 등 주요 국제기구는 자본소득분배율이 날로 높아지는 현상에 주목하고 있다. 그간 축적된 자료를 분석한 결과를 바탕으로 OECD는 기술진보가 자본-노동 소득분배율 변화의 80%를 설명해준다고 주장한다.[29] 로봇을 포함한 자동화기계와 고급 정보화 기술이 널리 이용되면서 과거에는 노동자가 가져가던 소득의 많은 부분을 점차 자본가들이 가져가게 되었고, 소득 및 부의 불평등이 심해지고 있다는 것이다.

물론 자본의 몫이 커져 자본소득분배율이 높아진다고 해서 무조건 소득불평등이 심해지는 것은 아니다. 오늘날은 자본가와 노동자 사이의 구분이 모호하다. 주식을 소유하거나 신탁회사의 지분을 가진 노동자들도 적지 않다. 만일 모든 국민이 자본을 고르게 소유하고 있다면 자본의 몫이 증가한다고 해도 소득불평등이 심해지지 않는다. 그러나 현실이 그렇지 않다. 앞에서도 살펴보았듯이 부유층이 자본을 거의 독점하고 있기 때문에 자본소득의 거의 대부분을 부유층이 가져간다. 따라서 자본의 몫이 증가하면 소득불평등이 심해질 수밖에 없다.

21세기 소득불평등에서 나타나는 하나의 뚜렷한 현상은 자본소득을 많이 올리는 부유층이 노동소득도 많이 가져가는 경향이 강해진다는 것이다. 1980년 이후 지난 30여 년 동안에 최상위 고액 연봉자가 자본소득으로 최상위 10%에 속할 확률이 크게 높아졌다.[30] 저소득계층의 거의 대부분은 임금소득에 거의 전적으로 의존하고 있는 반면, 부유층은 한편으로는 거액의 노동소득을 벌면서 다른 한편으로는 막대한 자본소득을 올린다. 말하자면 21세기의 부유층은 양손에 떡을 쥐고 있다는 것이다. 부유한 자본가들이 노동소득도 최고로 많이 받게 되니 소득불평등은 더욱더 심해진다. 1980년대 이전에는 자본가 소득의 거의 대부분은 자본소득인 반면 노동소득은 별로 없었다. 그래서 자본가들이라고 하면 돈 놓고 돈 먹기 하는 사람들 혹은 놀고먹는 사람들이라는 인식이 사람들 사이에 널리 퍼져 있었다. 그러나 21세기에는 부유층이 자본소득뿐만 아니라 고액 연봉까지 받기 때문에 그렇게 말하기 어렵게 되었다. 오히려 유능한 사람이라며 좋은 평판을 듣는다. 이런 평판이 21세기의 불평등을 정당화하는 데 일조하고 있으며, 때문에 극심한 불평등을 완화하려는 정부의 노력이 과거보다 더 강한 저항에 부딪치고 있다.

장기적으로 자본소득분배율이 뚜렷이 높아지는 현상은 보수 성향 경제학자들의 전통적 주장에 어긋나는 것이다. 이들이 주장하는 대로 만일 경제성장이 모든 국민을 골고루 잘살게 만든다면, 자본가의 몫이 늘어나는 만큼 노동자의 몫도 늘어날 것이므로 자본과 노동의 소득분배율은 큰 변동 없이 대체로 일정할 것이다. 소득분배율이 쭉 안정적이라는 주장을 '칼도어Kaldor의 가설'이라고도 하는데, 경제성장이 모두에게 이익임을 보이려고 애를 써온 보수 성향 경제학자들은 이 가설에 실로 오랫동안 매료되었다. 때로는 이 가설을 맹신한 나머지 자본소득분배율이 높아진다는 증거도 무시하기 일쑤였다. 하지만 자본소득분배율의 상승 추세가 선진국에서 너무나 뚜렷해지면서 근래 이 전통적 가설을 반박하는 연구들이 쏟아져 나왔다. 피케티의 『21세기 자본』이나 OECD와 IMF의 최근 연구들이 그 대표적인 예다. 피케티가 자본소득분배율이 지속적으로 높아지는 추세가 왜 나타나는지를 부익부의 측면에서 자본시장에 초점을 두고 설명하는 데 주력했다면, OECD와 IMF는 빈익빈의 측면에서 노동시장에 초점을 맞추어 설명하는 데 주력하고 있다는 점에서 약간의 차이가 있다.

임금 없는 경제성장

한국은행 자료에 따르면 우리나라의 노동소득분배율은 1997년 외환위기 이후 하락했다가 최근에는 소폭 높아졌다. 그러나 이것은 통계에서 자영업자 소득의 대부분을 사업소득으로 간주하기 때문에 나타나는 착시라고 한다.[31] 우리나라 자영업자의 대부분은 소득이 극히 낮은 영세업자이며, 그들 소득의 대부분은 사업소득이 아니라 자영업자 자신의 임금, 즉 노동소득으로 봐야 한다는 것이다. 자영업자 소

생산량 못 따라간 월급… '임금 없는 성장' 기업에 부메랑

이슈분석 노동생산성 12% 늘 때 임금상승은 4% 그쳐

2008년 이후 한국 경제는 조금씩이나마 꾸준히 성장을 거듭했지만 한국 노동자들의 실질임금은 제자리걸음을 면치 못했다. 한국 노동자들의 '잃어버린 10년'은 기업과 국가에 부메랑으로 돌아오고 있다.(국민일보, 2015년 3월 16일)

득의 일부를 노동소득으로 간주하고 새롭게 추정한 노동소득분배율은 외환위기 이후 급격히 떨어지는 추세를 보이고 있다. 노동소득분배율이 1998년에는 80.4%였으나 2012년에는 68.1%로 떨어졌다.[32] 2014년에는 70.6%로 약간 높아졌다고는 하지만, 1980년대보다 훨씬 낮은 수준이다. 장기적으로 노동소득분배율이 하락했다는 증거는 우리나라뿐 아니라 1990년대 이래 모든 선진국에서 발견되고 있다.[33]

노동이 차지하는 몫의 비중이 줄어든다는 것은 그만큼 노동자들의 상대적 소득이 줄어든다는 뜻이다. 1996년 우리나라 임금근로사의 평균 월급은 123만 원 정도였으며 2012년에는 246만 원이었다. 16년간 연평균 4.3%씩 증가한 셈이지만 소비자 물가지수가 연평균

3.25% 상승했으니 실질임금은 고작 연 1% 정도 상승한 셈이다. 같은 기간 1인당 실질국내총생산이 연평균 3.85% 상승한 것에 비하면 1%의 실질임금상승률은 턱없이 낮은 수준이다. 그나마 2008년 이후에는 임금근로자의 실질임금이 8년째 정체됐다. 이는 한국에서 임금통계가 작성된 이래 최장기간의 정체라고 한다.[34] 그래서 '임금 없는 경제성장'이라는 말이 나오고 있다. 이 말은 노동자들이 경제성장에 기여한 만큼의 몫을 받지 못했음을 의미한다. 실질노동생산성은 2008년 이후 꾸준히 증가해왔다. 우리나라의 평균노동생산성 증가세는 OECD회원국들 중에서 정상급이었지만 실질임금의 증가세는 중하위급이었다.

노동자 몫의 비중이 감소한다고 해도 이것을 고르게 나누어 가진다면 소득불평등이 좀 덜 심해질지도 모른다. 하지만 현실은 전혀 그렇지 못하다. 노동자의 몫 중에서도 더 차지하는 사람들과 덜 차지하는 사람들 사이의 격차가 점점 커지고 있다. 다시 말해서 임금소득의 격차가 점점 커지는 경향이 있다는 것이다. 최상위 10%의 평균임금을 최하위 10%의 평균임금으로 나눈 값이 2008년에는 5.6배였으나 2013년에는 5.9배로 높아졌다.[35] 2002년부터 2014년까지 12년 동안 최상위 10% 계층의 실질노동소득은 27.9% 증가한 반면 최하위 10% 계층의 경우 오히려 1.2% 감소했다. 전체 취업자 중에서 30%에 가까운 많은 노동자들이 5인 미만 영세사업체에서 일하고 있는데, 이들의 실질임금도 하락했다.[36] 소득불평등의 측면에서 가장 주목해야 할 부분이 바로 이들을 포함한 다수의 '저임금 노동자'들이다.

통계에서 '저임금 노동자'란 중위임금소득의 2/3 미만의 임금을 받는 노동자를 말한다. 우리나라의 경우 2013년 상용 노동자의 약 1/4이 이 같은 저임금 노동자들인데, 우리나라는 OECD회원국들 중에서 상용 근로자 중 저임금 노동자의 비율이 미국에 이어 두번째로 높다.[37] 외환위기 이후 최상위계층의 임금이 급격하게 증가한 데다 최하위계층의 임금이 늘기는커녕 오히려 감소하면서, 임금격차가 크게 확대되었다.

이와 같이 임금격차가 확대되어온 원인으로 앞에서 자세히 살펴본 세계화와 기술진보 외에 노동자들의 협상력 약화도 큰 요인으로 꼽힌다. 노동조합(노조)이 있을 경우에는 아무래도 사측과 협상을 잘할 수 있기 때문에 임금수준도 높아진다. 실제로 노조가 있는 사업체의 노동자는 노조가 없는 사업체의 노동자보다 급여수준이 약 70% 정도 더 높다. 그런데 우리나라 전체 노동자 중에서 노동조합이 있는 사업체에서 일하는 노동자의 비중이 점차 감소하고 있다.[38] 노동조합에 가입한 노동자의 수는 전체 노동자의 10%에 불과하다. OECD회원국들 중에서 노동조합 가입률이 끝에서 네번째다.[39] 이는 우리나라 노동자들이 그만큼 힘이 없다는 의미다. 그럼에도 불구하고 보수언론들은 툭하면 강성 노조가 우리 경제를 망치고 있다고 떠들어댄다. 보수언론이나 대기업이 노조를 경계하는 중요한 이유 중 하나는 임금압박이나. 이들의 주장을 들어보면 너시 높은 임금 땟에 끼업들이 사업하기가 힘들고 투자의욕도 없어지는 것처럼 들린다. 그러나 기업경영에서 인건비가 차지하는 비중은 1991년 약 15%에서 2010년대에 들어와서는 약 10%로 뚝 떨어졌다. 제조업 부문만 보면, 인건비 비중이 1991년 14%에서 2010년대에는 8.6%로 하락했다. 전체 사업비 중에서 10%도 되지 않는 인건비를 놓고 노조가 문제라느니 임금이 높아서 문제라느니 떠드는 것은 지나친 엄살이다.[40]

사실 노동자의 협상력 약화는 세계적인 추세다. 예를 들어 미국도 노동조합 조합원의 수가 급격하게 감소했다.[41] 왜 세계적으로 노조가입 노동자의 수가 이렇게 줄어들었을까? 1991년 소비에트연방이 붕괴하고 이후 중국과 인도가 글로벌 시장에 적극 참여하게 되면서 동구권과 중국, 인도의 저숙련 노동력이 세계의 노동시장에 일시에 쏟아졌다. 선진국 기업들이 직·간접적으로 고용할 수 있는 노동력이 급격하게 늘어난 셈이다. 이 결과 선진국의 노동자들이 새로 세계 노동시장에 편입된 저임금 노동자들과 경쟁하게 되면서 협상력이 급속도로 떨어지게 되었다는 것이다. 실제로 동구권이 몰락한 이후 독일 근로자의 임금 격차가 급속히 확대되는 경향이 나타났다.[42]

거꾸로 돌아가는 한국 경제

노동소득분배율이 낮아지고 실질임금이 거의 정체되었다는 것은 경제성장이 서민의 가정 살림에 보탬이 되지 못했음을 의미하기도 한다. 보통 경제가 성장하면 가계소득도 늘어나기 마련이다. 다만 가계소득이 경제성장보다 더 많이 늘어나느냐 아니냐가 문제다. 2008년 이후 세계경제가 극히 침체된 상황에서도 OECD의 28개 회원국들 중에서 16개 나라에서는 가계소득증가율이 경제성장률보다 높았다.[43]

심지어 세계경제위기를 초래한 장본인이면서 그 타격을 가장 많이 받은 미국과 영국에서도 가계소득 증가의 속도가 경제성장률을 앞질 렀다.[44] 그런데 특이하게도 우리나라는 그렇지 않았다. 2008년 세계 경제위기 이후 5년 동안 우리 경제는 17% 성장했는데 실질가계소 득은 그 1/3에도 못 미치는 5.3%의 증가에 그쳤다. 우리나라는 다른 나라들보다도 세계경제위기의 영향을 비교적 적게 받았는데도 경제 가 성장한 만큼 가정 살림이 나아지지 않았다.

전망도 좋지 않다. GDP에서 가계소득이 차지하는 비율이 지속 적으로 줄어들어드는 추세다. 그 비율이 외환위기 직전인 1996년에 71%이었는데, 2014년에는 62%로 떨어졌다. 보통 경제가 성장하고 국민소득이 계속 늘어나면 많은 국민이 일해서 번 돈의 일부를 저축 해서 재산을 만들고 이걸 이용해서 재산소득을 올림으로써 가정 살 림에 보태게 된다. 이를 통해 임금소득에 의존하는 정도가 얼마간 줄 어든다. 하지만 우리나라에서 나타나는 주목할 만한 현상은 대부분 의 가정이 재산소득을 얻지 못하면서 임금소득에 의존하는 정도가 더욱더 높아졌다는 것이다.[45] 심지어 소득 최상위 10%에 속하는 고 소득층의 경우에도 재산소득은 5%도 되지 않는다. 물론 소득 최상 위 1%에 속하는 극소수의 초고소득계층은 상당한 소득을 재산으로 벌어들이고 있다.

이렇게 가계소득이 크게 늘어나지 못한 데다가 저소득계층의 실 질소득이 감소해온 탓에 우려스러운 현상과 함께 기괴한 현상이 나 타난다. 우선 우려스러운 것은, 앞에서 강조했듯이 일반 서민의 소비

위축으로 인한 내수의 부진이다. 내수가 부진하면 기업들의 생산활동도 위축되고 일자리도 잘 늘어나지 않는다. 이 결과 일반서민들의 소득도 늘어나지 않는다. 그래서 '소비위축→생산활동 위축→고용부진→소득 저조→소비위축…'의 악순환이 형성된다. 이 악순환에 기름을 붓는 것이 소득불평등의 심화다. 중·저소득계층의 소득이 늘어나지 않으니까 자연히 민간내수의 증가율이 경제성장률을 크게 밑돌게 된다. 2000년 이후 10여 년 동안 이 둘의 격차가 OECD 국가들중에서 최상위권이었다. 그만큼 21세기에 들어와서 우리나라 소비지출의 부진은 다른 나라들과 비교해서 매우 심각한 상황이라고 할 수있다. 지금의 저성장 기조와 고용부진 그리고 내수부진의 악순환을 깨뜨리기 위해서는 저소득계층의 소득을 늘려줌으로써 소득불평등을 완화해야 한다는 주장이 끊임없이 제기되고 있지만, 아직까지 현실의 변화로 이어지지 않고 있다.

내수가 부진하더라도 기업들이 적극적으로 투자를 해주면 생산과 고용이 증가하고 소득이 늘어나기 때문에 그 악순환을 깨뜨릴 수 있다. 물론 중·저소득계층의 소득이 크게 늘어난다는 전제조건이 충족되어야 한다. 그런데 근래 우리 경제에서 고민거리 중 하나는 돈을 많이 버는 기업들, 특히 대기업들이 그 돈을 재투자하지 않고 계속 거머쥐고 있다는 것이다. 기업들이 돈을 벌면, 대체로 그중 70% 이상을 원자재와 서비스를 공급한 사람들(공급자)에게 지불하고, 10% 내지 20% 정도를 노동자들에 대한 임금으로 지불하며, 그 나머지를 채권자들에게 이자로, 주주들에게 배당금으로, 정부에게 세금 등으로 지불한다. 그리고도 남은 돈을 기업 내부에 쌓아두는데 이것을 보통 사내유보금이라고 한다.[46] 최근에 기업이 투자와 분배를 줄이면서 사내유보금 규모가 커지고 있는데, 이런 상황이 가까운 장래에 변할 것 같지 않다.

근래 기업의 사내유보금이 급속히 불어난 데는 여러 가지 이유가 있다. 선진국 기업들은 순이익의 상당한 부분을 주주들에게 배당금으로 지불하는 데 반해 우리나라의 기업들은 배당에 매우 인색하다.[47] 배당을 많이 하지 않으니 그만큼 사내유보금이 쌓이게 된다. 인건비 감소도 사내유보금을 불리는 한 요인이다. 2008년 이후 실질임금이 정체된 것에서 알 수 있듯이 우리나라 기업들은 인건비 지출을 줄여왔다. 실제로 2008년부터 2011년까지 전체 기업의 매출액 대비 인건비 비중이 큰 폭으로 하락했다. 게다가 2001년부터 시작된 저금리정책으로 기업들이 지불하는 이자 부담도 크게 줄어들었다. 기업의 매출액 대비 이자부담의 비중이 감소한 폭은 인건비가 감소한 폭과 맞먹는다. 이와 같이 배당도 많이 하지 않고 인건비와 이자지출도 많이 줄였으니 기업의 사내유보금이 크게 늘어나지 않을 수 없는데, 여기에 더해서 2008에 단행된 법인세 감세도 한몫 거들었다. 이명박정부 때 기업들의 투자를 촉진하기 위해서 법인세를 줄여주어야 한다는 업계의 강력하고 끈질긴 요구가 있었다. 이런 요구에 부응해서 여러 차례 법인세를 감세했지만, 기대했던 투자 및 고용확대 효과는 거의 체감할 수 없었던 반면, 엉뚱하게도 사내유보금 규모가 천문학적으로 불어나고 대기업 계열사 숫자만 기록적으로 늘어나는 결과만 낳았다. 10대 재벌만 보더라도 2009년에 271조 원이던 사내유보금이 2014년에는 약 500조 원으로 늘었고, 2015년에는 약 600조 원으로 불어났다. 30대 재벌까지 범위를 넓히면, 사내유보금의 규모는 710조 원을 넘는다.

사내유보금이라고 하면 말 그대로 회사 안에 쌓아놓고 있는 돈이라고 생각하기 쉬운데, 사실 그렇지는 않다. 기업은 그 일부를 부동산으로 보유하고 있으며 나머지 대부분은 은행에 넣어두고 있다. 이렇게 은행에 넣어둔 돈을 흔히 기업저축이라고 한다. 그러니까 사내유보금이 너무 많다는 것은 기업이 너무 많이 저축하고 있다는 뜻이다. 이렇게 기업이 이렇게 너무 많이 저축을 하고 투자가 부진한 상황에서 앞서 말한 아주 기괴한 현상이 나타나고 있다.

정상적인 상황에서는 가계가 은행에 저축하고 그렇게 모인 돈이 기업의 생산과 고용 증대에 투입되어야 한다. 그래야 경제가 원활하게 돌아간다. 그런데 우리나라의 경우에는 그 반대의 현상이 벌어지고 있다. 앞에서 보았듯이 가계소득이 잘 늘어나지 않는 탓에 가계저축률은 매우 저조하다. 반면에 기업의 저축은 빠른 속도로 늘어나고 있다. 이 결과 우리나라에서는 가계가 저축한 돈을 기업이 빌려서 투자하는 것이 아니라, 기업이 저축한 돈을 가계가 빌려서 아파트를 사고 전세금을 내는 기현상이 벌어지고 있다. 한편으로는 기업이 너무 많이 저축을 하고 있고 다른 한편으로는 가계의 부채가 무서운 속도로 늘어나는 중이다. 한국은행 자료에 의하면, 2014년 약 1000조 원이던 가계부채 잔액이 2016년에는 1300조 원을 넘어섰다. 국민 한 사람당 2500만 원의 빚을 지고 있는 셈이다. 이 가계부채의 상당한 부분이 부동산 관련 대출이다.

1990년대 일본의 금융시장 붕괴 그리고 2008년 미국의 금융시장 붕괴에서처럼 그 엄청난 규모의 가계부채가 우리 경제에 시한폭탄이 되고 있다는 주장이 그동안 꾸준히 제기돼왔다. 그럴 때마다 정부는 우리나라의 가계부채가 심각한 수준은 아니라고 반박했다. 설령 그렇다고 치자. 그 많은 돈이 생산 증대나 고용창출에 쓰이지 않고 전셋값이나 부동산 매입에 사용되고 있다는 자체가 우리 경제의 활력을 뺏는 일이다. 또한 국민경제 전체에서 돈의 흐름이 가계에서 은행을 거쳐 기업으로 흘러들어가지 않고 반대로 기업에서 은행을 거쳐 가계로 흘러들어가고 있다는 것은 우리 경제가 거꾸로 돌아가고 있음을 의미한다. 이런 현상을 어느 경제 전문가는 "기업저축의 역설"이라고 불렀다. 그는 바로 이 때문에 우리나라 경제가 잠재력을 충분히 발휘할 수 없으며, 활력을 잃을 수밖에 없다고 주장한다.[48] 그래서 박근혜정부 때는 과다한 기업의 사내유보금에 대해 과세하는 방안이 제시되었지만, 기업의 강력한 반발에 부딪쳐서 그 내용을 많이 후퇴시키다보니 실효성이 의심스러워졌다.

가계의 입장에서 보면, 실질임금소득도 정체되고, 배당소득도 신통치 않고, 저금리로 이자소득도 별 볼 일 없어졌다. 말하자면 기업이 번 돈이 가계소득으로 이어지는 경로가 모두 막혀버린 것이다. 이른바 낙수효과가 나타나지 않는 원인이 바로 여기에 있다. 기업소득 증가가 가계소득의 증가로 이어지고, 이어서 내수증가를 통해서 다

오늘날 한국인들은 한 사람당 2500만 원의 빚을 안은, 역사상 최악의 가계부채 시대를 살고 있다. 동시에 한국의 주요 대기업들은 역사상 최대의 사내유보금을 쌓아두고 있다. 가계가 일해서 번 돈을 은행에 저축하고 기업이 그 돈을 빌려 투자하는 순환구조가 완전히 거꾸로 된 것이다. (조세금융신문, 2014년 7월 21일)

시 기업의 생산 및 투자로 이어지는 선순환 고리가 끊겼다. 그러면서 우리나라의 경제가 활력을 잃고 있다.

왜 부자는 더욱더 부유해지나?

피케티는 선진국에서 자본의 몫이 역사적으로 어떻게 변해왔는지를 통계적으로 밝힘으로써 부익부의 측면을 크게 부각시켰다. 자본의 몫은 세계 대공황 때까지 매우 높았다가 자본주의 황금기에 역사상 최저수준으로 떨어졌다. 그러나 1980년대 신자유주의 바람이 불면서 자본의 몫이 급격하게 불어나기 시작했고, 1990년대 금융의 세계화와 규제완화로 가속도가 붙었다. 2008년에 시작된 세계경제위기에도 불구하고 자본의 몫은 계속 증가일로에 있다. 이 자본의 몫은 수적으로는 한줌밖에 되지 않는 소수의 부유층에 집중된다. 선진국의 경우 예나 이제나 최상위 10%, 특히 최상위 1%의 소득 중에서 자본소득의 비중이 압도적으로 크다. 부유할수록 노동소득의 비중은 감소하고 자본소득의 비중은 크게 증가하는 경향이 있다. 우리나라도 이와 크게 다르지 않다.

그러면 왜 이렇게 자본의 몫이 계속 증가일로에 있을까? 피케티는 우선 지난 수백 년간 자본의 수익률이 거의 예외 없이 경제성장률을 크게 초과할 정도로 높았다는 점을 지적한다. 자본수익률이 경제성장률보다 높았다는 것은 일반 국민들의 소득보다 자본가들의 소득이 더 빨리 늘어났음을 의미한다. 그렇다면 당연히 자본의 몫이 커지면서 소득불평등이 심해질 것이다. 1700년부터 2012년까지 300여 년 동안 전세계 경제성장률은 연평균 1.6%이었고 1인당 국민소득 증가율은 약 0.8%였다. 반면에 자본의 연평균수익률은 높았을 때는 7~8%, 낮았을 때 4~5%였다. 여기에서 말하는 평균수익률은 모든 비용을 뺀 순수익률이다. 우리나라의 경우에도 자본수익률이 전반적으로 경제성장률보다 높았다. 2000년부터 2012년 사이를 보면, 자본수익률은 큰 변동 없이 높은 수준을 유지함에 비해서 경제성장률은 크게 들쭉날쭉하면서 한두 해에만 잠깐 자본수익률을 아주 약간 상회했을 뿐이다.[49] 마르크스는 자본주의사회에서 장기적으로 자본의 양이 증가함에 따라 자본수익률이 하락할 것이라고 주장했으며, 다른 많은 경제학자들도 이런 식의 주장을 폈다. 하지만 피케티는 마르크스의 예언이 역사적으로 틀렸다고 말하면서 통계적 근거를 제시했다. 세계대전이나 대공황과 같은 비상시국을 제외하면, 자본수익률은 큰 변동 없이 4~5%를 유지했으며 2~3% 이하로 내려간 적이 없다는 것이다. 어떻게 그럴 수 있었을까? 그 원인을 짚어보기에 앞서 피케티는 우선 이 현상을 역사적 사실로 받아들여야 한다고 역설한다.

물론 자본수익률은 투자의 종류에 따라 크게 달라진다. 고위험 투자의 경우 수익률이 높고 안전한 투자의 경우 수익률이 낮다. 그러나 자본수익률에 관한 자료를 종합해봤을 때 일반적으로 큰 액수의 자본으로 사업을 하면 수익률도 상당히 높다. 다시 말해서 자본의 규모가 아주 크면 그 수익률도 현저하게 높아진다는 것이다. 바로 이런 규모의 경제가 자본수익률의 하락을 막아준다. 그러나 더욱더 중요한 사실은, 자본이 투자될 수 있는 곳이 무척 다양하기 때문에 끊임없이 수익률이 높은 새로운 투자처를 찾아 자본이 신속하게 움직인다는 것이다. 세계화와 기술진보가 새로운 수익 창출을 끊임없이 도와준다. 그래서 자본이 엄청나게 많이 축적되더라도 자본수익률이 현저하게 떨어지지는 않으며, 장기적으로 보면 많은 나라에서 자본수익률이 경제성장률보다 더 높은 수준을 계속 유지할 수 있었다. 이 결과 자본의 몫이 단순히 더 커질 뿐만 아니라, 자본의 규모가 커질

수록 수익률도 높아지는 까닭에 큰 자본을 가진 자본가일수록 높은 소득을 얻게 된다. 그만큼 자본의 집중도 심해지고 자본가들 사이의 격차도 커질 것이다.

피케티는 이와 같이 자본수익률이 경제성장률보다 높은 자본주의 는 필연적으로 지속가능하지 못한 불평등을 낳게 된다고 주장하면서 보수 성향 경제학자들의 전통적인 낙관론에 찬물을 끼얹었다. 이들의 낙관론에 따르면, 자본시장이 활발하게 작동하도록 해줄 경우 자본수익률이 경제성장률보다 현저하게 높아지는 현상이 완화되면서 소득불평등도 완화될 수 있다. 그러나 자본수익률이 경제성장률보다 더 높은 현상은 자본시장이 제대로 잘 작동하느냐 아니냐와 별 관계가 없다고 피케티는 단언한다. 다시 말해서 자본시장이 완전경쟁시장에 가까우냐 아니냐는 상관이 없다는 것이다. 피케티는 오히려 자본시장이 완전할수록 자본수익률이 경제성장률보다 더 커질 가능성이 더 높다고 주장했다. 요컨대 시장에서는 빈부격차를 완화하는 힘보다는 확대하는 힘이 더 강하기 때문에 정부가 시장에 개입하지 않고 내버려둘 경우 불평등은 더욱더 심해진다는 것이다.

자본수익률이 자본주의 경제에서 매우 중요한 변수이기는 하지만, 엄밀하게 말하면 자본수익률이 높다고 해서 자동적으로 자본가들의 소득이 커지는 것은 아니다. 마치 금리가 높다고 해서 이자소득이 무조건 커지지 않는 것과 같다. 이자소득의 크기는 대출금에 금리를 곱한 값이기 때문에 대출금의 절대 액수가 줄어들면 금리가 높더라도 이자소득이 오히려 줄어들 수도 있다. 자본소득도 마찬가지다. 자본소득은 투자한 자본금에 자본수익률을 곱한 값이다. 그러니까 국민 경제에서 자본가의 몫이 얼마가 되는지는 평균수익률과 자본 총액의 크기에 달려 있다.

피케티는 한 나라의 자본 총액을 연간 국민소득으로 나눈 값을 '자본/소득 비율'이라고 불렀다. 그는 자본/소득 비율의 역사적 변동 추세와 그 원인의 분석에 『21세기 자본』의 많은 지면을 할애한다. 선진 국에서 자본/소득 비율은 대체로 5에서 6 사이라고 한다. 이 말은 그 나라가 보유한 자본 크기가 그 나라의 연간 총소득의 5~6배라는 의미다. 우리나라의 경우 2000년부터 자본/소득 비율이 꾸준히 높아지면서 2010년 이후에는 거의 6에 가까운 수준이었다.[50] 이 자본/소득 비율에 자본수익률을 곱하면 국민소득에서 자본의 몫이 차지하는 비중이 나온다. 예를 들어서 자본/소득 비율이 6이고 자본수익률이 5% 라면 국민소득 중에서 자본의 몫이 차지하는 비중은 30%가 된다.

역사적으로 보면, 자본/소득 비율이 19세기 후반까지 매우 높았다가 제1차 세계대전과 제2차 세계대전 시기에 낮아지면서 자본주의 황금기까지 낮은 상태를 유지했다. 그러다가 1980년대부터 급격히 상승하여 지금까지 높은 수준을 유지하고 있다. 이와 같이 자본/소득 비율이 높아지는 이유는 자본주의사회에서 생산 방식이 점차 노동을 덜 이용하고 자본을 더 많이 이용하는 방향으로 꾸준히 변하기 때문이다. 자본/소득 비율은 한 단위의 상품과 서비스를 생산하는 데 소요되는 자본의 양을 나타내는 숫자이기도 하다. 따라서 자본/소득 비율이 높아진다는 것은 생산이 점차 자본집약적으로 변함을 의미한

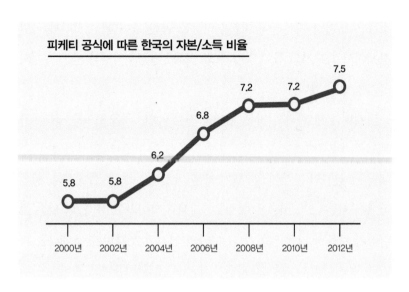

피케티 공식에 따른 한국의 자본/소득 비율

피케티 비율은 자본의 가치를 국민소득으로 나눈 값으로, 값이 클수록 소수에게 부의 독식이 이뤄지고 있음을 나타낸다. 한 연구에 따르면 한국의 피케티 비율은 2000년 이후 가파르게 증가하며 이미 2012년에 세계 최고 수준에 도달했다.(자료: 새로운사회를위한연구원)

다. 피케티는 선진국에서 자본가가 차지하는 몫의 상승추세는 결국 높은 자본수익률 그리고 자본/소득 비율의 상승, 이 두 가지 힘의 합작품이며 이것이 궁극적으로 21세기에 선진국에서 경제적 불평등을 더욱더 심하게 만들고 있다고 보았다. 그리고 장기적으로는 그 두 가지 힘 중에서도 특히 두번째 힘이 더 큰 위력을 발휘할 것이라고 보았다. 1970년과 2010년까지 40년 동안의 통계자료만 보더라도 대부분의 부유한 선진국에서 자본/소득 비율이 증가한 만큼 국민소득 중 자본의 몫도 증가했음을 알 수 있다. 앞으로도 자본수익률과 자본/소득 비율이 계속 높은 수준을 유지할 가능성이 무척 높다. 이 두 가지

힘은 기술진보, 세계화 등 거스를 수 없는 큰 흐름에 의해 추동되고 있기 때문이다. 결과적으로 소득과 부의 불평등이 앞으로도 더 심해질 것이다. 특히 피케티는 시장에는 이 불평등의 지속적 확대를 막을 자동조절 장치가 없음을 강조한다. 이는 시장이 구조적으로 공정치 못함을 의미한다.

자본/소득 비율의 지속적 상승 추세가 던지는 또 하나의 중요한 시사점은 능력주의 원칙이 무너지고 부와 신분의 세습이 점점 심해지는 사회, 다시 말해서 금수저·흙수저의 사회로 변해가고 있다는 점이다. 자본/소득 비율이 높아진다는 것은 경제 안에 축적되는 자본의 양이 많아진다는 뜻이다. 그러면 자연히 상속되거나 증여되는 자본량도 커질 것이다. 피케티는 한 나라 안에서 연간 상속되는 자본의 총액(연간 상속액)과 국민소득의 비율을 살펴보았다. 만일 연간 상속액이 국민소득의 20~25%에 이를 정도로 클 경우, 이는 사유재산의 80%~90%가 상속된 재산임을 의미한다. 그만큼 개인의 노력과 능력으로 재산을 모으는 일이 드물어진다. 19세기 말까지 유럽사회가 그랬다. 당시 소설에 재산상속 에피소드가 유난히 많이 나오는 것은 그래서다. 그러나 제1·2차 세계대전을 거쳐 자본주의 황금기에 들어와서 연간 상속액의 비율이 미국과 유럽에서 5% 이하로 뚝 떨어졌고 소득 최상위 1%가 대체로 자수성가한 부자로 구성되었다. 피케티는 이런 현상이 대부분의 유럽 국가와 미국에서 역사상 처음 나타났으며, 그런 의미에서 중요한 변화라고 말한다.

이런 상황에서는 일반 국민들이 재산상속을 드문 일로 느끼게 되고, 재산이란 일생 동안 열심히 일해서 번 돈을 저축해서 얻는 것으로 생각한다. 그 결과 부자가 되고 출세하는 것은 개인의 능력과 노력에 따라 결정되어야 한다는 능력주의 이상에 대한 사회적 공감대가 이 시대에 폭넓게 형성되었고, 또 그것이 현실과 크게 다르지 않았다. 이것이 이 시대에두 엄청난 불평등이 있었음에두 그다지 심각하게 받아들여지지 않았던 이유다. 이런 시대상을 반영하듯이 당시 큰 인기를 끌었던 경제이론 중 하나가 이른바 생애주기 이론이다.[51] 이 이론에 따르면, 사람은 젊어서 열심히 벌어서 저축한 돈을 노년기에 다 쓰고 죽는다. 즉 저축의 동기는 순전히 노년을 위해서라는 것이다. 그렇다면 재산상속이라는 것이 아예 없어진다. 이 이론을 받아들이면 소득이나 재산의 불평등은 아주 사소한 문제가 되어버린다. 부의 불평등은 결국 누가 더 열심히 일해서 많이 버느냐의 문제에 불과할 뿐이며, 많이 벌어서 큰 재산을 모아봤자 죽을 때는 모두 빈손이다.

그러다가 자본주의 황금기가 끝날 무렵부터 상속액의 비중이 다시 올라가기 시작해서 2010년에는 15%대를 넘어서게 되었다. 상속 및 증여가 주위에서 흔해졌고, 이것이 개인의 출세나 생애에 얼마나 막강한 영향력을 행사하는지를 절실히 느끼게 되었다. 일상생활에서 금수저-흙수저의 격차를 실감하는 것이다. 2010년 이후에도 연간 상속액의 비중이 계속 커지면서 19세기 말 내지 19세기 초의 수준에 육박하고 있다. 물론 어느 사회에서나 무일푼으로 시작해서 일생 열심히 일함으로써 재산을 모은 부자들도 있지만, 오늘날 그런 경우는 부자들 10명 중에서 한 명, 많아야 두 명에 불과하다. 그럼에도 불구하고 자본주의 황금기를 경험했던 세대는 아직도 재산이란 열심히 일하고 저축해서 얻는 것이라고 착각하고 있다. 구세대와 신세대 사이에는 현실에 대한 커다란 인식의 차이가 존재하며 세대간 갈등이 빚어지고 있다.

고령화

우리나라의 소득불평등을 악화시킨 또 다른 주요 원인으로 노인 인구의 급속한 증가가 꼽힌다. 젊은이들에 비해서 노인의 인구가 더 빠르게 늘어나면서 우리나라가 고령화되고 있다는 것은 잘 알려진 일이다. 물론 노인의 인구가 상대적으로 더 많이 늘어난다고 해서 반드시 소득이나 부의 불평등이 심해지라는 법은 없다. 문제는 갑자기 가난해진 노인들이 많이 늘어난 것이다.

선진국의 대다수의 노인들은 젊어서 벌어놓은 돈을 바탕으로 연금 혜택을 넉넉히 받으며, 은퇴 후에도 풍족하게 산다. 따라서 노인들의 행복지수도 매우 높다. 선진국에서는 어렸을 때 행복지수가 아주 높았다가 가정을 이루고 한창 바쁘게 일하는 중·장년기에 행복지수가 가장 낮으며 그 이후에는 나이가 들수록 행복지수가 다시 높아진다. 연령별 행복지수를 나타내는 곡선은 U자형의 모습을 하고 있다. 그런데 우리나라의 경우에는 정반대의 현상이 나타나고 있다. 젊었을 때에는 소득수준이 낮았다가 중·장년기에 가장 높아지며 그 이후에는 나이가 들수록 다시 낮아진다. 말하자면, 연령별 소득수준의 변화가 역U자형 곡선의 모습이다.[52] 우리나라 국민의 행복지수는 OECD 끝찌에 가까운데, 특히 노인들의 행복지수가 낮다. 연령별 행복지수의 변화 역시 역U자형 곡선의 모습이다.[53] 어릴 때에는 입시 스트레스로 불행하고 노인이 되었을 때는 돈도 없고 외로워서 불행하다. 그 결과가 OECD에서 가장 높은 노인 자살률이다.[54]

우리나라는 OECD회원국들 중에서도 사회복지제도가 가장 미흡하고 연금제도 또한 부실한 나라다. 그런 까닭에 은퇴하고 나면 소득이 급속히 줄어든다. 게다가 은퇴 전에 모아둔 돈도 자녀들 뒷바라지에 탕진하는 경우가 적지 않다. 실제 정년과는 상관없이 퇴직 연령도 빠른데, 점점 더 빨라지고 있다. 한창 일할 나이인데도 50대를 넘으면 대개 정규직 일자리에서 떠나게 된다. 설령 은퇴 후 일자리를 얻는다고 해도 거의 대부분의 경우 저임금의 비정규직이거나 영세 자영업을 해보는 정도다. 이래저래 은퇴 이후의 소득이 빠르게 줄어든다. 단순히 노인이 많은 게 문제가 아니라, 노인이 가난해지는 게 문제다. 50대에서 중산층으로 살던 사람들이 60대가 되면 그중 75% 정도가 중산층에서 탈락한다.[55] 2014년 우리나라 노인들 중에서 중위소득의 50% 미만의 소득으로 생계를 꾸려나가는 빈곤 노인의 비율(노인 빈곤률)이 49.6%였다. 노인들 중 절반이 빈곤층이라는 얘기인데, 이 비율은 OECD회원국들 평균의 4배 가까이 될 정도로 무척 높은 수치다. 수많은 노인들이 푼돈을 손에 쥐기 위해서 폐기를 줍고, 아무런 냉난방 장치가 없는 쪽방촌에서 폭염과 추위에 버티며 살아가고 있다.[56] 연금제도가 미비한 가운데 다른 어떤 나라들보다 고령화가 빠르게 진행되면서 또 노인 빈곤률이 높은 상태면 소득불평등이 심해질 수밖에 없다.

실제로 저소득계층에서 노인 가구 비중이 절대적으로 높을 뿐만 아니라 그 비중이 증가하는 속도도 매우 빠른 것으로 나타났다. 소득 최하위 10%(1분위 계층) 가구 중에서 가구주 연령이 60세 이상인 노인가구의 비율이 1980년에 약 10% 수준이던 것이 1990년대 이후에 급속히 증가해서 최근에는 80%를 넘어선 것으로 나타났다. 바로 그 위 10%(2분위 계층) 가구 중에서도 가구주 연령이 60세 이상인 노인가구의 비율이 2013년 현재 63%다. 이처럼 우리나라에서 저소득계층 가구가 대부분 노인가구이며, 노인가구의 비중이 날로 높아가고 있다. 이는 저소득계층의 인구 구성이 빠르게 변하고 있음을 의미한다. 인구 고령화가 크게 진전되지 않았던 2000년대 이전에는 청년가구가 저소득층의 대부분을 차지했으나, 최근에는 은퇴 후 노인 가구가 저소득층의 주류를 형성하고 있다. 오로지 인구의 고령화 효과만으로도 앞으로 우리나라의 소득불평등의 정도가 계속 심해질 거라고 예측한 연구도 있다.[57]

이와 같이 은퇴한 사람들로 구성된 가구가 저소득계층에서 상당히 큰 부분을 차지하면서 나타나는 주목할 만한 현상은 경기가 좋아지더라도 저소득계층의 경제상황이 별로 좋아지지 않는다는 것이다.[58] 은퇴한 노인들은 생산적인 경제활동에 거의 참여하지 않는다. 그래서 노인가구를 포함한 저소득계층의 소득 중에는 시장에서 번 소득보다는 정부나 공적 기관으로부터 받은 소득(이전소득)이 큰 부분을 차지하고 있다. 이런 이전소득은 경기가 좋아지든 나빠지든 큰 변동이 없다. 보수진영은 경기가 살아나면 저소득계층의 살림도 나아진다고 주장하면서 경기가 나쁠 때마다 정부에게 경기 활성화 정책의 실행을 촉구하지만, 단순히 그런 정책만으로는 은퇴 가구가 주류를 이루는 저소득계층을 도와줄 수도 없고 소득불평등을 줄일 수도 없는 것이다.

7장

불평등,
어떻게 줄일 것인가

나라의 품격에 못 미치는 사회복지 수준

불평등 문제에 관해서 우리가 꼭 알아야 할 분명한 사실이 있다. 어떻게 해야 할지 몰라서 불평등을 줄이지 못하는 것이 절대로 아니라는 점이다. 불평등을 줄이는 여러 가지 방법들이 이미 잘 알려져 있고, 선진국에서 제도화되어 효과를 본 방법도 많다. 문제는 국민의 주권의식, 그리고 정치권의 실천의지다. 국민이 강력하게 요구하지 않으면 정치권은 움직이지 않는다. 시장이 불평등을 악화시키는 경향이 있는 까닭에 정부가 가만히 있으면 불평등이 가속화된다. 국민의 뜻이 모이고 정치권이 따라만 준다면 불평등을 얼마든지 줄일 수 있고, 금수저·흙수저 식의 극단적 구분 짓기도 멈출 수 있다. 이 점을 우리 국민이 분명히 알아야 한다. 다만 여러 정책들이 각각 장단점을 가지고 있으므로 잘 선택하고 조합해야 하는 문제가 있을 뿐이다. 그 장단점에 관해서 잘못된 생각이 많이 퍼져 있고 불편한 진실도 많다.

얼핏 보아 이론적으로는 별 효과가 없어 보이고 말도 되지 않는 것 같지만 사실은 상당히 효과적인 것도 있다.

불평등을 줄이기 위한 대표적인 방편은 사회복지 지출의 확대와 조세정책이다. 사회복지 지출에는 질병·실업·은퇴·노령화 등 위험에 대비한 각종 사회보험이 있고, 대가 없이 지불되는 이른바 '이전지출'이 있다. 국민연금·공무원연금·군인연금 등의 연금은 사회보험의 일종이고 '생계급여'는 이전지출의 일종이다. 생계급여는 저소득계층의 기본생계를 보장하기 위하여 중앙정부와 지방자치단체가 지급하는 대표적인 소득지원책 중 하나다. 2016년에 책정된 우리나라 생계급여는 4인가구 기준 134만 원이었다. 이 돈이 무조건 주어지는 것은 아니다. 소득이 없다는 것을 증명해야 한다. 만일 소득이 있으면, 그만큼을 뺀 나머지를 받는다. 가령 100만 원의 소득이 있는 것으로 밝혀지면 34만 원만 생계급여로 받는 식이다.[1]

우리나라의 사회복지 지출이 OECD 회원국들에 비해서 적다는 점은 이미 잘 알려져 있지만, 우리나라의 국제적 위상이나 경제규모에 비해서 창피할 정도로 약소하다는 것은 잘 알려져 있지 않은 것 같다. 우리나라는 경제적으로 선진국이면서 사회복지에서는 완전 후진국이다. OECD 회원국 정부들은 평균적으로 국내총생산GDP의 21.6%에 해당하는 금액을 사회복지에 쓰고 있는데, 우리 정부는 그 절반도 되지 않는 10.4%를 지출하고 있다. 대표적인 복지국가로 알려진 스칸디나비아반도 국가(북유럽 국가)들의 평균인 27.3%와는 비교도 되지 않는다. 그만큼 우리나라는 사회복지지출에 매우 인색한

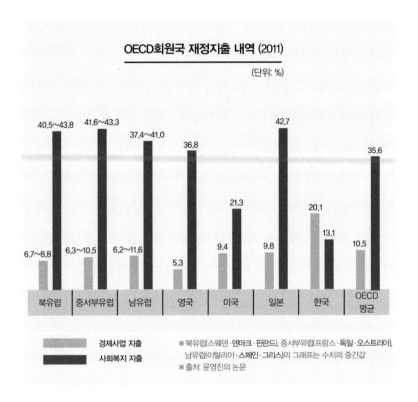

OECD회원국 재정지출 내역 (2011)

(단위: %)

40.5~43.8　41.6~43.3
37.4~41.0
42.7
35.6
6.7~8.8　6.3~10.5　6.2~11.6
36.8
21.3
20.1
13.1
5.3　9.4　9.8　10.5

| 북유럽 | 중서부유럽 | 남유럽 | 영국 | 미국 | 일본 | 한국 | OECD 평균 |

▨ 경제사업 지출
▨ 사회복지 지출

※ 북유럽(스웨덴·덴마크·핀란드), 중서부유럽(프랑스·독일·오스트리아),
남유럽(이탈리아·스페인·그리스)의 그래프는 수치의 중간값
※ 출처: 윤영진의 논문

나라다. 정부의 재정지출 중에서 사회복지지출이 차지하는 비중도 무척 낮다. 위 그래프는 OECD회원국들의 정부재정지출 중 사회복지 예산이 차지하는 비중을 정리한 것인데, 우리나라의 사회복지지출이 얼마나 빈약한지를 여실히 보이고 있다. 미국과 영국을 제외한 거의 대부분의 선진국들은 정부 예산의 40% 이상을 사회복지에 쏟아 붓고 있다. 이것을 보면, 선진국이란 사회복지를 위한 국가임을 알 수 있다. OECD회원국들 전체를 보면, 평균적으로 정부 재정지출의 약 36%를 사회복지에 할애하고 있지만, 세계 10위권 경제대국

이라고 하는 우리나라는 고작 13%로 OECD 평균에 한참 못 미치는 초라한 수준이다.

우리나라의 복지지출이 왜 이렇게 적을까? 우리 정부가 사회복지 지출에 인색했던 탓도 있지만 우리 사회의 지도층을 사로잡고 있는 성장제일주의 탓도 크다. 우리나라 역대 정부들은 기업들의 경제활동을 직간접적으로 지원하기 위해서 해마다 많은 돈을 지출했다. 앞의 그래프를 보면, 이른바 '경제사업' 지출이 정부 예산에서 차지하는 비중이 다른 나라에 비해서 월등히 높다. 선진국의 경우 많아야 10% 안팎이고 OECD 회원국들의 평균도 10% 정도인데, 우리나라의 경우에는 그 두 배에 가까운 20.1%다. 결국 우리나라는 경제사업에 너무 많은 돈을 투입하다 보니 국민의 복지를 위한 지출을 소홀히 한 셈이다. 경제사업 지출은 '낙수효과'를 기대한 것이다. 문제는, 낙수효과가 사라진 지 오래임에도 불구하고 아직도 우리 정부는 경제사업에 많은 돈을 쓰고 있다는 것이다.

정부예산의 규모 그 자체도 우리나라의 경제력에 비해서 매우 작다. 202쪽 그래프를 보면, 스웨덴·프랑스·이탈리아 등의 경우 정부 재정지출의 규모가 국내총생산의 50%를 넘으며, 독일과 영국의 경우 44% 정도이고 OECD 평균은 약 40%인데 우리나라의 경우에는 30%에도 못 미친다. 우리나라 정부 예산의 규모가 선진국은 물론 OECD의 평균과 비교해도 매우 작다는 것을 알 수 있다. 좀 과장해서 말하면, 우리나라야말로 시장주의자나 신자유주의자가 이상적으로 생각하는 '작은 정부, 큰 시장'의 전형이다. 그렇다면 정부 예산

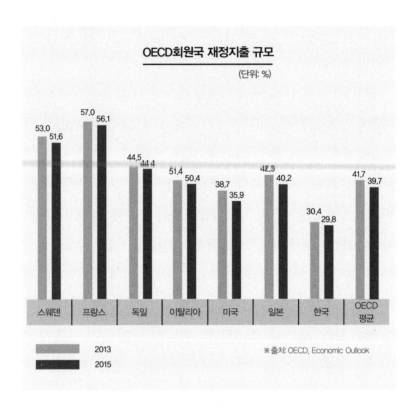

OECD회원국 재정지출 규모

(단위: %)

스웨덴 53.0 51.6
프랑스 57.0 56.1
독일 44.5 44.4
이탈리아 51.4 50.4
미국 38.7 35.9
일본 42.9 40.2
한국 30.4 29.8
OECD 평균 41.7 39.7

2013
2015

※ 출처: OECD, Economic Outlook

의 규모가 다른 나라에 비해서 왜 이렇게 작을까? 정부의 예산은 주로 국민의 세금에서 나온다. 그런데 사실 우리나라 국민은 다른 나라에 비해서 세금을 매우 적게 내고 있다. 국내총생산 대비 총 조세의 비율을 조세부담율이라고 하는데, 2012년 우리나라의 조세부담율은 18.7%로 OECD회원국들의 평균인 24.7%에 비해 상당히 낮은 편이나.' 이 비율이 프랑스, 독일 등 유럽 대표형 국가의 경우 40% 부근이고, 북유럽 국가들의 경우에는 50% 내외다. 우리나라의 조세부담률은 이런 유럽 국가들과는 아예 비교가 되지 않는다.' 왜 이렇게 조세부담률이 낮을까? 어느 나라나 돈을 많이 가진 사람들이 세금을 많이 내게 되어 있다. 우리나라의 조세부담률이 낮은 이유는, 우리나라에서 돈을 많이 가진 사람들이 외국에 비해서 세금을 아주 적게 내고 있기 때문이다. 그만큼 우리나라에서 돈을 많이 가진 사람들이 인색하다는 얘기가 될 수도 있다. 이들이 세금을 많이 내지 않으니까 정부예산의 규모도 작고 따라서 사회복지 지출도 그만큼 적을 수밖에 없다. 우리나라와는 달리 북유럽 국가와 같은 복지국가의 국민들은 최고 수준의 사회복지를 위해서 돈도 최고로 많이 낸다.

사회복지 지출을 위한 국민의 부담 그리고 사회복지 지출의 규모를 감안해서 OECD국가들을 4가지 유형으로 나누어볼 수 있다. 영국과 미국은 국민의 부담이 적으면서 사회복지 지출의 규모도 작은 저부담-저복지형이고, 반대로 북유럽 국가들은 국민의 부담이 매우 크지만 사회복지지출의 규모도 매우 큰 고부담-고복지형이다. 프랑스, 독일 등 유럽 대륙 국가들은 이 두 유형 사이에 놓인 중부담-중복지형이며, 남부 유럽 국가들은 저부담-중복지형이라고 할 수 있다. 그러나 우리나라는 같은 OECD회원국이면서 이들 중 그 어느 유형에도 속하지 않는다. 왜냐하면 우리나라는 아주 극단적인 저부담-저복지 국가이기 때문이다.[5]

조세 징수와 재정지출의 규모도 작다 보니 정부가 불평등을 줄이려 해도 제대로 힘을 쓸 수가 없다. 조세와 재정지출이 불평등을 얼마나 줄이는지는 통상 시장에서 결정된 소득(시장소득)의 불평등과 가처분소득의 불평등 사이의 차이로 추정한다. 가처분소득은 총소득에서 직접세(소득세와 재산세 등)와 연금이나 사회보험을 위해서 지불한 기여금(사회보장기여금)을 뺀 나머지를 말한다. 가처분소득의 불평등이 시장소득의 불평등보다 현저하게 떨어지면 불평등 개선효과가 크다고 말한다. 스웨덴·덴마크·프랑스·독일 등 복지 선진국들의 경우에는 조세와 재정지출을 통하여 정부가 개입한 결과 가처분소득의 지니계수를 0.2대로 떨어뜨릴 수 있었다. 시장소득의 지니계수를 40% 이상 줄인 셈이다. 그러나 영연방 국가와 남유럽 국가들의 경우에는 20% 내지 30% 정도밖에 줄이지 못해서 가처분소득의 지니계수가 0.3대에 머무르고, 미국의 경우에는 16.9% 줄이는 데 그쳐 가처분소득의 지니계수가 무려 0.38에 이른다. 그럼 우리나라는 어떨까? 우리나라는 미국보다 훨씬 낮은 9.1% 줄이는 데 그쳐 가처분소득의 지니계수마저도 0.3을 훨씬 넘는다.[6] 조세와 재정지출이 불평등을 개선하는 효과가 미약한 것이다.

선별적 복지냐 보편적 복지냐

결국 우리나라가 진정 복지국가를 지향하려면 우선 정부예산부터 늘려야 한다는 주장이 나온다. 최근 학계와 정치권에서도 '중부담-중복지' 얘기가 꾸준히 나오고 있다. 이 현실론은 사회복지에 대한 기대수준을 다소 낮추면서 조세부담을 '합리적 수준'으로 높인다는 의도를 담고 있다. 세계 10위권의 경제대국이요 준 선진국이라는 우리나라의 국제적 위상에 비추어볼 때 중부담-중복지를 지향하는 것은 분명히 바람직하다. 다만 사회복지 지출을 늘린다고 해서 불평등의 정도가 자동으로 줄어드는 것이 아니라는 점도 염두에 두어야 한다. 사회복지의 내용이 어떤가에 따라 오히려 불평등이 고착화될 수도 있기 때문이다.

예를 들어 보수진영이 고집하는 '선별적 복지'는 불평등을 줄이는 데 별 효과가 없으며 복지 증진의 실질적 효과도 그리 크지 않다. 수년 전부터 우리 사회에서 '선별적 복지'냐 '보편적 복지'냐를 둘러싸고 치열한 논쟁이 벌어지고 있다. 선별적 복지는 정부가 미리 정해놓은 자격요건을 갖춘 사람들에게만 선별적으로 제공되는 사회복지이고, 보편적 복지는 명백한 객관적 기준만 충족되면 부자든 가난한 사람이든 가리지 않고 누구에게나 무차별적으로 제공되는 사회복지다. 모든 초등학교 학생들에게 무상으로 점심을 제공하는 학교 무상급식이 보편적 복지의 한 예다. 수년 전 학교 무상급식을 놓고 보수진영이 '재벌가 아이들에게까지 공짜로 밥을 주는 것이 말이 되느냐'며 강하게 시비를 걸었다. 이에 동조하여 선별 무상급식을 고집하던 서울시장이 급기야 사퇴하는 사태까지 벌어졌다. 학교 무상급식을 둘러싼 논쟁은 선별적 복지론과 이에 맞서는 보편적 복지론 사이 논쟁의 일부다.

선별적 복지를 고집하는 사람들은 멀쩡하게 잘 사는 사람들에게까지 복지 혜택을 제공하는 것이 도대체 말이 되느냐, 세금이 아깝다고 외치면서 보편적 복지론을 강하게 비난한다. 그리고 상당히 많은 사람들이 이 말에 고개를 끄덕인다. 허나 선별적 복지제도를 실시하려면 복지 혜택을 꼭 받아야 할 사람들을 가려내야 하는데 이것이 보통 번거로운 일이 아니며 돈도 무척 많이 든다는 사실은 그리 잘 알려져 있지 않다. 선별적 복지제도야말로 세금을 낭비할 뿐만 아니라 부정부패를 조장하고 각종 부작용을 수반하기 쉬운 제도다. 왜 그런가? 그 이유를 구체적으로 살펴보자.

통상 선별적 복지 혜택을 받기 위해서는 특정한 자격요건을 갖추어야 한다. 따라서 자격요건을 입증하고 심사하는 과정이 필수적이다. 수혜 대상자의 재산과 소득 상태를 조사하는 게 심사의 핵심이며, 실업급여의 경우에는 일자리 찾기 위한 노력을 했는지 안 했는지도 심사 대상이다. 이 심사과정에 소요되는 예산과 행정력은 결코 무시할 수 없는 수준이다.[7] 심사과정이 끝난 다음 예산을 집행하는 과정에서도 많은 돈과 행정력이 소모된다. 선별적 복지제도와 결부된 큰 골칫거리는 가짜 복지 수혜자가 생겨난다는 것이다. 가난뱅이 행세를 하며 거짓으로 복지 혜택을 받는 사람들을 걸러내는 데도 무척 많은 돈과 행정력이 소모된다. 심지어 공무원과 가짜 복지 수혜자들이 짜고 정부의 지원금을 가로채는 사례도 적지 않다. 그러다 보면 정부의 사회복지 지출의 상당한 부분이 엉뚱한 곳으로 새어버린다. 그래서 선별적 복지제도를 실시하고 있는 대표적인 국가인 미국의 경우, 정부가 사회복지를 위해서 책정한 예산의 90%가 이래저래 도중에 새버리고 정작 지원을 받아야 할 가난한 사람들에게는 고작 10%밖에 가지 않는다는 말까지 있다.

선별적 복지제도에는 또 다른 문제가 있다. 심사절차가 복잡하고 시간이 오래 걸려서 자격이 있는 사람들조차도 정부 지원 신청을 포기하는 경우가 상당히 있다는 점이다. 정부의 지원을 받기 위해서는 자신들이 얼마나 불쌍한 사람들인지를 구차스럽게 스스로 증명해야 하는데 이 과정에서 모멸감을 느끼게 된다. 복지 수혜자를 폄하하는 사회 분위기 때문에 정부의 구호를 받는 것을 창피하게 생각하는 사람들도 적지 않다. 실제로 선별적 복지제도를 실시하고 있는 나라에서는 정부의 도움에 의지해서 살아가는 사람들을 폄하하는 발언들이 보수 성향 언론매체와 정치가들의 입에서 자주 나온다. 그러다 보면 그런 사람들은 사실상 '열등 국민' 혹은 '2급 시민'이라는 오명을 뒤집어쓰게 된다. 이것이 '낙인효과'다. 이런 낙인효과와 번거롭고 까다로운 절차 등 여러 가지 이유로 진정 정부의 지원을 받아야 할 사람들 중에 지원을 받지 못하는 사람들의 비율이 무시할 수 없을 정도다. 실제로 2014년 서울 송파구의 한 반지하 월세방에서 세 모녀가 극심한 생활고 끝에 번개탄을 피워놓고 동반 자살한 사건이 많은 사람들에게 충격을 주었는데, 이들은 복지 대상자였음에도 복지 혜택을 받지 못했다. 그들이 집주인에게 남긴 "죄송합니다. 마지막 집세와 공과금입니다. 죄송합니다"라고 쓴 쪽지가 더욱더 세인의 가슴을 아프게 했다. 이 사건 이후에 나온 『죄송합니다, 죄송합니다』라는 책은 이 세 모녀가 기초생활 지원을 받지 못한 사연과 더불어 선별적 복지의 현실적 문제점을 잘 설명하고 있다.[8]

선별적 복지제도의 고전적 형태는 유럽의 구빈법이다. '구빈救貧'이라는 말이 암시하듯이, 선별적 복지론의 배경에는 부자들과 가난뱅이를 구분한 다음 부자는 계속 부유해지도록 정부가 도와주고 가난

송파 세 모녀 사건 이후 기초생활보장제도 개선이 이뤄졌지만 정작 세 모녀가 살아 있었더라도 별다른 도움을 받을 수 없다는 사실은 선별적 복지의 근원적 한계를 보여준다.(국민일보, 2014년 3월 5일)

뱅이는 별도의 방법으로 구제하자는 생각이 깔려 있다. 오늘날에는 시장에서 낙오된 빈곤층에게는 정부가 최저생계를 보장해주고, 중산층을 포함한 일반 시민에게는 기본적인 사회복지만 제공하되 그 이상의 것은 각자 보험 상품을 구매하든 혹은 다른 방책을 택하든 알아서 해결하게 하는 형식을 취한다. 저부담-저복지 국가로 꼽히는 미국과 영국이 선별적 복지 방식을 택하고 있는 대표적인 나라다. 이런 나라에서는 사회복지가 정부나 부유층이 가난한 이들에게 베풀어주는 시혜의 성격을 가진다. 결국 한 나라가 두 개의 국민, 즉 열등 국민과 그렇지 않은 국민으로 분리되는 분위기가 생겨난다. 학자들은 이런 현상을 '사회적 이중화'라고 부른다.

선별적 복지의 이런 여러 가지 현실적인 문제점들이 알려지면서 자연히 보편적 복지가 대안으로 떠올랐다. 사회복지를 시혜의 차원에서 보아야 할지 국민의 보편적 권리의 차원에서 보아야 할지, 명분도 중요하다. 하지만 명분이 좋아도 효과가 약하다면 그 명분은 힘을 잃는다. 과연 선별적 복지와 보편적 복지, 그 어느 것이 더 효과적인지 엄밀히 따져봐야 하는데, 보편적 복지가 불평등을 완화하는 데 선별적 복지보다 더 효과적이라는 연구 결과가 있다. 실제로 선별적 복지제도를 실시하고 있는 국가들보다는 보편적 복지제도를 택한 북유럽 국가들의 소득불평등도가 현저하게 더 낮다는 사실에 학자들이 주목하고 있다.[9] 사회복지 혜택을 빈곤층에 집중할수록 이에 대한 중산층과 상류층의 거부감이 강해지는 경향이 있다. 그래서 선별적 복지제도를 실시하고 있는 나라에서는 사회복지 지출을 늘려나가기가 더 어렵다.[10] 선별적 복지제도의 밑바탕에는 돈이 꼭 필요한 사람들에게만 지원하는 것이 이들에게 복지 혜택을 더 많이 제공하는 길이라는 생각이 깔려 있다. 하지만 현실에서는 선별적 복지를 하게 되면 복지제도에 대한 중산층의 반발이 커져 경제가 성장하더라도 이들에게 더 많은 복지를 제공하지 못하는 사태가 발생하게 된다. 이를 '재분배의 역설'이라고 한다.

복지의 형식과 관련해 또 하나 짚어봐야 할 점이 있다. 앞에서 이미 언급했듯이 사회복지 지출에는 이전지출 형식이 있고 사회보험 형식이 있는데, 우리나라에서는 사회보험이 큰 비중을 차지한다. 그런데 사실 사회보험은 불평등을 고착시킬 가능성이 높다. 노동시장에서 좋은 위치에 있는 공무원·교원·은행업 종사자, 그리고 기간산업 노동자들은 그들 직종만 가입하는 사회보험을 만들고 높은 임금을 기반으로 좋은 복지혜택을 받는 반면 상대적으로 열악한 조건에서 일하는 저임금 노동자들은 낮은 수준의 연금혜택을 주는 사회보험에 가입할 수밖에 없다. 그나마도 아예 사회보험의 혜택을 받지 못하는 노동자들이 적지 않다. 우리나라의 경우, 국민연금·건강보험·고용보험 등 3대 사회보험의 평균 가입률은 67.7~71.3%로 나타나 임금 노동자의 약 30%가 사회보험에서 제외되어 있다. 비정규직 10명 중 8명은 아예 사회보험에 배제되고 있다. 이 결과 노동시장의 불평등이 그대로 가처분소득의 불평등으로 이어진다. 사회복지 그 자체가 중요한 것이 아니라 어떤 사회복지인가가 더 중요한 것이다.[11]

일하지 않고 놀아도 먹고살 수 있는 시대

다수의 과학자들 그리고 한국고용정보원의 2016년 보고서가 예상한 대로 앞으로 10년 안에 고성능 컴퓨터와 인공지능을 장착한 로봇이 종전에 전체 노동자의 70% 이상이 하던 일을 척척 해낸다고 해보자. 좋게 해석하면 이 말은 앞으로 노동자의 70%가 일을 하지 않고 놀아도 국민경제 전체의 생산에 아무런 지장이 없다는 뜻이다. 단, 일단 생산된 물건이 잘 팔린다는 전제가 붙는다. 그렇다면 기업들의 돈벌이도 늘어나면 늘어났지 줄지 않는다. 따라서 국민에게 돌아갈 소득의 총액에도 변함이 없다.

'일하지 않는 자는 먹지도 말라.' 실로 오랫동안 이 말은 생활의 진리로 간주되었고 보수 성향의 사람들이 즐겨하는 말이기도 하다. 그러나 이 말은 제4차 산업혁명의 시대에는 맞지 않는 말이다. 컴퓨터가 발달하지 않고 로봇도 없었던 옛날에는 한 사람이라도 일하지 않고 놀면 그만큼 국민경제 전체의 생산량도 줄어들기 때문에 국민이 나누어 가질 소득의 총액도 줄어든다. 따라서 일하지 않는 사람은 먹지 말아야 한다는 말이 옳다. 이것이 이 말에 대한 경제학의 해석이기도 하고 상식적인 말이기도 하다. 허나 예측대로라면 앞으로는 노동자의 70%가 일하지 않고 놀아도 전 국민이 전보다 더 잘 먹고 더 잘살 수 있을 만큼 로봇이 충분히 많이 생산해줄 수 있게 된다. 그렇다면 도대체 무엇 때문에 굳이 그 많은 사람들이 직장에서 그 고되고 지루하고 위험한 일을 해야 하는가? 제4차 산업혁명의 시대는 굳이 노동을 하지 않아도 얼마든지 먹고살 수 있는 시대다. 최근에 논쟁의 대상이 되고 있는 '기본소득' 제도를 얘기할 때는 지금과는 전혀 다른 세상, 즉 제4차 산업혁명이 몰고 올 바로 그런 세상을 염두에 두어야 한다.

그러나 문제는 아직 우리 현실은 일하지 않으면 먹고살기 힘든 세상이라는 것이다. 과학자들과 한국고용정보원 보고서의 예측을 다른 측면에서 보면, 노동자의 70%가 일자리를 잃게 된다는 얘기다. 그 70%의 소득이 없어지거나 줄어든다면 로봇이 생산한 그 많은 상품이 팔리지 않게 된다. 그러면 기업들도 망한다. 그렇다고 노동자의 10%도 아니고 20%도 아닌, 그 많은 실업자들에게 지금처럼 일자리를 찾을 때까지 마냥 실업급여를 줄 수도 없다. 어차피 노동력 수요가 줄어드는 게 큰 추세이기 때문에 그 많은 실업자들에게 새로운 일자리를 만들어준다는 것은 현실적으로 불가능하다. 그렇다면 어떻게할 것인가? 그 70%뿐만 아니라 모든 노동자들로 하여금 스스로 새로운 일자리를 만들어내도록 도와주는 것이다. 엄밀하게 말하면 새로운 일자리뿐만 아니라 '새로운 일거리'를 스스로 개발하게 도와주는 것이다. 어떻게 도와줄 것인가? 그 70% 대신 로봇이 들어가서 올린 소득을 활용하는 것이다. 바로 이 지점에서 기본소득의 개념이 시작된다.

선별적 복지제도의 한계와 문제가 드러나고, 사회복지를 시혜의 차원이 아닌, '국민의 권리' 차원에서 보려는 움직임이 활발해지면서 장기적으로 실행 가능한 보편적 복지를 모색하려는 시도가 학계와 시민사회, 그리고 노동계를 중심으로 나타나고 있다. 기본소득은 그런 방안 중 하나다. 가장 순수한 형태의 기본소득은 재산과 소득의 많고 적음에 관계없이 그리고 일하고 있는지 아닌지 여부에 관계없이 모든 국민에게 정기적으로 지급하는 일정액의 소득을 말한다. 자본주의사회에서는 돈이 최고이기 때문에 돈이 없으면 사실상 인간으로서의 대우를 받지 못할 뿐만 아니라 인간관계를 맺지도 못하고 사회활동을 활발하게 하기도 어렵다. 경제적 실패가 곧장 사회적 실패로 연결된다. 경제·정치·사회, 이 세 분야 사이의 균형을 잘 잡아주는 것은 국가의 가장 기본적인 책무다. 기본소득제도는 모든 국민에게 최소한도의 생활수준을 보장함으로써 생계유지에 대한 두려움을 덜어주는 한편, 설령 경제적으로 실패하더라도 사회적으로는 실패하지 않게 도와준다는 취지도 담고 있다.

2017년 삼성재벌의 총수인 이건희는 삼성전자 보통주에서 1371억 원의 배당을 받았고 그의 부인은 297여억 원을, 그의 아들 이재용은 231억여 원을 받았다.[12] 이렇게 어마어마한 배당금을 받은 이유는 이들이 주주이기 때문이다. 주주는 회사의 주인이다. 그렇다면 민주주의 국가의 주인은 누구인가? 바로 국민이다. 회사로 치면 국민 각자는 국가의 주주다. 마치 주주가 배당금을 받을 자격을 가지고 있듯이 국민 역시 국가로부터 배당금을 받을 권리가 있다고 볼 수 있지 않을까? 기본소득의 개념 밑에는 바로 이런 생각이 깔려 있다.

기본소득은 미친 소리인가?

기본소득 제도를 본격적으로 실시하고 있는 나라는 아직 없으나 부분적인 실험은 여러 곳에서 실시되고 있다. 미국 알래스카주가 가장 대표적인 사례다. 알래스카주는 풍부한 석유자원을 가지고 있다. 통상 다른 나라나 지역에서는 석유개발로 인한 이익을 석유회사가 가져간다. 그러나 알래스카주는 석유로부터 얻어지는 수익을 바탕으로 1976년 영구기금을 설립하고 이 기금의 수익으로 알래스카 주민에게 기본소득을 제공하고 있다. 알래스카주는 이 기금을 주 헌법에 명시함으로써 알래스카주에 매장되어 있는 석유는 석유회사의 소유가 아니라 알래스카 주민 전체의 것임을 명백히 했다. 1982년 기본소득 제도의 본격적 시행 이후 1년 이상 공식적으로 알래스카주에 거주한 주민은 매년 일정한 액수를 배당받아왔는데, 초기에는 매년 1인당 300달러 수준이었지만 2008년에 이미 3000달러를 넘어섰다. 미국은 주요 선진국 중에서 최고로 불평등이 심한 나라이지만, 알래스카주는 미국에서 소득불평등도가 가장 낮은 주다.

스위스는 2016년 6월 '기본소득' 안을 국민투표에 붙였으나 부결되었다. 하지만 23.1%의 찬성률은 예상치를 훨씬 넘었다는 평가를 받았다.[13] 반대표를 던진 사람들 중에는 기본소득의 취지에는 동감하지만 아직은 시기상조라고 생각하는 사람들이 많았다. 비록 부결되기는 했지만 기본소득에 대한 세계인의 관심을 부쩍 높인 계기가 되었다. 핀란드는 2017년부터 실험적으로 기본소득제도를 시행하고 있는데, 기본소득을 중심으로 기존의 방만한 사회복지 체계를 통폐합함으로써 막대한 행정 비용을 줄이려는 속내를 가지고 있다. 또 네덜란드가 특정 지역을 대상으로 실험적으로 기본소득제도를 실시할 계획이라는 발표가 있었다. 이밖에도 여러 나라에서 기본소득제도의 도입을 고려중인 것으로 알려져 있다.

소규모로 기본소득제도를 실험해본 사례는 선진국과 후진국을 포함해서 아주 많은데, 그 결과는 고무적이었다.[14] 빈곤이 줄어들었고 인간관계도 더 좋아졌다. 아프리카의 국가에서 특히 더 성공적이었다고 한다. 기본소득에 대한 관심이 근래에 와서 부쩍 높아졌다고는 하지만, 역사에서는 기본소득의 취지에 가까운 제도들이 많이 있었다. 예를 들면, 영국에서는 한때 가족의 소득수준에 관계없이 모든 어린이에게 일정액의 '아동 복지수당Child Benefit'이 제공되었는데, 이 것은 어린이를 위한 기본소득이라고 할 수 있다. 현재에는 고소득 계층에게는 아동 복지수당이 주어지지 않고 있다고 하는데, 에드킨슨은 기본소득의 취지를 최대한 살리기 위해서 고소득계층에게도 아동 복지수당을 주도록 하되 이것에 세금을 부과하는 방안을 제안한다.[15]

기본소득제도에 관해서 제일 많이 나오는 질문은 재원을 어떻게 마련하는가이다. 당연히 나와야 하는 중요한 질문이다. 앞서 말했듯이 노동자의 70% 대신에 로봇이 들어가서 올린 소득을 활용할 수 있지만, 이밖에도 재원 마련 방안은 다양하다. 첫번째는 기존의 방만한 사회복지제도, 특히 선별적 복지제도를 정리하면서 만들어질 돈이다. 한국을 포함해 많은 나라들이 선별적 복지에 막대한 돈을 투입하고 있다. 지적했듯이 선별적 복지제도의 집행에는 많은 예산과 행정력이 소모되는데, 기본소득제도가 실시되면 그 상당 부분이 필요없어진다.

물론 기본소득제도가 기존의 모든 사회복지제도를 대체하는 것은 아니다. 하지만 기존의 각종 연금·실업급여·사회부조금·대학생 생활보조금·집세보조금·자녀양육보조금 등의 상당 부분을 기본소득으로 대체할 수 있고 이에 따라 절감되는 예산과 행정비용 등을 기본소득제도의 실시에 돌릴 수 있다. 한 연구에 의하면, 2008년 독일의 경우에는 기존의 각종 복지제도들을 통폐합함으로써 절약되는 돈만으로도 1인당 월 140만 원의 기본소득을 제공할 수 있다고 한다.[16] 이 금액이 독일의 1인당 국민소득에 비하면 아주 약소하지만, 어떻든 일부 반대론자들이 생각하듯이 기본소득제도 주장이 그렇게 공허한 것은 아니라는 이야기다. 물론 우리나라의 경우에는 워낙 사회복지제도가 빈약하기 때문에 기존의 복지 관련 제도의 통폐합만으로 인간다운 생존을 보장할 만큼의 기본소득을 지급할 수 없기 때문에 증세를 포함하여 추가 재원을 마련할 방도를 모색해야 한다. 기본소득은 보편적 복지이기 때문에 실시되면 선별적 복지제도에서 나타나는 복지 사각지대가 없어지면서 불평등도가 낮아진다. 노인빈곤도 줄어들고 그만큼 소득불평등이 줄어든다.

그런데 기본소득제를 실시하기 위해서는 가장 먼저 '일하지 않는 자는 먹지도 말라'라든가 '일하지 않고 노는데도 돈을 줄 수는 없다'라는 낡은 고정관념부터 없애야 한다. 이런 고정관념이 제4차 산업혁명 시대에 맞지 않는 비현실적인 것이라면, 남은 우려는 도덕적 해이다. 기본소득제도가 실시되면 놀고먹는 사람들이 많아진다는 것이다. 하지만 그간의 많은 실험결과들은 그런 우려가 한낱 기우임을 증명하고 있다. 한 가지 신기한 현상은, 일하지 않고 노는데도 돈을 주면, 사람들은 놀지 않고 열심히 일을 한다는 것이다. 믿기 어렵지만 수많은 실험에서 확인된 사실이다. 기본소득제도를 실시했을 때 나타나는 한 가지 현상은 사람들이 일자리를 찾으려고 더 노력할 뿐만 아니라 스스로 일거리를 만들려고 노력한다는 것이다. 기본소득제가 실시되면 정부는 억지로 고용을 보장하거나 무리하게 일자리를 늘려야 하는 정치적 부담으로부터 자유스러워질 수 있다. 예를 들면 도저히 로봇과 경쟁할 수 없는 일자리에 굳이 사람을 밀어 넣는 정책을 고집할 필요가 없어진다.

그렇지만 아직은 기본소득은 말도 되지 않는다며 일소에 부치는 사람들이 많다. 그러나 유명한 철학자 쇼펜하우어Arthur Schopenhauer는 다음과 같은 명언을 남겼다고 한다. "모든 진리는 첫째 단계에서 조롱당하고, 둘째 단계에서는 심한 반대에 부딪치며, 셋째 단계에서야

기본소득은 오랜 철학적 뿌리에도 불구하고 뜻은 좋지만 실현불가능한 아이디어 정도로만 여겨져왔다. 그러나 19대 대선을 계기로 기본소득은 한국 사회의 불평등을 해결할 처방전 목록에 이름을 올렸다. 기본소득제를 주요 공약으로 제시하며 2017년 대통령선거에 도전한 이재명 성남시장.(아시아 경제, 2017년 3월 7일)

비로소 자명한 것으로 인정받는다." 우리가 잘 아는 코페르니쿠스의 지동설도 그랬다. 불과 얼마 전까지만 해도 기본소득제도가 우습게 들렸지만, 최근에는 찬성 측과 반대 측 사이에 치열한 논쟁이 벌어지고 있다. 기본소득이 조롱당하는 단계를 벗어나 심한 반대에 부딪치는 단계에 들어가고 있다고 하면, 쇼펜하우어의 말처럼 언젠가는 당연하게 생각하는 날이 올 것이다. 다시 한 번 더 강조해둘 것은, 어쩔 수 없이 기본소득제도를 실시해야 할 상황이 오고 있다는 것이다.

일자리와 일거리

무엇보다도 의미 있는 점은 기본소득제도가 실시되면 사람들이 좀 더 자유로워지고 사고방식과 생활태도가 근본적으로 바뀌면서 국민의 행복지수가 크게 올라갈 수 있다는 것이다. 행복을 전문으로 연구하는 학자들이 꼽는 행복의 요건은 적당한 소득, 화목한 가정, 좋은 인간관계, 그리고 보람 있는 일이다. 우선 기본소득제도가 실시되면 어느 정도 생계 걱정을 덜 수 있다. 기본소득은 사람들로 하여금 나름대로의 보람 있는 일을 추구할 자유와 기회를 준다. 이 점에 관해서는 100여 년 전에 이미 마르크스가 자세히 얘기한 바가 있다. 그는 '노동'과 '일'을 구분했다. 노동이란 순전히 돈을 벌기 위해서 몸과 마음을 사용하는 활동이다. 좁게 보면 임금을 받고 수행하는 노동, 즉 임금노동이 그 전형적인 예다. 좀 더 넓게 보면 좋든 싫든 순전히 돈을 목적으로 하는 활동을 노동이라고 할 수 있다.

노동과는 달리 '일'이란 자기가 좋아서 스스로 선택한 활동이다. 취미로 가구를 만들어서 집에서 쓰고, 그리고 남은 건 친구들에게 공짜로 나누어 주면서 우의를 다진다고 할 때 가구 만들기는 '일'이다. 도시에 살면서 텃밭에 나가서 취미로 농사를 짓는 분들도 많다. 가난한 사람들을 위해서 봉사활동을 하면서 큰 보람을 느끼는 분들도 많다. 이런 활동이 바로 '일'이다. 물론 돈을 받고 일을 할 수도 있다. 친구들이나 친척들에게 나누어 주고 남은 가구나 채소를 남한테 팔 수도 있다. 하지만 이때 받은 돈은 그냥 덤이지 그게 목적은 아니다.

마르크스가 말하는 일이란 남이 시키는 대로 움직이는 게 아니라 내가 원하는 걸 내 마음대로 하는 것이다. 낮에 할 수도 있고 밤에 할 수도 있으며, 천천히 할 수도 있고 빨리 할 수도 있고, 많이 할 수도 있고 조금 할 수도 있다. 그래서 '일'의 특징은 자율이다. 이런 점에서 '일'은 임금노동과 아주 다르다. 월급을 받고 회사에서 근무할 때는 윗사람이 시키는 것만 시키는 대로 해야 한다. 나는 밤에 근무하고 싶다, 나는 하루에 4시간만 근무하고 싶다, 나는 영업부에서 근무하고 싶다, 이런 소리는 회사에서 통하지 않는다. 회사가 시키는 대로 하지 않으면 쫓겨난다. 임금노동에는 자율이 거의 없다. 그렇기 때문에 대개 노동은 직접 행복을 가져다주지는 않는다.

만일 노동이 즐거운 거라면 직장에서 지내는 시간이 즐거워야 하고 만족스러워야 하지만, 그렇게 생각하는 사람은 거의 없을 것이다. 조사를 해봐도 그렇다. 대부분의 경우 직장에서 하는 일이 재미도 없을 뿐만 아니라 날로 경쟁이 치열해지는 까닭에 스트레스를 너무 많이 받는다. 선진국에서나 우리나라에서나 직장 생활에 대한 만족감은 점점 떨어지고 있다. 직장 생활에 최고로 만족할 때를 100점이라고 하면, 우리나라에서 직장인들이 느끼는 만족감은 50점이 안 되는 걸로 나타났다. 하루 중 언제가 가장 기분이 언짢으냐고 물으면 출근 직전이라고 대답하고, 가장 기쁠 때는 언제냐고 물으면 퇴근 직전이라고 대답하는 사람들이 아주 많다. 사람들은 하루의 대부분을 직장에서 보낸다. 그러니 직장 생활을 지금보다 더 즐겁게 만드는 것이 우리 국민의 행복지수를 높이는 길이다.

대개 노동은 한 다리 거쳐서 행복을 가져다준다. 즉 노동해서 번 돈으로 원하는 상품을 소비할 때 행복해진다. 이런 행복을 '돈으로 산 행복'이라 부를 수 있을 것이다. 노동과는 달리 '일'은 즐기기 위해서 나 스스로 선택한 것이므로 직접 즐거움을 준다. '일'은 즐거움만을 주는 것이 아니다. 봉사활동을 하는 사람들은 보람을 느낀다. 그런 '일'을 열심히 하다 보면 자부심을 가지게 된다. 이렇게 '일'은 직접적으로 즐거움, 보람, 그리고 자부심을 느끼게 해준다. 이때의 행복은 '돈으로 살 수 없는 행복'이다. 심리학자들의 연구를 보면, 많은 경우 열심히 '일'을 했을 때 느끼는 행복, 다시 말해서 '돈으로 살 수 없는 행복'은 아주 진하고 오래 가지만 '돈으로 산 행복'은 옅고 길게 가지도 못하다. 맛있는 음식을 먹었을 때의 즐거움은 일시적이다. 거기에서는 진한 보람과 자부심 같은 것을 느낄 수 없다. 그러므로 정말 행복해지고 싶으면 보람과 자부심을 느낄 수 있는 '일'을 하려고 노력해야 한다. 먹고살 걱정이 없다면 누구나 '노동'보다는 '일'을 원할 것이다.

'일'은 다른 측면에서도 우리에게 행복을 가져다준다. '일'을 열심히 하다보면 나와 남을 비교할 필요가 없어진다. 나에게 기쁨을 주는 '일'에만 골몰하게 되니까 남들이 어떤 옷을 입고 다니는지, 어떤 자동차를 타고 다니는지, 어떤 집에 사는지, 별로 관심을 두지 않게 된다. 행복을 연구하는 심리학자들은 나와 남을 자꾸 비교하지 말라고 조언한다. 그렇게 비교해봐야 기분만 나빠지고 스트레스만 쌓인다. 이 세상에서 돈이 최고라고 생각하는 사람들이 행복하지 못한 가장 큰 이유는 남과 자신을 자꾸 비교하는 습성 때문이라고 한다. 돈을 최고의 가치로 삼으면 나와 남을 자꾸 비교하는 걸 피할 수 없다. 남과의 비교에서 벗어나려면 '일'을 찾아서 그걸 열심히 하면 된다. 이렇게 '일'

은 여러모로 행복에 매우 중요하다.

그러니 국민의 행복지수를 높이는 방법은 분명하다. 국민이 노동보다는 '일'할 기회와 여유를 더 많이 가지게 만들면 된다. 그런데 이렇게 되지 않는다는 게 문제다. 자본주의 경제가 커지면서 점차 노동은 늘어나고 '일'은 줄어들고 있다. 우리 사회를 보면 이상한 구석이 아주 많다. 한편에서는 일자리를 잃은 백수들은 자꾸 늘어나는데, 다른 한편에서는 회사일 때문에 바쁘고 고달픈 인생들이 늘어난다. 기계와 컴퓨터가 잡다한 업무들을 많이 줄여주고 있다고 하는데, 여가시간이 늘어나기는커녕 아직도 우리나라 노동자들의 근로시간은 OECD 회원국들 중에서 가장 길다. 옛날에는 가장 혼자서 돈을 벌어도 식구들이 얼마든지 먹고살았는데, 요새는 맞벌이를 하지 않으면 먹고살기 어렵다. 이래저래 모두들 돈벌이에 바쁘다 보니 '일'할 여유가 없다. 그러니 소득이 늘어도 국민의 행복지수가 높아지지 않는다는 주장이 많이 나온다.

기본소득은 국민에게 노동이 아닌, '일'을 더 많이 할 수 있는 기회와 여유를 준다. 금수저는 노동과 일을 자유롭게 선택할 수 있다. 흙수저는 그런 선택의 자유를 가지지 못한다. 기본소득은 흙수저에게도 바로 그럴 기회와 여유를 줄 수 있다. 마르크스는 시장에서 상품을 마음껏 고르는 자유보다는 '일'을 마음껏 고르고 '일'을 마음껏 할 수 있는 자유가 더 소중하고 이것이 참된 자유라고 힘주어 말했다. 기본소득제도는 국민에게 참된 자유를 좀 더 많이 누리게 해준다.

경제를 살리기 위해서는 내수를 키워야 한다

앞에서 살펴보았듯이 다른 선진국들과 비교할 수 없을 정도로 우리나라의 사회복지 지출이 극히 적었던 주된 이유는 역대 정부들이 성장제일주의 정책에 매달려왔기 때문이다. 특히 보수 성향이 강한 정부들은 기업의 투자를 촉진하기 위해서 무진 애를 썼다. 그러나 효과는 별로 없었다. 금리가 낮고 투자 여력이 충분함에도 불구하고 기업이 투자에 매우 소극적이라는 사실은 대략 2005년부터 감지되었다. 그래서 어느 학자는 "정신이상이라는 말의 정의는 다른 결과가 나오기를 기대하며 같은 일을 자꾸자꾸 반복하는 것이다"라는 아인슈타인의 말을 인용하면서 이제 투자 활성화에는 "백약이 무효"임을 인정해야 할 때가 왔다고 단언했다.[17] 정부가 투자 활성화를 위해서 애를 써봤자 소용없다는 것이다.

우리나라의 기업투자는 기대에 미치지 못했을 뿐 결코 부진하다고 말할 수는 없다는 견해도 있다. 우리나라의 투자 수준은 선진국에 비해서 오히려 높은 수준이다. 국내총생산 대비 투자의 비중이 1990년대에도 OECD 회원국들 중 줄곧 1위였으며 2012년에는 두번째로 높았다.[18] 요컨대, 지난 10여 년에 걸친 우리 경제의 침체가 기업투자 부진의 탓이 결코 아니라는 얘기다.[19] 그렇다면 성장동력이 떨어지는 원인은 과연 무엇인가? 소비수요(내수) 부족이라고 볼 수밖에 없다. 다시 말해서 기업이 생산한 물건들이 시장에서 잘 팔리지 않기 때문이라는 것이다.

2000년대 후반 이후 우리나라의 소비수요 부진은 다른 나라들과 비교해서 매우 심각한 상황이다. 그 이전에는 국민의 소비가 상당히 활발했다. 심지어 1998년 IMF외환위기로 국민의 소득수준이 크게 하락했음에도 불구하고 소비자들은 저축을 헐고 빚을 얻으면서까지 높은 소비수준을 유지했다. 외환위기 이후의 민간소비 증가율은 외환위기 이전과 거의 비슷했다. 그러나 대략 2008년 세계경제위기 즈음부터는 저축도 바닥이 났고 빚을 질 여력마저 사라졌다. 너무 오랫동안 대다수 국민의 돈벌이가 신통치 못했기 때문이다. 2008년 즈음부터는 소득이 늘어나지 않으면서 소비도 늘어나지 않는 상황에 이르렀다.[20] 그러니 시장에서 물건이 잘 팔리지 않는 것은 당연하고, 따라서 기업이 투자를 늘리려 하지 않는 것도 당연하다.

물론 그동안 경제성장은 계속되었고, 국민 전체의 소득도 크게 늘어난 것은 사실이다. 앞에서도 살펴보았듯이 세계경제위기에도 불구하고 우리나라의 경제성장률은 선진국들보다 월등히 높았다. 문제는 경제성장의 과실이 부유층에만 집중되었고 중산층과 저소득계층은 배제되면서 불평등이 심해졌다는 것이다. 국가 전체의 소비수준은 극소수 부유층의 소득수준이 아닌, 국민 대다수를 차지하는 서민들의 소득수준으로 결정된다. 그러므로 경제를 살리고 고용을 늘리기 위해서는 국민의 대다수를 차지하는 서민들의 지갑을 두둑하게 만들어야 한다. 다시 말해서 진정 경제를 살리기 위해서는 서민들의 소득을 늘려주어야 한다는 것이다. 불평등을 줄이는 것, 이것이 경제를 살리는 길이다. 이런 결론에 많은 학자들이 동의하고 있다. 정부가 세금을 더 많이 걷고 사회복지 지출을 늘려 불평등해소에 나서야 한다는 점에서 '중부담-중복지' 주장이 설득력을 가진다.

물론 증세에는 많은 걸림돌이 있다. 특히 과거에는 서민들이 증세에 강한 거부감을 표출했다. 다행히 이제는 증세의 필요성에 대한 국민적 공감대가 커지고 있다. 최근의 한 여론조사에 의하면 '더 나은 복지를 위해서 세금을 더 낼 뜻이 있느냐'는 질문에 65% 이상이 이에 동의했다.[21] 물론 증세 이외의 다른 대안들을 최대한 활용하는 방안도 모색해야 한다. 예를 들면 정부의 다른 예산, 특히 경제사업비를 줄여서 사회복지 지출을 늘리는 것이다.(200쪽 그래프 참조) 천문학적 예산이 투입되었음에도 불구하고 그 경제적 타당성이 의심되는 공공사업들이 아주 많았다. 각종 도로건설사업, 새만금간척사업, 4대강사업 등이 대표적인 예로 꼽힌다. 이런 범주의 지출들을 조정함으로써 사회복지 지출을 늘릴 여지가 얼마든지 있다.

증세에 가장 강력하게 저항하는 세력은 재계와 기득권층이다. 증세가 경제활동을 위축시킴으로써 오히려 서민들에게 손해라는 주장이 보수진영의 단골 메뉴다. 그러나 제3장에서 살펴보았듯이 역사상 세율이 가장 높았던 자본주의 황금기에 경제성장률도 최고로 높았다. 우리나라의 세율이 높다는 주장도 자주 듣게 되는데, 사실 선진국들에 비하면 대체로 우리나라 세율의 누진 정도가 매우 낮다. 조세 중에서도 불평등 완화 효과가 가장 큰 것은 소득세인데, 지방소득세까지 합친 우리나라 소득세 최고세율은 2014년에 41.8% 정도였다. 복지국가와 거리가 멀다고 하는 미국의 46.3%나 일본의 50.8%에 비해서도 상당히 낮은 수준이고 OECD 회원국들의 평균인 43.6%보

다도 낮다.[22]

조세제도의 개선에 대한 얘기가 나올 때마다 으레 등장하는 논쟁거리가 법인세다. 업계는 우리나라 법인세 세율이 선진국들에 비해서 높다고 주장한다. 하지만 공식 통계로는 우리나라의 법인세 최고 세율이 미국·일본·독일에 비해서 상당히 낮으며 OECD 평균보다도 낮다.[23] 물론 명목세율보다는 각종 공제 및 감면 혜택을 제외한 실효세율이 중요한데, 이런 실효세율로 따져 봐도 우리나라의 법인세 세율은 선진국에 비해서 대체로 낮다.[24] 그럼에도 불구하고 경기침체가 워낙 오래 지속되다보니 업계는 여러 가지 근거를 대며 꾸준히 법인세율 인하를 요구하고 있다.[25] 그러나 과거 경험에서 볼 때 한 가지 분명한 것은, 이론과는 달리 실제로는 법인세 인하가 경제성장을 촉진하거나 고용율을 높이는 데 효과가 없었다는 점이다. 이명박정부 때 수차례에 걸쳐 법인세 감면 조치를 단행했지만 고용은 대단히 부진했다. 박근혜정부에서도 낮은 법인세 세율이 지속되었지만, 경제는 침체의 늪에서 빠져 나오지 못한 채 오히려 기업의 사내유보금만 급속도로 불었다.

우리나라만 이런 실망스러운 경험을 한 것이 아니다. 과거 미국에서도 투자와 고용을 촉진한다는 이유로 여러 차례에 걸쳐 법인세 감면 조치를 취했지만, 효과가 하나도 없었다. 한두 번도 아니고 번번이 이런 실망스러운 현상이 반복되자 미국에서도 법인세 감면 회의론이 나왔다. 국내의 학자들 사이에서도 법인세 감면 조치로 인한 투자 및 고용 증대 효과가 매우 미약한 상황에서 낮은 법인세 정책을 계속 유지할 이유가 없다는 주장이 나왔다.[26] 물론 투자와 고용의 부진에는 여러 가지 요인들이 복합적으로 작용하기 때문에 법인세 탓만 할 수는 없다. 그러나 어떻든 법인세를 감면한다고 해서 기업의 투자와 고용이 자동적으로 늘어나는 것이 아니라는 건 분명해졌다. 설령 투자가 늘어난다고 해도 특히 제조업은 노동 절약형 생산방법의 개발과 도입에 투자를 집중하기 때문에 고용을 늘리기는커녕 현재 일하고 있는 노동자들을 내쫓기 일쑤다. 이제는 더 근원적인 대책이 필요한 시점이다.

기울어진 운동장 바로잡기

불평등 문제 얘기가 나오면 곧장 대폭적인 사회복지 지출 확대와 증세를 연상하는 사람들이 많다. 특히 보수 성향의 사람들이 사회복지 지출의 확대와 증세가 '큰 정부'를 초래한다며 난색을 표명한다. 그러나 사회복지 지출을 대폭적으로 확대하지 않고도 불평등 문제를 해결하는 방안도 얼마든지 있다. 학자들은 그 대표적인 사례로 일본을 꼽기도 한다.[27] 국내총생산 규모에 비하면 일본 정부의 사회복지 지출 규모는 선진국들 중에서 작은 편에 속한다. 일본이 택한 정책은 시장에서 소득이 결정되어 국민 각자의 손에 떨어지기 전에 정부가 미리 손을 써두는 것이다. 이른바 사전적인 방법이다. 예를 들면 일자리를 많이 창출해 실업률을 줄인다든가, 임금격차가 크게 벌어지기 않도록 미리 조정한다든가, 비정규직을 줄인다든가, 공정한 경쟁 풍토를 조성하는 것 등을 생각해볼 수 있다. 말하자면, 시장에 대하여 사전에 정지작업을 하는 것이다. 불평등이 심해지지 않도록 미리 손을 쓰면 사후적으로 사회복지에 많은 돈을 쓸 필요도 없고 따라서 세금을 많이 거둘 필요도 없다. 사회복지 지출의 확대나 조세정책과 같은 전통적인 방법은 시장에서 각자의 소득이 결정된 다음에 너무 높은 것은 깎고 너무 낮은 것은 높이면서 조정하는 사후적인 방법이다. 이런 방법이 사후약방문 격이라면 사전적인 방법은 소를 잃기 전에 외양간을 고치는, 근원적인 방법이라고 할 수 있다.

물론, 대부분의 나라들이 사전적인 방법과 사후적인 방법을 병행하고 있다. 다만 그 어느 쪽에 중점을 두느냐가 다를 뿐인데, 이는 각 나라의 사정에 따라 달라질 수밖에 없다. 사회복지와 조세제도가 불평등을 줄이는 데 매우 효과적인 수단임은 북유럽 선진국들의 경험이 잘 보여주고 있지만, 우리나라나 미국, 영국 등의 경우에는 과연 그런 사후적인 방법만으로 충분한지, 미래에도 그런 방법이 그렇게 효과적일지는 매우 의심스럽다. 사실 IMF외환위기 이후 우리나라가 사회복지 지출을 빠르게 늘려왔음에도 불구하고 불평등은 점점 커져왔다.[28] 기술진보와 세계화로 인해 시장에서 결정되는 소득(시장소득)의 불평등이 워낙 빠르게 악화되었기 때문이다. 여러 가지 요인들을 고려해볼 때 우리나라의 빈부격차나 불평등은 그런 사후적인 방법만으로 고칠 수 있는 범위를 이미 넘어섰을 정도로 심각하다고 보는 학자들이 많다. 이것이 정부가 사전적인 방법을 통해서 전면적으로 시장에 적극 개입해야 하는 이유다.

물론 업계와 보수진영의 강력한 반발 때문에 사전적인 방법 역시 쉽지 않다. 사전적 방법들은 기업들의 활동에 정부가 직·간접적으로 개입함을 의미한다. 예를 들어보자. 대기업의 횡포로 중소기업이 계속 위축되고 있다는 비난이 끊임없이 제기되자 이명박정부는 대기업과 중소기업의 상생을 도모하고 나아가서 경제민주화를 이루자는 의도로 동반성장위원회를 설립했다. 이 위원회의 첫 작품이 '초과이익 공유제'였다. 대기업과 중소기업이 협력해서 올린 초과이익을 이 둘이 공정하게 나누어 가지도록 하자는 취지의 제도였다. 하지만 2011년 이 제도가 발표되자 대기업 쪽에서 거세게 반발했고 결국 흐지부지되었다. 2012년 대통령선거 때에는 주요 후보들이 저마다 경제민주화를 외쳤다. 당시 박근혜 후보도 경제민주화 공약을 내걸었고 그 덕분에 당선되었다. 하지만 취임한 지 얼마 되지 않아 재계의 반발에 밀려서 이 공약을 사실상 폐기했다. 2017년 대통령선거에서도 여러 후보들이 경제민주화를 공약으로 내걸었다. 이제 경제민주화는 11월 촛불혁명을 이룬 민심의 요구다.

경제논리의 허구성과 최저임금의 필요성

선진국의 경우를 보면, 정부가 독과점과 불공정 거래를 강하게 규제할 뿐만 아니라 시장의 임금결정에 적극 개입하는 사례도 많다. 불평등 문제와 관련해서 두 가지 방법이 특히 눈에 띄는데, 그 한 가지는 최저 생활을 보장하는 법정 최저임금이고 다른 하나는 임금격차를 줄이기 위해 특히 고액연봉에 제한을 가하는 것이다. 법정 최저임금 제도는 대부분의 OECD국가에서 실행하고 있다. 최저임금 수준이 프랑스에서는 중위소득의 60%로 비교적 높고, 미국과 일본에서는 40%보다 약간 낮다. 영국에서는 45%인데 이는 OECD회원국들의 평균 수준보다 약간 높다. 우리나라에서는 법정 최저임금제가 아주 늦게 1987년에 와서야 비로소 도입되었다. 도입 후 10년 동안은 유명무실한 제도에 불과했으나 1998년 김대중정부 이후 매년 빠른 속도로 높아졌다. 2016년 최저임금은 시간당 6030원으로 월급으로 치면 약 126만 원이 된다.(2017년에는 6470원으로 약간 올랐다.) 이 금액은 중위소득 대비 약 45.8%인데 이는 OECD 평균보다 약간 높은 수준이다.

최저임금제도가 선진국에서 많이 실시되고 있으며, 불평등 완화에 상당히 효과적임이 증명되었음에도 불구하고 우리나라에서는 이 제도를 둘러싸고 소모적 논쟁이 해마다 반복되고 있다. 재계와 보수진영은 항상 최저임금 인상에 반대해왔는데, 여기에 다수의 경제학자들이 가세하고 있다. 최저임금이 시장의 원리에 정면으로 배치된다는 것이다. 최저임금제도는 시장에서 자연스럽게 결정되는 임금이 최저 생계수준에 크게 못 미칠 때 이 모자란 부분을 보충해주기 위해서 실시되는 것이다. 따라서 최저임금은 시장에서 결정되는 임금보다 더 높을 수밖에 없다. 그런데 경제학자들은 이렇게 임금을 억지로 높이면 기업들이 고용을 줄이게 되므로 최저임금제도는 오히려 노동자들에게 불리하다고 주장을 펴왔다. 이런 경제학자들의 논리는 경제학 원론 교과서에도 나오는 수요-공급 논리에 입각한 것이기 때문에 설득력이 높아서 감히 도전할 생각조차 못하게 된다.

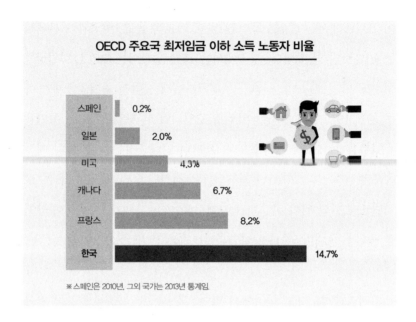

OECD 주요국 최저임금 이하 소득 노동자 비율

스페인 0.2%
일본 2.0%
미국 4.3%
캐나다 6.7%
프랑스 8.2%
한국 14.7%

※ 스페인은 2010년, 그외 국가는 2013년 통계임.

최저임금 인상안을 놓고 해마다 논란이 되풀이된다. 재계는 이 제도가 반시장적일 뿐만 아니라 최저임금이 오를수록 고용이 줄어들 거란 이유로 매년 동결이나 삭감을 주장해오고 있다. 그러나 법이 보장한 최저임금조차 받지 못하고 생활하는 노동자 비율 통계에서 한국은 여타 OECD회원국들을 멀찍이 따돌린 1위에 랭크돼 있다. 열심히 일해도 매달 마이너스의 늪에서 허우적거리는 사람으로 넘치는 사회야말로 반시장적이라고 해야 할 것이다.(자료: OECD)

그러나 경제학자들이 내세우는 수요-공급 이론은 현실을 너무 좁게 해석한 것이다. 임금 수준을 포함한 모든 가격을 설명할 때 경제학 교수들은 으레 칠판에 수요-공급곡선을 그리고 이 두 곡선이 만나는 점을 분필로 두드리면서 이것이 바로 수요와 공급을 일치시키는 고정임금이라고 생교한다. 그리고 고정임금보다 높은 수준에서는 노동에 대한 수요가 감소하므로 고용이 줄어든다고 가르친다. 최저임금이 일자리를 줄인다는 주장과 자유무역이 거래 당사자 모두에게 이익을 준다는 것은 경제학에서 오래전부터 사실처럼 굳어진 이론이다. 그래서 1990년대 초반 프린스턴대학의 데이비드 카드David Card와 앨런 크루거Alan Krueger라는 두 경제학자가 실증연구를 바탕으로 최저임금 인상이 실업을 유발하는 효과가 거의 없다는 결론을 제시하자 기업들은 물론 경제학자들도 벌떼같이 달려들어 거센 비난을 퍼부었다. 이론에 어긋난, 말도 되지 않는 이야기라는 것이다.

허나 교과서의 공허한 내용만 떠들어대는 경제학자들의 말만 들어서는 안 된다. 노동 현장을 직접 접하는 전문가들의 말도 들어봐야 한다. 임금과 관련해서 실제 시장에서 관찰되는 것은 경제학 교수들이 노상 칠판에 그려대는 수요곡선과 공급곡선이 아니라 수요를 반영하는 '넓은 띠'와 공급을 나타내는 '넓은 띠'다. 말하자면 아주 굵은 수요곡선과 아주 굵은 공급곡선이라는 것이다. 이 두 굵은 곡선이 교차하는 부분은 하나의 점이 아니라, 무수히 많은 점으로 구성되는 면이다. 그러므로 시장에서 수요와 공급으로 결정되는 것은 어떤 단일한 가격이 아니라 가격의 폭이다. 이 폭은 가격의 상한과 하한의 범위를 대략 결정한다. 이 범위 안에 있는 그 어떤 가격(임금)에서도 수요와 공급은 일치한다. 다시 말해서 그 모든 가격이 경제학자들이 말하는 균형가격이다. 그 범위 안에서 구체적으로 어떤 가격이 결정될 것인지는 여러 가지 요인들에 달려 있는데, 그중에서도 사용자와 노동자의 협상력이 크게 작용한다. 사용자가 협상의 우위에 있으면 낮은 수준에서 결정될 것이고, 노동자들이 협상의 우위에 있으면 높은 수준에서 결정될 것이다. 그런데 현실적으로는 거의 대부분의 경우에 노동자들이 협상에서 불리한 입장에 있으므로 낮은 수준에서 결정될 것이다. 최저임금제는 정부가 개입하여 특정 임금 수준을 지정하는 제도인데 상한과 하한의 범위 안에서 어느 한 수준을 지정하면 그것이 높든 낮든 일자리의 공급에는 큰 영향을 주지 않을 것이다.

이렇게 시장의 수요와 공급을 경제학 교수가 칠판에 그리는 곡선으로 이해하지 않고 폭이 넓은 띠로 이해하면 최저임금이 왜 고용감소를 초래하지 않는지를 얼마든지 이론적으로 설명할 수 있다. 그간 축적된 자료를 놓고 보더라도 최저임금제도의 실시가 일자리를 줄이는 효과는 그렇게 크지 않았다. 이제 최저임금제도가 고용에 악영향을 미친다는 주장은 증거 부족으로 점점 더 흔들리고 있을 뿐만 아니라 이론적으로도 설득력이 떨어지고 있다. 최저임금이 일자리를 줄이는 효과는 적으며, 줄어드는 일자리도 대부분은 허드렛일에 불과하다는 것이 현장의 목소리다.[29]

물론 아직도 논쟁은 진행중이다. 허나 노벨경제학 수상자인 디턴 교수가 더 이상 논쟁의 여지가 없다고 못 박은 한 가지 분명한 경험적 증거가 있다. 최저임금이 너무 낮거나 물가상승에 맞추어 인상되지 않으면 임금불평등이 더 심해진다는 것이다.[30] 미국에서 연방정부의 최저임금은 뉴딜 시대의 주요 정책혁신의 하나였다. 그 이래 최저임금이 인상되었지만, 물가와 연동되어 있지 않기 때문에 실질 최저임금이 하락하는 경우도 많았다. 특히 보수정권이 집권하는 동안에는 최저임금의 실질 가치가 하락하는 추세를 보이면서 임금불평등이 더 커졌다. 뒤집어 말하면, 적절한 최저임금이 불평등을 줄이는 데 기여한다는 것이다. 최저임금 인상이 고용을 감소시키지 않는다면, 저임금 노동자들의 생활수준을 높이기 때문에 소득불평등이 줄어드는 것은 당연하다. 앞서 소개한 프린스턴대학의 그 두 경제학자도 연구에서 이 점을 확인했다. 최저임금 인상으로 인한 혜택이 주로 최하위 10%에 집중되며 임금불평등을 크게 줄여준다는 것이다.[31]

시장의 수요·공급에 따라 정해진 임금액이 결정되는 게 아니라 임금 상·하한선의 범위가 정해질 뿐이라고 한다면, 그 범위에서 어떤 수준을 선택할 것인지는 다분히 공정성에 관련된 사안이다. 따라서 최저임금을 둘러싼 논쟁은 결국 공정성의 문제로 귀착되며, 이 문제에 답하는 데는 경제학자들이 정치가들이나 일반대중보다 더 뛰어나다고 볼 수 없다.[32] 피케티도 한마디 거들었다. 선진국의 경우 최저임금은 고소득계층에게는 영향을 주지 않으면서 특히 최하위 10%(1분위)의 소득수준을 올려주기 때문에 임금불평등 완화에 적지 않은 도움이 되었다는 것이다. 실제로 자본주의 황금기에 미국과 프랑스에서 최저임금이 급격히 상승하면서 임금불평등도 크게 줄어들었다. 그는 이런 현상이 영국 등 다른 많은 선진국에서도 관찰된다며, 수많은 자료에 비추어볼 때 최저임금이 임금불평등의 변화에 핵심적 역할을 한다는 것은 의심할 여지가 없다고 단언했다.[33]

남미의 여러 국가에서도 최저임금 제도의 실효성이 검증되었다. 19개 라틴아메리카 국가들을 상대로 한 한 연구에 따르면, 라틴아메리카에서는 1980년대와 1990년대 소득불평등이 매우 심했으나 2000년대에 들어와서 거의 대부분의 국가에서 소득불평등도가 현저하게 떨어졌다. 여러 가지 증거들을 종합해본 결과 큰 폭의 최저임금 인상이 한 가지 중요한 요인이었음이 드러났다.[34] 이에 덧붙여 두 가지 재미있는 연구결과를 보고했다. 첫째, 경제성장과 소득불평등 사이에는 뚜렷한 인과관계를 찾을 수 없었다. 성장률이 높은 나라에서나 낮은 나라에서 모두 소득불평등도가 떨어졌다. 둘째, 소득불평등도의 감소가 정치 체제의 이념과도 관계가 없었다. 좌파 정부에서나 우파 정부에서 모두 소득불평등도가 낮아졌다. 최저임금을 높이고 사회복지 지출을 확대하면 경제성장률의 높고 낮음 그리고 좌파 정권이냐 우파 정권이냐에 관계없이 소득불평등을 크게 줄일 수 있다는 것이다.

우리나라의 경우 한 가지 흥미 있는 것은, 최저임금의 인상 정도가 정권에 따라 크게 차이가 난다는 사실이다. 보수정권으로 분류할 수 있는 김영삼정부와 이명박정부에서 최저임금 상승률은 낮았고, 반면에 진보정권이라고 할 수 있는 김대중정부와 노무현정부에서는 높았다.[35] 다만 우리나라에서는 최저임금제도가 불평등 완화에 기대만큼 큰 효과를 거두기 힘들다는 주장도 있다. 앞에서도 살펴보았듯이 우리나라 빈곤층에 근로 능력이 없는 노인들이 많은 탓이다. 그래서 우리나라에서는 최저임금이 임금불평등을 줄이는 데는 효과적이겠지만 소득불평등을 줄이는 효과는 크게 기대하기 어렵다는 것이다.[36] 우리나라의 소득불평등을 줄이기 위해서는 최저임금제도와 더불어 다른 보완책들이 같이 동원되어야 할 것이다.

사회적 대타협

임금불평등의 또 하나의 원인이 되고 있는 고액연봉에 관해서도 여러 가지 대안들이 모색되고 있다. 그중 하나는 최고위직 보수와 최하위직 보수의 비율에 한계선을 두는 조치다. 실제로 선진국에서는 여러 회사가 이 제도를 실시하고 있는데, 그 비율은 회사마다 다르다고 한다.[37] 예를 들면 스페인의 대기업인 몬드라곤 협동조합은 경영진의 보수가 최하위 노동자 보수의 6.5배를 넘지 못하도록 하고 있다. 국민적 합의로 보수에 관한 규약을 만들어서 최고위직 보수와 최하위직 보수의 비율을 법으로 못 박는 방법도 있다. 2013년 스위스에서는 경영진의 보수가 최하위 보수보다 12배 이상이 되지 않도록 제한하자는 제안이 국민투표에 붙여졌다. 결국 이 제안은 부결되었지만, 스위스 유권자의 35%나 되는 많은 사람들이 찬성했다. 영국을 비롯한 다른 여러 나라에서는 소득불평등을 줄이기 위해서 최고위직 보수를 제한하자는 운동이 활발하게 벌어지고 있다.

이와 같이 임금격차 확대를 막기 위해 고액연봉에 제한을 가하는 방법을 사용할 수도 있지만, 애당초 고액연봉이 나타나지 않도록 여건을 조성하는 것도 중요하다. 앞에서도 살펴보았듯이 고액연봉이 나타나는 이유를 설명하는 이론은 여러 가지다. 그중 하나는 초고소득층에 대한 세금 인하를 그 원인으로 본다. OECD 회원국들 중에서 CEO의 몫이 가장 크게 증가한 나라들은 고액연봉에 대한 세금 감면을 가장 많이 한 나라들이다.[38] 유럽대륙 국가들보다는 미국과 영국에서 특히 큰 폭의 조세감면이 단행되었는데, 이런 조치가 1980년대 이후 미국과 영국에서 최고경영자들의 보수가 급격히 높아지게 한 한 원인이라는 것이다. 초고소득자의 경우 소득의 80~90%를 세금으로 가져간다고 하면, 최고경영자들이 굳이 더 많은 보수를 받으려고 애쓰지 않을 것이다. 그러나 세율이 30%대로 급격하게 낮아지면서 최고경영자들이 가져갈 수 있는 보수의 규모도 커졌다. 1980년 이후 최고경영자들이 더 높은 보수를 받기 위해서 이사들이나 주주들을 설득하는 데 상당히 많은 시간을 투입했다는 증거들이 있다. 사실 개인의 생산성은 객관적으로 측정하기가 매우 어렵고 모호한데, 그 덕분에 최고경영자들이 별 증거 없이도 이사들이나 주주들에게 자신들이 얼마나 많은 기여를 했는지 설득하기도 쉽다.

그러나 엄청난 고액연봉이 최고경영자들의 생산성 향상에 별로 크게 기여하지 않았다는 조사결과도 나왔다. 이어서 최고경영자의 생산성과 고액연봉 사이에는 별 관계가 없다는 연구결과도 국제적으로 많이 인용되었다. 사실 보수진영의 주장대로 고액연봉이 생산성을 반영한다면 경영자 연봉이 지금보다 많이 낮았던 1950~1970년대의 생산성이 연봉이 하늘을 찌르기 시작한 1990년대 이후의 생산성보다 두 배 더 높았던 사실이 설명되지가 않는다.

어떻든 최고경영자의 고액연봉에 관한 연구들은 선진국에서 가장 적절한 최고세율은 80% 이상이라고 추정했다. 이런 높은 세율은 소득세층에서 최상위 0.3%, 많아야 최상위 1%에게만 적용되며, 경제 성장에 아무런 지장을 주지 않는다. 오히려 경제적으로 불필요한 행태를 합리적으로 억제하고 성장의 과실을 좀 더 많은 사람에게 제공하는 데 기여한다는 것이다.

세계에서 가장 평등한 복지모범국인 북유럽 국가들은 최저임금 제도나 고액연봉 제한과 같은 소극적이고 단편적인 수단보다는 훨씬 더 큰 틀에서 고용안정 및 임금불평등 문제를 다루어왔다. 대표적인 것이 노사정 연대를 바탕으로 한 이른바 '연대임금정책'이다. 기본적으로 연대임금정책은 정부의 지원 아래 노동자와 사용자 간 대타협을 통해서 이루어진다. 사실 임금을 둘러싼 사회적 갈등의 핵심은 저임금과 임금차별이다. 같은 종류의 일을 하는데 한 사람에게는 높은 임금을 주고 다른 사람에게는 낮은 임금을 준다면 누구도 납득하지 못할 것이다. 우리나라 정규직과 비정규직의 임금이 크게 차이나는 게 그런 경우다. 1957년부터 본격적으로 실시된 스웨덴의 연대임금정책은 두 가지 원칙 위에 서 있었다. 그 하나는 동일노동 동일임금의 원칙이고, 다른 하나는 고임금과 저임금 간 격차를 줄이는 것이다.[39] 스웨덴 정부는 연대임금정책을 지원하면서 여기에 적극적 노동시장정책을 연계하여 실직자들을 새로운 성장 산업으로 이동시켜 고용을 유지했고 산업구조의 개편을 시도했다. 연대임금정책의 실시 이후 노동조합은 지나친 임금인상 요구를 자제했으며, 저임금 노동자의 임금수준이 높아진 결과 산업 간 그리고 산업 내 임금 격차가 크게 줄어들었다. 스웨덴의 사례는 정부와 전국적인 노조조직의 적극적인 협력을 바탕으로 추진된 연대임금정책의 원형으로 꼽히면서 많은 학자들의 주목을 받았고 국내에도 잘 알려져 있다.

한편 사회적 협약에 입각한 네덜란드의 연대임금정책도 국제사회의 많은 주목을 받았다. 1960년대 초반까지 네덜란드는 정부의 임금 지침 정책을 골자로 한 임금결정 체계를 유지했는데, 1960대 후반 노동력 부족 현상이 나타나면서 이 체계를 폐기하고 연대임금정책으로 선회하게 되었다.[40] 네덜란드의 연대임금정책 역시 단순히 임금에 관한 것뿐만 아니라 근로시간 단축, 시간제 일자리 확대를 통한 일자리 창출, 노동자의 경영참여 등을 포함하고 있다.

네덜란드는 경제위기가 닥칠 때마다 노동자·사용자·정부 사이에 새로운 협약을 맺었다. 1993년의 노사정 협약에서는 노조가 임금인상 요구를 자제하는 대신 사용자 측이 노동자 훈련에 대한 투자 확대와 일자리 창출을 위한 최대한의 노력을 하기로 했고, 정부는 비정규직 노동자를 보호하기 위한 다양한 제도의 실시와 근로소득세 인하를 약속했다. 네덜란드는 전제 노동자 중에서 시간제 노동자의 비율이 OECD 회원국들 중에서 가장 높다. 독일 역시 스웨덴의 연대임금정책과 비슷한 정책을 시행하고 있는 나라로 꼽힌다. 다만 스웨덴의 연대임금정책이 적정 임금의 보장에 좀 더 무게를 두는 반면 독일은 고용안정 쪽에 무게를 둔다는 점에서 좀 다르다. 독일의 기업에서도 노동자들이 경영에 참여한다.[41] 우리나라에서는 노동자의 기업경영 참여는 고사하고 간섭조차 금기시되고 있지만 유럽의 국가에서는 노동자의 기업경영 참여는 보편적이다. 노동자의 경영참여를 폭넓게 허용하고 있는 독일이나 서유럽 국가들은 탄탄한 경제력을 바탕으로 안정된 사회를 꾸려왔다.

임금 및 노동조건에 대한 스웨덴과 네덜란드의 사회적 협약과 유사한 협약들이 1950~1960년대의 북유럽은 물론 거의 모든 서유럽 국가에 존재했는데, 실행 결과는 상당히 고무적이다.[42] 우선 저임금 문제를 해결함으로써 임금수준이 낮은 부문에서 일하는 노동자의 임금조건을 개선할 수 있었으며, 비합리적인 임금격차를 줄임으로써 임금인상을 둘러싼 소모적 경쟁이나 사회적 갈등을 줄였다는 점도 높은 평가를 받았다.[43] 미국이나 영국 등 신자유주의 노선을 취한 나라들과는 달리 북유럽 국가들과 독일은 2008년 세계경제위기에도 불구하고 안정적 경제성장을 유지했다. 이와 같이 다수의 국가에서 사회적 협약에 입각한 연대임금정책이 잘 시행되었다는 사실은 다른 나라에서 이 정책을 실행할 경우의 전망을 밝게 한다.

그렇다면 우리나라는 어떤가? 물론 우리나라는 북유럽 국가들과 다른 여건에 놓여 있다. 우선 우리나라에서는 서구식의 산업별·직종별 노조가 잘 발달돼 있지 못하다는 지적이 있다. 따라서 '동일노동 동일임금' 원칙이나 비정규직 감축, 저임금 노동자의 처우 개선 등 노동자 전체의 이익을 대변하면서 노사정 대타협을 이끌어낼 만한 동력과 조직이 크게 부족하다. 지금의 기업별 노동조합들은 노동자 전체의 이익보다는 조합원들의 이익을 챙기기에 급급한 실정이다. 그러다보니 우리나라에서 노동조합은 자기들의 이익만 추구하는 이기적이고 전투적인 단체라는 비판을 많이 산다. 그 많은 비정규직 노동자의 문제에 관해서도 우리나라 노동조합은 힘을 쓰지 못하고 있다. 한 가지 분명한 것은 노조 활동이 강한 소수의 기업에서는 임금수준이 아주 높고 그렇지 못한 기업에서는 임금수준도 무척 낮으면서 노동조건도 매우 열악하다는 것이다.

그동안 스웨덴을 비롯한 북유럽의 사회적 협약 사례들이 우리나라에 많이 소개되면서 사회적으로 노사정 대타협이 많이 거론되었다. 북유럽처럼 노사정 대타협이 이루어진다면 수많은 노동 현안들이 해결될 수 있을 것이다. 그러나 이들 나라에서 노동자 전체의 이익을 충실히 대변하는 전국적 노동조합이 적극적으로 나섰기 때문에 노사정 대타협이 가능했다는 점을 생각하면, 우리나라에서 북유럽식의 사회적 협약이 이루어지기 위해서는 무엇보다 모든 노동자를 대표할 수 있을 만한 노동조합이나 단체가 만들어져야 하고, 정치권이 굳은 의지를 가지고 강력한 리더십을 발휘해주어야 할 것이다.

8장

경제적 불평등과
불평등한 민주주의

극심한 부의 집중은 민주주의와 양립할 수 없다

경제와 사회에 미치는 불평등의 각종 해악들이 학계의 주목을 받는 가운데, 심한 불평등이 민주주의에 미치는 악영향에 관하여 학자들의 관심도 점차 높아지고 있다. 불평등과 민주주의 사이의 관계를 파헤친 연구들이 과거에도 많이 있었다. 프린스턴대학의 래리 바텔스 Larry M. Bartels 교수는 자신의 연구 그리고 다른 학자들의 연구들을 종합해본 후 다음과 같은 결론을 내렸다. 즉 불평등이 심해지면서 민주주의 사회의 정부가 국민의 절대다수의 의사를 무시한 채 극소수 부유층의 요구를 떠받들면서 이들을 위한 정책을 계속 추진한다는 것이다. 이런 주장을 뒷받침하는 증거가 계속 나타나고 있다.

불평등 문제라고 하면 많은 사람들이 단순히 경제적인 문제로 보거나 사회정의의 문제 정도로 보는 경향이 있다. 이제 우리는 심한 불평등이 민주주의를 파괴한다는 점에도 주목해야 한다. 바텔스 교수가 말한 '불평등한 민주주의'는 정치학자들에게 하나의 수수께끼다. 만일 민주주의 원칙에 맞게 정치권이 국민 전체의 뜻을 골고루 잘 떠받든다면 날이 갈수록 부유층은 더 부유해지고 저소득계층은 더 가난해지는 일은 없을 것이다. 민주주의 정치를 설명할 때 전통적으로 정치학자들이 자주 내세우는 이론 중 하나는 이른바 '중위투표자 이론median-voter theorem'이다. 민주주의 정치에서 투표결과는 극우도 아니고 극좌도 아닌, 부유층도 아니고 빈곤층도 아닌, 중간에 있는 다수에 의해서 결정된다는 것이다. 만일 이 이론이 옳다면 바텔스 교수가 말하는 불평등한 민주주의는 있을 수 없다.

그렇다면 불평등한 민주주의가 나타나는 이유는 무엇일까? 단연 정경유착과 부정부패를 먼저 생각해보지 않을 수 없다. 이런 유명한 말이 있다. "우리는 두 가지 중에서 하나를 선택해야 한다. 그 하나는 민주주의 사회이고 다른 하나는 극심한 경제적 불평등 사회다. 이 두 가지를 한꺼번에 가질 수는 없다."[1] 왜 그럴까? 경제적 불평등이 극심해지면 자연히 돈으로 권력을 사는 일이 잦아지면서 정치권은 저소득계층의 요구를 무시한 채 돈을 가진 사람들의 이익만을 대변하게 된다. 그러면 국민의 의사를 골고루 반영한다는 민주주의 원칙이 무너지면서 민주주의는 껍데기만 남는다는 것이다. 바텔스 교수 역시 불평등한 민주주의를 경제적 불평등과 연결시키고 있다. 신자유주의의 거센 바람과 함께 불평등이 극심해지고 정경유착과 정치부패가 극성을 부리게 된 1980년대 이후 미국의 상황을 그는 "신新도금 시대"

로 묘사하고 있다.[2] 남의 나라 얘기만 하고 있을 때가 아니다. 우리나라에서 그 고질적인 정경유착과 정치부패가 11월 촛불혁명을 초래했다. 박근혜정부가 대기업으로부터 뜯어낸 700여 억 원의 돈은 정경유착의 지극히 작은 한 단면일 뿐이다.

물론, 정경유착과 정치부패가 새삼스러운 일은 아니다. 과거에도 늘 있었다. 과거 박정희정권과 같은 권위주의적 정권의 시대처럼 정부의 입김이 강한 '큰 정부'의 시대에는 정경유착과 정치부패가 극성을 부리는 것이 이상한 일이 아닐지도 모른다. 그러나 미국의 경우 신도금 시대는 '작은 정부, 큰 시장'을 지향하는 신자유주의 시대이기도 하다. 왜 그런 시대에 미국의 금융시장이 붕괴될 정도로 정경유착과 정치부패가 극에 달했을까? 결국 '큰 시장'에 문제가 있었던 것으로 밝혀지고 있다. 어떻든 정경유착과 부정부패가 늘 있는 일이라고는 하지만, 그 정도가 문제다. 작금의 정경유착과 부정부패는 민주주의의 기본가치를 훼손하며 민주주의 그 자체를 위협하는 지경에 이르렀다는 것이 많은 학자들의 깊은 우려다.

정치를 바라보는 새로운 시각

그렇다면 정경유착이 왜 극심해지는가? 그 이유에 관해서는 이미 많은 연구가 이루어졌고 많은 객관적 자료가 축적되어 있다. 정치경제학의 시각에서 보면, 정경유착이 심해지는 이유를 크게 두 가지 측면에서 짚어볼 수 있다. 그 하나는 정치가와 관료의 행태이고, 다른 하나는 유권자의 행태다. 이상적인 관점에서, 정치가들은 국민의 뜻을 떠받들고 관료는 국민을 위해서 봉사하고 공익을 위해서 헌신하는 존재들이다. 정치가와 관료를 공복公僕이라고 부르기도 한다. 전통적으로 정치학자들도 그렇다고 생각했고, 경제학자들도 여기에 동조하여 정부는 '자비로운 독재자'라고 보았다. 그러나 약 반세기 전에 민주주의 선진국, 미국에서 그런 통념을 정면으로 부정하는 일단의 학자들이 나타났다. 후에 '신정치경제학(혹은 공공선택이론)'이라고 불리면서 크게 위세를 떨치게 되는 이들의 이론에 따르면 행위의 동기 면에서 정치가나 관료들은 장바닥의 장사꾼과 별 다를 바 없다. 이들역시 공익이 아닌, 자기 자신의 이익을 위해서 활동한다는 것이다. 정확하게 말하면, 그렇게 보는 것이 합리적이라는 이야기다.[3]

정치가와 관료가 장바닥의 장사치들과 별 다른 바가 없다고 보는 신정치경제학의 시각이 너무 지나치다고 생각할지도 모르겠다. 그렇지만 아주 터무니없는 것도 아니다. 정경유착이니 부처이기주의니하는 말들이 이미 우리 일상생활 구석구석에 널리 퍼져 있지 않은가. 2012년의 한 여론조사에서 정치인을 어떻게 생각하느냐고 물었더니 응답자의 거의 80%가 "자신들의 명예와 권력욕만 채우는 사람" 혹은 "자리를 유지하기 위해 분쟁만 일삼는 사람"이라고 답했다. 우리나라만 그런가? 그렇지 않다. 미국도 사정은 비슷하다. 위에서 소개한 신정치경제학이 미국 정치의 중심지에서 시작되었다는 사실에 주목할 필요가 있다. 신정치경제학의 개척자들은 미국 수도권에 살면서 정치가들과 관료들의 행태를 바로 코앞에서 직접 목격하고 이를 바탕으로 자신들의 이론을 발전시켰다. 그 출발점은 정치가와 관료가 공익이 아닌, 사익을 추구하는 존재라는 가설이다.

그런데 이 '사익추구 가설'이 옳다고 해도 국민이 정치가와 관료들을 철저히 감시하고 사익추구를 단호하게 응징한다면 정경유착이 발생하기 어려울 것이다. 민주주의 국가에서 정치가와 관료는 국민의 대리인이다. 대리인은 주인의 뜻을 받들어 모셔야 한다. 그럼에도 불구하고 보이지 않는 뒷구멍에서, 주인의 이익이 아닌 자신들의 이익을 추구하는 일이 자주 발생하기 때문에 경제학자들은 이런 현상에 '주인-대리인 문제'라는 이름을 붙였다. 대리인이 주인의 뜻을 따르지 않으면 주인은 당연히 이를 제때에 단호하게 응징해야 한다. 주인이 주인 노릇을 제대로 하지 않으면 대리인은 언제나 주인을 배신한다. 그러므로 정치가와 관료들이 어떻게 행동하는가는 궁극적으로는 국민 각자가 하기에 달려 있다. 안타까운 것은 민주주의 국가에서 국민이 주인의 노릇을 제대로 하지 못하고 있다는 사실이다. 너무나 많은 사람들이 정치에 무관심하고 무식하며 투표율도 저조하다. 민주주의는 국민의 적극적 정치참여를 전제한다. 국민이 정치에 무관심하고 무지하며 투표장에 나가지 않는다면 민주주의가 이루어질 수 없다.

그렇다면 민주주의 국가에서 왜 국민이 정치에 무관심하고 무식하며 투표에 잘 참여하지 않는가? 신정치경제학은 색다른 대답을 내놓았다. 국민이 합리적이기 때문이라는 것이다. 마치 시장에서 손익계산에 따라 행동하듯이 정치에 관해서도 그렇게 행동한다는 이야기다. 손익계산을 해보면, 정치에 관심을 가지고 적극 참여하는 것은 밑지는 장사다. 투표권을 제대로 행사하기 위해서는 우선 정치현실을 잘 파악하고 후보자들의 됨됨이와 그들의 공약에 관하여 정보를 수집하고 공부해야 한다. 하지만 그런다고 해서 돈이 생기는 것도 아니요, 누가 상을 주거나 박수를 쳐주지도 않는다. 공연히 시간과 정력만 들어갈 뿐이다. 그럴 시간에 TV를 보거나 쇼핑을 하거나 하다 못해 낮잠을 자는 것이 개인으로서는 훨씬 더 이익이다. 이런 밑지는 장사는 하지 않는 것이 합리적이다. 신정치경제학 학자들에 따르면, 소비자나 기업뿐만 아니라 유권자들도 손익계산에 따라 합리적으로 행동하므로 정치와 정치가에 대하여 관심도 없고 알려고 하지도 않는다. 이것이 이른바 신정치경제학의 두번째 가설인 '합리적 무지 가설'의 핵심 내용이다.

현실에 비추어보면 이 가설이 그럴듯해 보이는 구석이 없지 않다. 많은 유권자들이 후보자 개인의 역량을 따져보지도 않고 무조건 자신과 동향이라고, 혹은 동문이라고 표를 던지는 일이 오히려 정상적이라 느껴질 정도로 횡행하고 있다. 2012년 대통령선거에서 많은 유권자들이 박근혜 후보의 됨됨이를 제대로 몰랐던 탓에 그녀가 대통령에 당선될 수 있었다. 그렇다면 민주주의 최선진국이라고 알려진 미국은 어떤가? 흔히 미국인들은 정치 얘기를 많이 하는 국민으로 소문나 있다. 그럼에도 불구하고 한 조사에 따르면 미국 국민의 절반 이상이 자기 지역구 국회의원의 이름을 모른다. 75%가 국회의원의 임기를 모르며, 70%가 어떤 정당이 하원의 다수당인지 모르고, 60% 이상이 상원의 다수당을 모른다. 그러면서도 80% 이상이 부시대통령의 애완견 이름이 '밀리'라는 것은 잘 알고 있었다. 허나 그가 사형 제도를 지지한다는 사실을 알고 있는 유권자의 수는 15%도 되지 않았다.[4] 그러니까 정치에 대하여 안다고 해봐야 하찮은 것들만 알고 정작 중요한 것은 잘 모른다.

그리고 설령 정치현실과 후보자에 대하여 잘 알고 있다고 하자. 그렇다고 꼭 투표장에 가서 투표하란 법은 없다. 투표한다고 해서 당장 내 손에 떨어지는 이익은 거의 없다. 그저 내가 원하는 후보가 당선된다면 기분이 좋을 뿐이다. 그러나 내가 던진 한 표가 그 후보를 당선시키는 데 결정적일 확률은 비 오는 날 벼락을 맞아 죽을 확률만큼이나 낮다. 하지만 투표를 하러 가는 데는 자신의 시간과 노력을 할애해야 하고, 혼자나 친구들과 같이 노는 즐거움을 포기해야 한다. 이것이 경제학에서 말하는 기회비용이다. 이런 각종 비용을 고려하면 투표하는 행위는 얻는 것보다 잃는 것이 더 많은, 손해 보는 장사다. 그러므로 순수하게 경제논리를 적용하면, 합리적인 유권자는 투표하러 가지 않는다는 결론이 나온다. 실제로 국회의원 선거 때 투표율이 40%를 밑도는 경우도 많다.

왜 이렇게 정경유착이 심한가?

만일 신정치경제학의 그 두 가설이 옳다면, 다시 말해서 정치가와 관료들이 공익이 아닌 사익을 추구하며, 유권자들이 정치에 대하여 관심도 없고 알려고 하지도 않는다면 무슨 일이 벌어질까? 신정치경제학이 꼽은 가장 심각한 문제는 정경유착이다. 정경유착은 온갖 비리와 부정부패의 온상이다. 신정치경제학이 정경유착의 구체적인 내용에 대해 두 가지 이론을 제시한다. 하나는 이른바 '포획 이론'이고 다른 하나는 '지대추구 이론'이다. 포획 이론은 말 그대로 정치가와 관료들이 기업계의 큰손들에게 포획된다는 것이다. 포획된 정치가와 관료는 큰손들의 요구대로 그들에게 이익이 되는 규제를 도입하고, 손해가 되는 규제를 완화하며, 조세감면 조치를 취한다. 또 각종 불공정 거래를 묵인해주고 뒷돈을 받아 챙긴다.

한편 지대추구이론에 의하면, 기업계는 정치권과 결탁해서 각종 특혜를 챙긴다. 예를 들면, 정부에 압력을 넣어서 진입장벽을 만든 다음 독점이익을 편취한다든가 외국 상품에 비싼 관세를 부과하게 정부에 압력을 넣는다든가, 국민의 세금으로 공공사업을 일으키게 해서 각종 이권을 챙긴다. 많은 반대를 무릅쓰고 강행한 이명박정부의 4대강사업이 대표적인 사례다. 4대강사업은 경제를 활성화시키지도 못했고 고용도 제대로 창출하지 못한 채 건설업체들의 잇속만 챙겨주었다는 비판을 받았다.

정경유착의 고리 역할을 하는 것이 각종 로비단체들인데, 전국경제인연합(전경련)이 그 대표적인 예다. 2016년 전경련은 700여억 원의 거금을 재벌로부터 갹출해서 최순실이 사실상 운영했다고 알려진 두 재단에 제공했다고 공식적으로 시인했다. 미국은 로비단체들의 천국으로 알려져 있다. 지대추구이론을 개척한 고든 툴럭Gordon Tullock 교수는 막대한 고급 인력들이 로비단체에서 지대추구 활동에 종사하는 것을 안타깝게 생각했다. 미국 수도권에 거주하는 정치경제학자들이 대개 그렇겠지만, 툴럭 역시 많은 로비스트들과 개인적으로 잘 알고 지냈다. 의회를 통해 영향력을 행사하는 로비스트들은 "매우 똑똑하고 야심에 차 있으며 (…) 지대추구에 종사하지 않았더라면 다른 일로도 많은 돈을 벌 수 있는 재능 있는 사람들"이라고 툴럭은 이야기한다.[5] 미국이 선진국들 중에서 최고로 불평등한 사회가 된 하나의 중요한 요인으로 많은 학자들이 이러한 정경유착의 만연을 꼽았다.

신정치경제학이 옳다면, 정치권이 국민을 충실히 섬긴다는 보장이 없다. 국민들은 우리 사회에 만연한 정경유착을 정치권이 척결해주기를 간절히 원하지만 오히려 날이 갈수록 심해지는 데는 이런 이유가 있는지도 모른다. 일찍이 노무현 대통령은 "모든 권력이 시장으로 넘어갔다"고 공개적으로 말한 적이 있었다.[6] 이 말은 과감하게 경제민주화를 추진하고, 불평등을 줄이려고 애를 써도 재벌과 보수언론이 워낙 완강하게 반대하는 통에 꼼짝을 할 수 없었음을 암시한다. 국민이 경제민주화를 그토록 요구했지만, 정치권은 나 몰라라 하고 있고 초과이익공유제도 흐지부지되었다. 무엇보다도 굵직한 국제기구들조차 경고할 정도로 우리나라의 불평등이 심해지고 있음에도 불구하고 우리 정치권은 근원적인 대책을 내놓지 못하고 있다. 그러니 정치권에 대한 국민의 신뢰가 아주 낮을 수밖에 없다.

우리나라보다 불평등이 더 심한 미국에서는 선출직 공직자들이 일반 서민의 요구에 매우 둔감하다는 증거들이 많이 쏟아져 나오고 있다. 바텔스 교수는 국회의원의 국회 표결 성향에 대한 자료들을 분석하고 그때까지의 수많은 연구들을 종합해본 결과 국회의원들이 국민 전체의 이익이 아닌, 소수 부유층 유권자들의 이익을 더 충실히 대변해왔다는 결론을 내렸다. 1990년대 이후 대부분의 여론조사에서 미국 국민의 압도적 다수인 80% 이상이 최저임금의 인상을 지지했으며 그 지지율이 70% 이하로 떨어진 경우는 단 두 번밖에 없었다. 그럼에도 불구하고 그 기간에 최저임금의 실질 가치가 크게 하락했다는 사실에 많은 학자들이 놀라고 있다.[7] 미국의 권위 있는 여론조사 기관의 조사결과에 의하면, 응답자의 압도적 다수가 20년 전에 비해서 빈부격차가 더 커졌다고 응답했으며, 이들의 거의 대부분은 그것이 나쁜 현상이라고 보았다.[8] 오늘날에도 거의 대부분의 미국인들이 평등주의적 가치를 강력하게 지지하고 있고, 부유층이나 사업가들보다는 중산층 내지는 빈곤층에 더 우호적이며, 부유층이 더 많은 세금을 내야 한다고 생각한다. 만일 국민의 뜻에 따른다면, 정치권은 부유층에 대한 세금 인상과 저소득계층을 위한 사회복지의 확대에 적극적으로 뛰어들 것이다. 그러나 이것은 순진한 생각이다. 현실은 정반대로 진행되었고, 미국은 선진국 중에서 가장 불평등이 심한 나라가 되었다.[9] 2000년대에 들어와서 부유층의 조세부담을 대폭 줄여주는 감세조치가 여러 차례 있었는데, 특히 부시정부의 감세감면은 역사상 최대 규모였다고 한다.[10]

이런 여러 연구 결과들은 다음과 같은 악순환의 형성 과정을 설명해준다. 경제적 불평등이 심해지면 부유층에게 유리하게 정치권이 움직이며, 이 결과 저소득계층에게 점점 더 불리한 공공정책이 실시된다. 그리고 이것이 다시 경제적 불평등을 악화시키고, 정치에 대해 기대를 저버린 저소득층은 점점 더 정치에 관심을 끊게 된다. 경제적 불평등이 정치적 불평등을 낳고, 정치적 불평등이 경제적 불평등을 가속화시키는 악순환이 굴러가는 것이다. 이것이 사실이라면, 기술 진보·세계화·인구변화 등으로 인한 불평등은 시간이 흐르면서 서로 악화되고 깊어지며 돌이킬 수 없게 된다. 그러므로 우리가 진정 민주주의를 원한다면, 이 악순환의 고리를 끊어야 한다. 결국 그 악순환의 고리를 끊을 사람은 바로 국민 스스로뿐이다. 그 출발점은 국민이 국가의 주인 노릇을 제대로 하는 것이다.

합리적 무지보다 '비합리적 유식'이 더 문제다

신정치경제학이 현실의 한 측면을 잘 설명해주고 있는 것은 사실이다. 그리고 공정하고 평등한 사회를 만들기 위해서는 정치의 어떤 점을 경계하고 무엇을 극복해야 하는지를 우리에게 알려주는 면도 분명히 있다. 그러나 신정치경제학은 많은 비판을 받았다. 우선 이론의 시발점이 된 두 가지 가설에 비판이 집중되었다. 정치가와 관료가 장바닥의 장사꾼들처럼 사익을 추구하는 존재라는 가설 그리고 유권자들이 합리적이기 때문에 정치에 무관심하게 된다는 가설이 과연 옳은가?

이 가설을 비판하는 학자들은 유권자들이 그렇게 손익계산에 철저한 사람들이라고 보지 않는다. 합리적이기는커녕 오히려 비합리적이어서 더 문제라고 말한다. 예컨대 주기적으로 돌아오는 선거에서 현정권이나 선출직 공직자들을 심판할 때에는 과거 전 기간에 걸친 실적을 되돌아보고 꼼꼼히 따져봐야 한다. 그러나 유권자들은 대체로 최근의 일만 기억할 뿐 마치 선거의 해 이전 수년간의 실적, 특히 경제적 성과는 무시하거나 통째로 망각한 것처럼 행동한다. 그래서 우리나라의 경우 선거철에 갑자기 북한 간첩을 체포한다든가 북한의 테러를 크게 부각시키는 등 이른바 '북풍'을 불러일으켜서 유권자들을 현혹하려는 시도들이 많았다. 특정인이나 특정 집단을 빨갱이로 몰아서 선거판을 이념논쟁으로 몰아감으로써 다른 주요 사회적 현안들이 뜨지 못하도록 호도하는 수법도 자주 등장한다. 선거가 있는 해에 갑자기 시중에 돈을 많이 풀어서 경기를 반짝 살린다거나 실업률을 낮추는 꼼수도 역대 정권들이 애용하는 수법이다.

이런 꼼수가 현실에서 얼마나 잘 먹히는지 분석한 연구들도 있다. 예를 들면, 학자들은 미국의 경우 공화당 정권이 이런 꼼수로 단단히 재미를 보았다고 보고한다. 1952년부터 2004년까지 경제 관련 자료를 분석해보면 평균적으로 공화당 시절보다는 민주당 시절에 경제성장률이 더 높았고 실업률이 더 낮았다. 거의 모든 계층이 공화당 시절보다는 민주당 시절에 소득증가의 혜택을 더 많이 누렸다. 특히 국민의 다수를 차지하는 중·저소득계층이 민주당 시절에 현저하게 큰 혜택을 누렸다. 유권자들이 합리적이라면, 선거에서 민주당이 공화당을 압도해야 한다. 하지만 최근 7차례의 미국 대통령선거에서 공화당 후보가 5차례 당선되었다.

선거철에 집중되는 선거유세의 영향도 무시할 수 없다. 선거유세에 얼마나 많은 돈을 썼느냐가 유권자들의 선택에 지대한 영향을 준

종종 '합리적 선택'으로 포장되는 정치에 대한 혐오나 무지·무관심도 문제지만 그에 못지않게, 어쩌면 그 이상으로 위험한 것이 '비합리적 유식', 또는 '비합리적 착각'이다. 박근혜–최순실 게이트는 유권자의 잘못된 선택이 어떤 결과를 초래할 수 있는지 적나라하게 보여준 사건으로 볼 수 있다. (한국경제, 2015년 1원 10일)

다는 통계적 증거도 많다. 특히 지난 반세기 미국 대통령선거에서도 그런 증거가 확고하다고 한다. 우리나라도 더하면 더했지 결코 덜하다고 볼 수 없다. 한때 '8당 5락'이라는 말이 정치권에 파다했다. 국회의원 선거에서 8억 원을 뿌리면 당선되고 5억 원을 뿌리면 떨어진다는 뜻이다. 이런 현실의 여러 증거들이 신정치경제학이 말하는 유권자의 합리적 무지보다는 오히려 '비합리적 유식'이 더 큰 문제라는 주장의 근거가 된다.[11] 그러므로 정치가와 관료들로 하여금 국민에게 봉사하게 만들기 위해서는 유권자들이 우선 이런 근시안적인 태도부터 버려야 한다.

선거철마다 난무하는 각종 흑색선전과 가짜 뉴스도 경계 대상이다. 최근에는 SNS와 개인 메신저를 중심으로 특정 정치인과 정치 세력을 매도하는 글들이 자주 퍼지고 있다. 그것은 때로 뉴스기사 같은 형식을 하고 있어 자세히 보지 않으면 깜박 속아 넘어가기 쉽다. 그런데 정치인에 대해 정확하고 풍부한 통계와 객관적 기준에 입각해서 논리적으로 생각해보고 판단하는 사람이 과연 얼마나 될 것인가. 많은 사람들이 정치나 정치인에 관해서 자기 마음대로 생각한다. 그러다 보니 유난히 정치권에 착각이 성행한다. 왜 그럴까? 착각이 안도감이나 즐거움을 주기 때문이다. 복잡하게 생각할 필요 없이 마음에 들지 않는 정치인을 '나쁜 놈'으로 몰면 속이 후련해지기도 하고 모든 것이 간단하게 정리되니 속이 편하다. 심리학자들이 말하길, 사람들이 정치에 관해서 가지는 신념은 그것이 옳아서라기보다는 편안하고 마음에 들기 때문인 경우가 많다고 한다. 그래서 스스로 착각을 즐기게 된다.

사실 정치나 정치인에 관해서 착각하고 있다고 해서 특별히 손해 볼 일도 없어 보인다. 내가 사자보다 빠르다는 착각이 아프리카 초원에서나 극히 위험할 뿐 우리 일상생활에서는 별지장을 주지 않는 것과 같다. 반면 경제적인 문제에서는 착각으로 인한 손실을 쉽게 느낄 수 있으므로 심각한 착각이 오래 지속되기 어렵다. 가령 백화점 세일 기간에 50만 원짜리 가방을 30만 원에 샀다고 하자. 친구에게 자랑했더니 친구 왈, "이태원에 가면 그거하고 똑같은 거 지금도 단돈 10만 원이면 얼마든지 살 수 있어." 믿을 수 없어서 당장 달려가 봤더니 친구 말이 사실이었다고 하자. 그 순간 백화점에서 가방을 산 사람은

20만 원 날린 것이 억울해서 며칠 동안 잠도 못잘 것이다. 이와 같이 시장에서는 가격이나 상품의 질에 대하여 잘못 알고 있으면 낭패를 보고 후회막심이기 때문에 사람들은 상품을 사기 전에 충분히 알아보려고 열심히 검색하고 발품을 판다. 요컨대 시장에서는 각 개인이 착각하고 있을 때 분명한 피해를 보기 때문에 착각하지 않으려고 최대한 노력한다는 것이다. 그러나 정치판에서는 그렇지 않다. 특정 정치인에 대해 착각하더라도 일상생활에 아무런 지장이 없고 손해 볼 일이 없다고 생각하기 때문에 착각이 무성하게 된다는 것이다.

허나 정말 그러한가? 정치에 대한 착각이 아무런 손해를 안 주는가? 정치나 정부에 관해서 잘못 생각하고 투표를 하면, 당사자 개인에게 당장의 손해는 없다고 해도 결국 나라가 엉망이 되면서 우리 모두가 엄청난 손해를 보게 된다. 2016년 최순실 게이트로 촉발된 엄청난 국정 혼란이 우리 모두에게 얼마나 큰 고통을 주었는지를 기억해보라. 물론, 착각하고 말고는 개인의 자유라고는 하지만, 그런 착각을 확대 재생산하는 흑색선전이나 가짜 뉴스가 초래하는 사회적 손실을 생각한다면 이를 근절하는 단호한 제도적 장치가 절실히 요구된다.

인간은 두 가지 마음을 가지고 있다

신경기경제학은 또 한 가지 중요한 사실을 시사하고 있다. 인간은 두 가지 마음을 가지고 있다는 사실이다. 골초는 담배를 피면서도 언젠가는 끊어야 한다고 생각한다. 살을 빼기 위해서 다이어트를 해야 한다는 생각과 케이크를 먹고 싶은 생각 사이를 오락가락 하면서 이랬다저랬다 하는 아가씨들도 많다. 대학 학기말 시험을 앞두고 신나게 영화를 보다가 시험을 잡치고 크게 후회하는 대학생들도 적지 않다. 경제학자들은 대체로 이런 사람들을 의지박약자라고 하여 예외적인 것으로 취급한다. 그 많은 도박꾼, 술꾼, 골초, 대학생들이 예외적인 인간인가?

　과학자들은 단호하게 고개를 가로젓는다. 이들은 그런 이중적 성격이 모든 정상적인 사람들에게서 흔히 나타난다는 것을 증명해 보이고 있다. 그래서 어떤 학자는 인간의 선호를 제1차적 선호와 제2차적 선호로 나누기도 한다. 누구나 치과에 가기를 싫어한다. 치과에 대한 제1차적 선호는 '싫다'일 것이다. 그럼에도 불구하고 사람들은 치과에 간다. 좋아서 간다기보다는 가야만 한다고 생각하기 때문이다. '치과에 가야만 한다'는 생각은 제2차적 선호에서 나오며, 치과에 가는 행동은 바로 이 제2차적 선호에 따른 행동이다. 제1차적 선호는 사람들이 즉흥적으로 느끼는 욕망을 반영하며 제2차적 선호는 그 즉흥적 욕망에 대한 자신의 평가를 반영한 것이다. 그래서 제2차적 선호를 '선호에 대한 선호'라고 부르기도 한다.[12] 이렇게 보면, 제1차적 선호만이 우리의 참된 선호라고 말할 수는 없다. 되려 제1차적 선호가 후회의 원천이 되는 경우가 대단히 많다. 그래서 적절히 통제되어야 할 대상이기도 하다. 학기말 시험을 망치고 후회하느니 놀고 싶은 욕구를 억제하고 제2차적 선호에 따라 미리미리 공부해두는 것이 현명하다.

사람들의 즉흥적 욕망은 대체로 이기적이기 때문에 제1차적 선호는 이기적인 선호라고 할 수 있다. 식욕이나 성욕은 이기적 욕망이다. 시장은 사람들이 이기적인 마음에 따라 행동하는 곳이다. 누구나 자기가 원하는 것을 얻기 위해서 시장에 나가며, 시장에서는 자기 이익만 생각한다. 조국을 위해서 일부러 장보러 나가는 사람은 거의 없을 것이다. 옛날에는 우리나라 산업의 발전을 바라는 애국심에서 일부러 저질 국산품을 사주는 사람들이 많았지만 오늘날에는 그런 사람을 찾아보기 힘들다. 날로 나빠지는 경기 때문에 수많은 영세 상인들이 파리를 날리며 한숨 쉬지만 이들의 시름을 덜어주기 위해서 일부러 재래시장을 찾는 부잣집 마나님은 아마 거의 없을 것이다. 소비자뿐만 아니라 생산자도 이기적인 마음에 따라 행동한다. 진정 국민의 배고픔과 추위를 덜어주고 국민의 건강을 위해서 식량을 공급하고, 옷을 만들고, 집을 짓는 기업은 없다. 오직 돈벌이를 위해서 그런 사업을 할 뿐이다. 소비자의 구미에 맞추기 위해서 기업이 엄청나게 많은 정보를 수집한다고 하지만, 이들이 수집하는 정보도 순전히 자신의 이익에 도움이 되는 것뿐이다. 기업은 오직 돈벌이에 관련된 정보만 수집하기 때문에 값싸게 가공하고 처리하는 기술에 대한 정보는 놀라울 정도로 많이 수집하지만, 공익에 관계된 정보에는 관심이 전혀 없다. 법으로 강제할 때에만 공익에 도움이 되는 정보를 수집한다.

하지만, 대부분의 사람들은 이기적으로만 행동하지 않는다. '공적인 마음'으로 행동하기도 한다. 대부분의 정상적인 사람들은 자신의 이익을 생각하면서 동시에 전체의 이익을 생각하며, 사익을 추구하면서 동시에 공익도 추구한다. 예를 들어서, 선거날 투표하러 갈 것인가 아니면 친구들과 골프 치러 갈 것인가를 결정할 때, 제1차적 선호는 '골프 치러 간다'일 것이다. 따라서 제1차적 선호에 따르면 투표하지 않게 된다. 그러나 실제로는 많은 사람들이 투표를 하러 간다. 2017년 대통령선거에서는 투표율이 77%를 넘었는데, 국민의 77%가 그런 이기적 계산을 떠나서 '공적인 마음'에 따라 투표를 하러 간 것이다. 시민으로서의 의무감이나 민주주의의 발전을 염두에 두는 공적인 마음이 이들을 투표장으로 인도한다. 제2차적 선호는 바로 이런 공적인 마음에서 나온 선호로 이해할 수 있다.

일단 투표장에 갔다고 하더라도 누구에게 표를 던질 것인가를 놓고 마음의 갈등을 겪게 된다. 예를 들어서, 국회의원 선거에 나온 두 후보자 중에서 한 후보는 나와 개인적으로는 아주 친하지만 정치적으로는 무능해서 세금만 축낼 인물이고, 다른 후보는 내가 싫어하지만 정치적으로는 아주 유능해서 지역사회와 나라의 발전에 기여할 인물이라고 하자. 이럴 경우, 개인적 친분에 따라 친구에게 투표할 것인가 아니면 공익을 위해서 상대편 후보에게 투표할 것인가, 마음의 갈등을 겪게 될 것이다. 제1차적 선호에 따른다면 친구에게 표를 던질 것이고 제2차적 선호를 따른다면 상대편 후보에게 표를 던질 것이다. 하지만 실제로 어떻게 투표를 하든, 대부분의 사람들은 공적인 마음으로 투표해야 한다고 말할 것이다. 다시 말해서 투표를 할 때에는 마음속의 기어를 사익추구로부터 공익추구로 바꾸어야 한다고 대부분의 유권자들이 생각한다는 것이다. 이와 같이 정치 영역은 공적인 마음에 따라 행동하는 곳이다.

"어떤 정치가는 개자식이 아니다"

애덤 스미스는 경제학의 창시자로 알려져 있지만, 그는 탁월한 심리학자였다. 그 역시 인간심리의 이런 이중성을 잘 알고 있었다. 흔히 『국부론』이 애덤 스미스의 주저로 알려져 있지만, 그 자신은 이 책을 심심풀이로 썼다고 고백하고 있다.[13] 애덤 스미스의 밥벌이에 직결되면서 그를 유명인사로 만든 책은 『도덕감정론』이다.[14] 이 책에서 애덤 스미스는 인간의 행태가 '열정passions'과 '공정한 방관자impartial spectator' 사이의 갈등에 의해서 결정된다고 주장했다. 그가 말하는 열정은 식욕·성욕·분노·두려움·고통 등과 같은 감정을 의미하며, 공정한 방관자는 위에서 말한 제2차적 선호와 비슷한 것이다. 애덤 스미스는 열정이 인간의 행동을 직접 지배하며, 공정한 방관자는 열정에 따른 행동을 조정하거나 교정하는 역할을 수행한다고 보았다. 애덤 스미스의 논리에 따르면, 국회의원 선거 때에 국민의 30%는 열정의 충동을 극복하지 못하고 놀러갈 것이며, 70%는 마음속의 공정한 방관자가 요구하는 대로 투표하러 갈 것이다. 마음속의 공정한 방관자는 비록 싫거나 손해를 보더라도 양심이나 원칙에 따라 행동할 것을 우리에게 요구한다.

이런 마음속의 공정한 방관자 때문에 사람들은 항상 기분 내키는 대로만 행동하지는 않는다. 마음속의 공정한 방관자가 열정을 적절한 수준으로 잘 조정해주기 때문이다. 사람들로 하여금 공적으로 행동하게 만드는 요인으로 애덤 스미스는 정의감을 중요하게 들었다. 그는 대자연이 우리 인간의 마음속에 정의감을 심어놓았다고 주장했다. 오늘날의 심리학자들은 사람들의 정의감이 의외로 강하다는 것을 수많은 실험을 통해서 보여줌으로써 애덤 스미스의 이런 주장을 뒷받침하고 있다.

예를 하나 들어보자. 어떤 사람(A)에게 10만 원의 돈을 주면서 다른 사람(B)과 나누어가지라고 했다고 하자. 이 두 사람은 서로 전혀 모르는 사이다. 상대방에게 얼마만큼 나누어줄 것인지는 전적으로 돈을 가진 사람(A)이 결정한다. 10만 원을 몽땅 가질 수도 있고, 7대 3으로 나누자고 제안할 수도 있고, 6대 4로 나누자고 제안할 수도 있다. 단, 돈을 받는 사람(B)이 제안을 거부하면, 다시 말해서 합의가 안 되면, 10만 원은 회수되고 두 사람 모두 한 푼도 받지 못한다. 이런 게임의 상황에 처한다면, 사람들이 어떻게 행동할까? 전문가들이 흔히 '최후통첩게임'이라고 부르는 이 게임은 매우 유명해서 수많은 학자들이 여러 나라에 걸쳐 실험을 해보았다. 실험결과를 종합해보면, 돈을 가지고 있는 사람(즉, A)의 평균 제안액수는 45% 정도였다. 반반씩 나누자고 제안하는 사람들도 상당히 많았다. 의외로 많은 사람들이 생면부지의 남에게 관대하다는 것이 드러났다. 이보다 더 의외의 결과는 돈을 받는 입장에 처한 사람들(B)의 태도였다. 만일 돈을 가진 사람이 30% 이하의 금액을 제안하면, 돈을 받는 입장에 있는 사람의 절반 정도가 그 제안을 거부했다. 받는 사람의 입장에서 보면, 단돈 천 원이라도 받는 것이 합리적이다. 아무것도 받지 않는 것보다는 그게 이익이지 않은가. 그런데도 무려 절반이 자기 몫이 30% 이하의 제안일 때는 거부의사를 밝혔다. 겨우 그 정도를 받는 건 자존심 상한다든가 공평하지 않다는 것이 그 주된 이유다. 의외로 많은 사람들이 정의롭지 못한 행위에 대해 응징하려는 강한 마음을 가지고 있다. 정의감 때문에 자신의 손해를 감수하는 현상은 수많은 실험에서 일관되게 관찰된다.

이런 천부적 정의감 때문에 사람들이 공정한 방관자의 요구에 부응해서 공적으로 행동하게 된다. 물론, 공적인 마음이나 정의감이 강하다고 하더라도 일상생활에서는 열정의 요구에 따라 행동하는 경우가 많다. 때로는 열정에 휘둘리기도 한다. 술자리에서 행패부리는 사람들이 유난히 많은데, 이는 열정이 너무 강해서 공정한 방관자를 압도하는 경우다. 그러나 신정치경제학의 주장과는 달리 대부분의 정상인들은 열정에 따라 행동해야 하는 상황과 공정한 방관자의 말을 들어야 하는 상황을 잘 구분하며, 사적 이익에 따라 행동해야 하는 경우와 공적인 마음에 따라 행동해야 하는 경우를 잘 구분한다. 2016년 11월의 촛불혁명도 다수의 국민들이 공적인 마음에 따라 행동한 결과다. 사람들이 제1차적 선호에 따라서만 행동한다면 그런 촛불시위는 있을 수 없다. 11월 촛불혁명은 우리 국민의 공적인 마음이 얼마나 정련되게 쌓일이 보여주었으며, 동시에 우리의 민주주의 앞날에 큰 희망을 갖게 만들었다.

경제적 불평등이 심할 때에는 여론 수렴 과정에서 부유층의 영향

19대 대통령선거 토론회에 참여한 주요 대선후보들. 정치 무관심과 혐오가 만연하지만 당연하게도 모든 정치인이 '개자식'은 아니다. 금수저-흙수저의 대물림을 끊기 위해서는 유권자들이 불평등을 해소할 정치인을 선출해내야만 한다.

력은 커지고 빈곤층의 목소리는 무시되는 경향이 있다는 증거가 많지만, 그렇다고 해서 부유층이 모두 자신들의 이익만 앞세우는 이들은 아니다. 부유층에도 자신들의 이익에 도움이 되지 않는 평등주의적인 정책을 지지하는 사람들이 많다. 심한 불평등은 나쁜 것이요 없어져야 한다고 생각하는 부유층 인사도 적지 않으며, 우리 사회의 불평등이 너무 심해지고 있다고 우려하는 부유층 지식인도 적지 않다. 원래 마르크스도 금수저 출신이었다. 진보적 사상가가 되지 않았더라면 그는 평생 부유하게 잘살았을 인물이다. 정책형성 과정에서 엘리트계층의 입김이 강하게 작용하는 것이 사실이지만, 이들 중에도 저소득계층에 우호적이거나 평등 정책에 동조하는 인물들도 적지 않다. 엘리트계층의 사람들에게도 정의감은 있다. 우리 국민 모두가 골고루 잘살도록 해야 한다는 데 원칙적으로 반대할 사람은 없을 것이다. 따라서 중·저소득계층이 우리의 현실을 직시해 문제의식을 갖고 정치에 적극 참여하면서 우호적인 인사들의 지원을 받아낸다면 금수저·흙수저의 불평등을 없애는 데 상당한 정치적 영향력을 행사할 수 있다. 2016년 11월 촛불시위에서는 보수와 진보가 따로 없이 같은 목소리를 냈다는 데 주목해야 한다.

불평등을 줄이기 위해서는 저소득계층이나 사회적 최약자들의 지위향상을 위해서 정치인과 정당들이 조직적으로 경쟁하는 정치 여건을 조성하는 것이 중요하고, 또 그들의 지위를 올려주는 정당이 정권을 잡는 것이 중요하다. 어떤 정당이 정권을 잡느냐가 사회적 최약자의 복지에 무척 중요하다는 것을 보여주는 증거나 연구는 많다. 예를 들면, 최저임금의 인상 정도가 정권에 따라 크게 차이가 난다. 이정우 교수에 따르면, 실질 최저임금 상승률이 보수정권이라고 할 수 있는 김영삼정부에서는 3.1%, 이명박정부에서는 1.4%에 불과했지만, 진보정권이라고 할 수 있는 김대중정부에서는 5.5%, 노무현정부에서는 7.7%로 상당히 높았다.[15] 정당간 치열한 경쟁이 저소득계층에 이익이라는 증거는 별로 없지만, 저소득계층이 지지하는 정당의 승리가 이들에게 이익이 된다는 증거는 상당히 많다. 앞으로 그런 정당이 생겨나고 승리할 수 있는 사회가 돼야 한다.

정치가와 관료도 인간이기 때문에 두 가지 마음을 가지고 있다. 한편으로는 멸사봉공滅私奉公해야 한다고 생각하면서 또 다른 한편으로는 개인적 이익을 추구하고 싶은 마음도 가지고 있다. 사실, 개인적인 욕심을 죽이고 국민 전체를 위해서 헌신한 정치가와 관료들도 무척 많았다. 현실을 보면, 공익 정신에 투철한 정치가와 관료도 있지만, 어중간한 정치가와 관료들도 많다. 정경유착이 극심했던 '도금 시대'에 살면서 부패한 정치가를 극도로 혐오했던 마크 트웨인은 "모든 정치가는 개자식이다"라는 글을 썼다가 비난이 쏟아지자 "어떤 정치가는 개자식이 아니다"라고 고쳐 썼다고 한다. 그의 말이 사실이다. 나라가 잘 되기 위해서는 '개자식이 아닌' 공익 정신이 투철한 정치가와 관료들을 국민이 적극 지원하고, 어중간한 정치가와 관료에게는 공익 정신을 일깨워주고 공익에 따라 행동하도록 다그쳐야 한다. 그럼으로써 정치가와 관료들이 철저한 공익정신에 따라 국민을 섬기게 만들어야 한다. 11월 촛불혁명의 정신이 광장에서뿐만 아니라 일상에서도 살아 있어야 하는 것이다. 그것이 우리가 불평등과 싸워 이기는 방법이다.

머리말

1   김종철(2017), "촛불시위와 시민권력", 「녹색평론」 152호, 2017년

2   「조선일보」와 한국경제연구원이 리서치앤리서치에 의뢰한 여론조사 결과에 의하면, "앞으로 한국이 어떤 모습을 갖게 되기를 희망하느냐"라는 질문에 52.8%가 "저성장 해도 성장의 과실을 고르게 나누는 나라"라고 응답했고, 29.9%가 "경제가 축소되더라도 빈부격차는 전혀 없는 나라"라고 응답했고, 14.7%가 "빈부격차가 커지지만 고성장하는 나라"라고 응답했다. 「조선일보」, 2017년 2월 6일

3   한겨레신문사와 한겨레경제사회연구원이 2017년 3월 30일부터 4월 1일까지 실시한 여론조사 결과다. 「한겨레」, 4월 6일

4   「동아일보」, 2017년 1월 20일 송호근 교수 인터뷰.

5   「한겨레」, 「오피니언 김누리 세상읽기」, 2016년 12월 26일

6   Obama, B.(2014), "Inequality and Democracy", 「in Divided」 (edited by David Cay Johnston), New York: The New Press

1장

1   한국보건사회연구원과 조선일보가 2016년에 공동으로 조사한 결과임. 자세한 내용은 「조선일보」, 2016년 12월 14일자 참조.

2   인구 10만 명 당 자살자의 수로 측정하는 자살률이 26.5명이며, OECD회원국들의 평균은 12명이다.

3   장하성(2016), 「왜 분노해야 하는가」, 경기도 성남시: 헤이북스, 310쪽.

4   그는 「르상티망(resentment) 사회」라는 말을 썼다. 윤평중(2016), 「시장의 철학」, 경기도 파주시: 나남출판사, 227쪽.

5   "한국 사회가 공정한가"라는 질문에 그렇다고 대답한 응답자는 15.6%에 불과하다. 2009년 한국종합사회조사에 따르면 "한국은 소득 차이가 너무 크다"라는 주장에 응답자의 90.2%가 동의하는 것으로 나타났다. 다음 문헌 참조: 김윤태(2015), 「한국 사회의 불평등 담론」, 「불평등 한국, 복지국가를 꿈꾸다」(이정우·이창곤 외), 서울: 후마니타스; 이태수(2015), 「복지는 왜 불평등 완화에 기여하지 못했나?」, 「불평등 한국, 복지국가를 꿈꾸다」(이정우·이창곤 외) 서울: 후마니타스.

6   장하성(2016), 「왜 분노해야 하는가」, 경기도 성남시: 헤이북스, 101쪽.

7   홍민기(2016), "불평등의 현황, 원인, 전망", 국가미래연구원·경제개혁연구소·경제개혁연대 주최 '소득과 부의 불평등: 실상과 원인 및 전망' 세미나, 2016년 6월 7일, 중소기업중앙회 릴리홀

8   조윤제(2016), 「한국의 소득분배, 무엇이 문제인가」, 「한국의 소득분배」(조윤제 엮음), 경기도 파주시: 한울

9   김낙년(2015), 「한국의 소득불평등」, 「불평등 한국, 복지국가를 꿈꾸다」, 서울: 후마니타스

10   Keeley, B.(2015), 「Income Inequality: The Gap between Rich and Poor」, OECD

11 IMF(2015), Causes and Consequences of Income Inequality: A Global Perspective

12 서울대학교 금융경제연구원 주최 세미나, "소득불평등과 재정정책의 역할", 2015년 2월.

13 장하성(2016), 『왜 분노해야 하는가』, 경기도 성남시: 헤이북스, 209쪽.

14 김낙년(2016), "한국의 소득과 부의 불평등", 국가미래연구원·경제개혁연구소·경제개혁연대 주최 '소득과 부의 불평등: 실상과 원인 및 전망' 세미나, 2016년 6월 7일, 중소기업중앙회 릴리홀.

15 우리나라의 재산집중도를 OECD 회원국들과 비교해보면, 최상위 1%의 재산집중도는 상위권(28개국들 중에서 6위)에 속하고 최상위 10%의 재산집중도는 중위권(13위)에 속한다.

16 장하성(2015), 『왜 분노해야 하는가』, 경기도 성남시: 헤이북스.

17 장하성(2015), 『왜 분노해야 하는가』, 경기도 성남시: 헤이북스, 130쪽.

18 재산불평등만 보더라도, 2000년부터 2014년까지 우리나라는 터키 다음으로 재산집중도가 가장 빨리 증가한 나라다.

19 장하성(2015), 『왜 분노해야 하는가』, 경기도 성남시: 헤이북스.

20 현진권(2012), 「사회통합과 한국자본주의의 도약」, 『시대정신』 57호, 2012년 겨울호.

21 2015년 『철학과 현실』이 주최한 좌담에서 박재완 교수가 한 발언. 다음 문헌 참조: 『철학과 현실』, 2015년 여름호, 「특별 좌담: 경제 양극화의 진단과 해법」.

22 조윤제(2016), 「한국의 소득분배, 무엇이 문제인가」, 『한국의 소득분배』(조윤제 엮음), 경기도 파주시: 한울.

23 성명재(2016), 「재정과 소득분배」, 『한국의 소득분배』(조윤제 엮음), 경기도 파주시: 한울.

24 김낙년(2016), "한국의 소득과 부의 불평등", 국가미래연구원·경제개혁연구소·경제개혁연대 주최 '소득과 부의 불평등: 실상과 원인 및 전망' 세미나, 2016년 6월 7일, 중소기업중앙회 릴리홀.

25 이태수(2015), 「복지는 왜 불평등 완화에 기여하지 못했나?」, 『불평등 한국, 복지국가를 꿈꾸다』(이정우·이창곤 외), 서울: 후마니타스.

26 Bartels, L. M.(2009), 『Unequal Democracy』, Princeton: Princeton University Press.

27 허태균(2012), 『가끔은 제정신』, 서울: 쌤앤파커스.

28 허태균(2012), 『가끔은 제정신』, 서울: 쌤앤파커스.

29 복거일(2016), 『대한민국 보수가 지켜야 할 가치』, 서울: 북앤드피플

30 전병유·정준호(2016), 「한국에서의 성장과 빈곤, 불평등」, 『경제연구』 34권 2호, 한국경제통상학회.

31 장하성(2014), 『한국자본주의』, 경기도 성남시: 헤이북스.

2장

1 불평등과 사회악 사이의 관계에 대한 내용은 다음 문헌 참조: Wilkinson, R. and K. Pickett(2009), The Spirit Level, New York: Bloomsbury Press.

2 여기에서 말하는 폭력에는 절도와 강간을 제외한 것임.

3 Fukuyama, Francis,(1992), 『The End of History and the Last Man』, New York: Free Press. p. 11.

4 McRae, H.(1994), 『The World in 2020』, Boston: Harvard Business School Press, p. 18.

5 McRae, H.(1994), 『The World in 2020』, Boston: Harvard Business School Press, p. 35.

6 『동아일보』, 2017년 4월 14일.

7 Wilkinson, R. and K. Pickett(2009), 『The Spirit Level』, New York: Bloomsbury Press.

8 헨리 조지에 관해서는 다음 문헌 참조: 이정전(2015), 『토지경제학』, 서울: 박영사.

9 Deaton, A.(2013), 『The Great Escape: Health, Wealth, and the Origins of Inequality』, Princeton: Princeton University Press.

10 Wilkinson, R. and K. Pickett(2009), 『The Spirit Level』, New York: Bloomsbury Press.

11 Wilkinson, R. and K. Pickett(2009), 『The Spirit Level』, New York: Bloomsbury Press.

12 이정전(2004), 『시장은 정말 우리를 행복하게 하는가』, 경기도 파주시: 한길사.

13 Putnam, Robert D.(2000), 『Bowling Aone』, New York: Simon & Schuster.

14 프랜시스 후쿠야마(1999), 『대붕괴 신질서』(한국경제신문사 옮김), 서울: 한국경제신문사. 47쪽.

15 Fukuyama, Francis,(1992), 『The End of History and the Last Man』, New York: Free Press. p. 11.

16 Wilkinson, R. and K. Pickett(2009), The Spirit Level, New York: Bloomsbury Press.

17 설명의 편의상 질문내용은 필자가 취지를 살려 약간 조정한 것임. 다음 문헌 참조: 이정전(2008), 『우리는 행복한가』, 경기도 파주시: 한길사.

18 Wilkinson, R. and K. Pickett(2009), 『The Spirit Level』, New York: Bloomsbury Press.

19 Lane, R. E.(2000), 『The Loss of Happiness in Market Democracies』, New Haven: Yale University Press, chapter 3.

3장

1 Deaton, A.(2013), 『The Great Escape: Health, Wealth, and the Origins of Inequality』, Princeton: Princeton University Press, Chapter 2.

2 Burham, Terry(2008), 『Mean Markets and Lizard Brain』, New Jersey: John Wiley & Sons, Inc.

3 유발 하라리(2014), 『사피엔스』(조현욱 옮김), 서울: 김영사, 제3장.

4 배영수 외(2013), 『서양사 강의』(개정판), 경기도 파주시: 도서출판 한울, 358쪽

5 유발 하라리(2014), 『사피엔스』(조현욱 옮김), 서울: 김영사, 제3장.

6 Deaton, A.(2013), 『The Great Escape: Health, Wealth, and the Origins of Inequality』, Princeton: Princeton University Press, Chapter 2.

7 Deaton, A.(2013), 『The Great Escape: Health, Wealth, and the Origins of Inequality』, Princeton: Princeton University Press.

8 로버트 라이시(2015), 『자본주의를 구하라』(안기순 옮김), 서울: 김영사.

9 Piketty, T.(2014), 『Capital in the Twenty-First Century, Cambridge』, Mass.: The Belknap Press of Harvard University Press.

10 Atkinson, A. B. (2015), 『Inequality: What Can Be Done?』, Cambridge, Mass.: Harvard University Press.

11 Atkinson, A. B. (2015), 『Inequality: What Can Be Done?』, Cambridge, Mass.: Harvard University Press.

12 Piketty, Thomas(2014), 『Capital in the Twenty-First Century』, Cambridge, Mass.: The Belknap Press of Harvard University Press.

13 Deaton, A.(2013), 『The Great Escape: Health, Wealth, and the Origins of Inequality』, Princeton:

Princeton University Press, Chapter 1.

14 Atkinson, A. B. (2015), 『Inequality: What Can Be Done?』, Cambridge, Mass.: Harvard University Press.

15 Piketty, Thomas(2014), 『Capital in the Twenty-First Century』, Cambridge, Mass.: The Belknap Press of Harvard University Press.

16 Kaletsky, A.(2010), 『Capitalism 4.0』, New York: Publics Affairs.

17 이창곤(2015), 「한국 사회의 불평등을 말한다」, 『불평등 한국, 복지국가를 꿈꾸다』(이정우·이창곤 외), 서울:후 마니타스.

18 Atkinson, A. B.(2015), 『Inequality: What Can Be Done?』, Cambridge, Mass.: Harvard University Press.

19 Piketty, T.(2014), 『Capital in the Twenty-First Century』, Cambridge, Mass.: The Belknap Press of Harvard University Press.

4장

1 Deaton, A.(2013), 『The Great Escape: Health, Wealth, and the Origins of Inequality』, Princeton: Princeton University Press.

2 장하성(2014), 『한국 자본주의』, 경기도 성남시, 헤이북스.

3 김낙년 교수의 2016년 논문을 보면, 상속증여가 전체 재산형성에 기여한 비중이 1980년대에는 27%에 불과했으나 2000년에는 42%까지 치솟았다. 국민소득 대비 연간 상속액의 비율은 1980년 전후에는 5%에 불과했으나 2010~2013년에는 8.2%로 올랐다. 다음 문헌 참조: 김낙년(2016), "한국의 소득과 부의 불평등", 국가미래연구원·경제개혁연구소·경제개혁연대 주최 '소득과 부의 불평등: 실상과 원인 및 전망' 세미나, 2016년 6월 7일, 중소기업중앙회 릴리홀.

4 김윤태(2015), 「한국 사회의 불평등 담론」, 『불평등 한국, 복지국가를 꿈꾸다』(이정우·이창곤 외, 서울: 후마니타스.

5 서울대학교 금융경제연구원 주최 세미나, "소득불평등과 재정정책의 역할", 2015년 2월.

6 현대경제연구원, 「우리나라 중산층의 삶의 질 변화」, 2015년 2월.

7 Wilkinson, R. and K. Pickett(2009), 『The Spirit Level, New York』: Bloomsbury Press.

8 Piketty, T.(2014), 『Capital in the Twenty-First Century』, Cambridge Mass.: The Belknap Press of Harvard University Press.

9 마이클 샌델(2012), 『돈으로 살 수 없는 것들』(안기순 옮김), 서울: 와이즈베리.

10 Wilkinson, R. and K. Pickett(2009), 『The Spirit Level』, New York: Bloomsbury Press.

11 Wilkinson, R. and K. Pickett(2009), 『The Spirit Level』, New York: Bloomsbury Press.

12 Bartels, L.M.(2008), 『Unequal Democracy』, Princeton: Princeton University Press.

13 2012년과 2013년에는 뚜렷한 위기 상황이 없었는데도 성장률이 2.3%와 3.0%로 매우 낮은 수준까지 내려갔을 뿐 아니라 사상 처음으로 2년 연속 3% 이하의 저 성장률을 기록했다. 2014년에 3.3%로 소폭 상승했던 경제성장률은 2015년 다시 2.6%로 떨어졌다.

14 Bartels, L.M.(2008), 『Unequal Democracy』, Princeton: Princeton University Press.

15 OECD가 19개 회원국들을 상대로 통계분석을 해본 결과 1985년부터 2005년 사이에 있었던 소득불평등이 5

년 후인 1990년부터 2010년 기간에 달성 가능했던 누적적 경제성장을 4.7% 끌어내리는 결과를 낳았던 것으로 나타났다. 다음 문헌 참조: Keeley, B.(2015), 『Income Inequality: The Gap between Rich and Poor』, OECD

16 IMF(2011), 『Equality and Efficiency』.

17 2014년 근로자 가구의 시장소득 중에서 근로소득이 차지하는 비중이 95.3%이고 사업소득의 비중은 4.4%이며, 재산소득의 비율은 0.3%에 불과하다.

18 장하성(2016), 『왜 분노해야 하는가』, 경기도 성남시: 헤이북스, 83쪽.

19 홍민기(2016), "불평등의 현황, 원인, 전망", 국가미래연구원·경제개혁연구소·경제개혁연대 주최 '소득과 부 비 ▮▮▮▮ 실태와 진단 및 전망' 세미나, 2016년 8월 7일, 중소기업중앙회 날리볼.

20 이장원(2016), 「임금과 소득분배」, 『한국의 소득분배』(조윤제 엮음), 경기도 파주시: 한울.

21 Atkinson, A. B. (2015), 『Inequality: What Can Be Done?』, Cambridge, Mass.: Harvard University Press.

22 Akerlof, G. A. and R. J. Shiller(2009), 『Animal Spirits』, Princeton: Princeton University Press, chapter 8.

23 김상조(2015), 「재벌개혁이 경제민주화의 출발점」, 『불평등 한국, 복지국가를 꿈꾸다』, 서울: 후마니타스.

24 현대경제연구원, 「우리나라 중산층의 삶의 질 변화」, 2015년 2월.

25 한국사회학회의 조사 결과임. 다음 문헌 참조: 이재열(2014), 「중산층이 사라진 서민사회의 등장」, 『당신은 중산층입니까』(강원택 외), 경기도 파주시: 21세기 북스.

26 곽승준 교수는 낙수효과의 소멸을 주장했다. 『한겨레』, 2012년 2월 23일.

27 장하성(2014), 『한국 자본주의』, 경기도 성남시, 헤이북스.

28 IMF(2015), 『Causes and Consequences of Income Inequality: A Global Perspective』.

29 장하성(2016), 『왜 분노해야 하는가』, 경기도 성남시: 헤이북스, 83쪽.

30 조윤제(2016), 「한국의 소득분배, 무엇이 문제인가」, 『한국의 소득분배』(조윤제 엮음), 경기도 파주시: 한울.

31 전병유·정준호(2016), 「한국에서의 성장과 빈곤, 불평등」, 『경제연구』 34권 2호, 한국경제통상학회.

5장

1 Atkinson, Anthony B.(2015), 『Inequality: What Can Be Done?』, Cambridge, Mass. : Harvard University Press.

2 김인규(2015), 「플라톤의 지속가능한 불평등과 한국」, 『철학과 현실』, 철학문학연구소, 2015년 여름호.

3 Piketty, T.(2014), 『Capital in the Twenty-First Century』, Cambridge Mass.: The Belknap Press of Harvard University Press.

4 이것을 수학적으로 설명하기 위해서 Y를 국민소득, x를 소득 최상위 10%의 몫이 Y에서 차지하는 비율, P를 총인구라고 하자. 그러면 최상위계층의 한 사람당 소득은 xY/0.1P 이고, 나머지 인구의 한 사람당 소득은 (1−x)Y/0.9P 가 된다. 4:1의 법칙에 의하면 xY/0.1P〈4(1−x)Y/0.9P 이다. 이 부등식을 풀면 x의 값은 약 0.307이 된다. 소수의 큰 부자들을 최상위 1%라고 하면, 이들의 몫은 3.9%를 넘지 말아야 한다.

5 이에 대한 자세한 내용은 다음 문헌 참조: 이정전(2012), 『시장은 정의로운가』, 서울: 김영사.

6 이정우(2016), 「한국 경제의 진단과 전망」, 복지국가 소사이어티 주최 세미나 발표논문, 2016년 7월 7일.

7 Wilkinson, R. and K. Pickett(2009), 『The Spirit Level』, New York: Bloomsbury Press.

8   이에 대한 자세한 내용은 다음 문헌 참조:이정전(2012), 『시장은 정의로운가』, 서울: 김영사.

9   Boadway, R.(2002), "The role of public choice consideration in normative public economics", in 『Political Economy and Public Finance』, edited by S. L. Winer & H. Shibata, Cheltonham, U.K.: Edward Elgar Publishing Limited, Chapter 4.

10 Olson, M., "Why some welfare-state redistribution to the poor is a great idea", in 『Political Economy and Public Finance』, edited by S. L. Winer & H. Shibata, Cheltonham, U.K. : Edward Elgar Publishing Limited,.

11 윤평중(2016), 『시장의 철학』, 경기도 파주시: 나남출판사. 237쪽.

12 이정전(2012), 『시장은 정의로운가』, 서울: 김영사.

13 Rawls, J.(1971), 『Theory of Justice』, Boston: Harvard University Press.

14 장하성(2016), 『왜 분노해야 하는가』, 경기도 성남시: 헤이북스, 83쪽.

15 조윤제(2016), 「한국의 소득분배, 무엇이 문제인가」, 『한국의 소득분배』(조윤제 엮음), 경기도 파주시: 한울.

6장

1   성명제(2016), 「재정과 소득분배」, 『한국의 소득분배』(조윤제 엮음), 경기도 파주시: 한울. 이 연구에서는 무직 가구의 비율을 실업률에 대한 대리 변수로 삼고 지니계수와 관계를 살펴보았다.

2   김종일(2016), 「산업구조와 소득분배」, 『한국의 소득분배』(조윤제 엮음), 경기도 파주시: 한울. 여기서 실업자는 조사대상주간에 수입 있는 일을 하지 않았고, 지난 4주간 일자리를 찾아 적극적으로 구직활동을 했던 사람으로서 일자리가 주어지면 즉시 취업이 가능한 사람을 의미한다. 실업률은 (실업자/경제활동인구)×100으로 계산한다.

3   이장원(2016), 「임금과 소득분배」, 『한국의 소득분배』(조윤제 엮음), 경기도 파주시: 한울.

4   조윤제(2016), 「한국의 소득분배, 무엇이 문제인가」, 『한국의 소득분배』(조윤제 엮음), 경기도 파주시: 한울.

5   장하성(2014), 『한국 자본주의』, 경기도 성남시: 헤이북스.

6   1980년에는 우리나라 전체 노동자의 절반에 가까운 46%가 대기업에서 일을 했는데, 2014년에는 겨우 19%만이 대기업에서 일하고 있다.

7   장하성(2016), 『왜 분노해야 하는가』, 경기도 성남시: 헤이북스.

8   박종규(2016), 「거시경제와 소득분배」, 『한국의 소득분배』(조윤제 엮음), 경기도 파주시: 한울.

9   여기에서 말하는 영세기업은 5~9인을 고용하는 업체이고 중소기업은 10~299인을 고용하는 업체이다. 다음 문헌 참조: 조윤제(2016), 「한국의 소득분배, 무엇이 문제인가」, 『한국의 소득분배』(조윤제 엮음), 경기도 파주시: 한울.

10 2013년 삼성전자 총투자의 90% 이상이 해외에서 이루어졌다. 현대자동차도 해외 생산량이 50%에 육박하고 있고, 총투자 중 해외에서 이루어지는 투자가 30%를 넘는다. 다음 문헌 참조: 장하성(2014), 『한국 자본주의』, 경기도 성남시: 헤이북스.

11 Milanovic, Branko(2016), 『Global Inequality』, Boston: Harvard University Press.

12 장하성(2014), 『한국 자본주의』, 경기도 성남시: 헤이북스.

13 김종일(2016), 「산업구조와 소득분배」, 『한국의 소득분배』(조윤제 엮음), 경기도 파주시: 한울.

14 이매뉴얼 월러스틴 외 4인(2014), 『자본주의는 미래가 있는가』(성백용 옮김), 경기도 파주시: 창비.

15 장하성(2014), 『한국 자본주의』, 경기도 성남시: 헤이북스.

16 1990년대 중반 이후 OECD회원국에서 창출된 새로운 일자리의 50%가 시간제, 임시직, 등 비정규직이었다.

17 Atkinson, A. B. (2015), 『Inequality: What Can Be Done?』, Cambridge, Mass.: Harvard University Press.

18 정원섭(2017), 「특별좌담: 제4차 산업혁명과 포스트 휴먼사회」, 『철학과 현실』, 2017년 봄.

19 손화철(2017), 「제4차 산업혁명과 과학기술 거버넌스」, 『철학과 현실』, 2017년 봄.

20 『한겨레』, 2017년 1월 3일.

21 『한겨레』, 2016년 10월 25일.

22 Atkinson, A. B. (2015), 『Inequality: What Can Be Done?』, Cambridge, Mass.: Harvard University Press.

23 홍민기(2016), "불평등의 현황, 원인, 전망", 국가미래연구원·경제개혁연구소·경제개혁연대 주최 '소득과 부의 불평등: 실상과 원인 및 전망' 세미나, 2016년 6월 7일, 중소기업중앙회 릴리홀.

24 이에 대한 자세한 설명은 다음 문헌 참조: 이준구(2016), 『미국의 신자유주의 실험』, 경기도 고양시: 문우사.

25 Bartels, L. M.(2008), 『Unequal Democracy』, Princeton: Princeton University Press.

26 Piketty, T.(2014), 『Capital in the Twenty-First Century』, Cambridge Mass.: The Belknap Press of Harvard University Press.

27 Deaton, A.(2013), 『The Great Escape』, Princeton: Princeton University Press, Chapter 1.

28 Piketty, T.(2014), 『Capital in the Twenty-First Century』, Cambridge Mass.: The Belknap Press of Harvard University Press.

29 Keeley, B.(2015), 『Income Inequality: The Gap between Rich and Poor』, OECD.

30 Milanovic, Branko(2016), 『Global Inequality』, Boston: Harvard University Press.

31 노동소득분배율이 1998년에는 80.4%였으나, 2000년에 75.4%로 낮아졌고, 세계경제위기가 터진 2008년에는 70.9%로 하락했으며, 2012년에는 68.1%로 다시 떨어졌다. 다음 문헌 참조: 장하성(2016), 『왜 분노해야 하는가』, 경기도 성남시: 헤이북스.

32 장하성(2014), 『한국 자본주의』, 경기도 성남시: 헤이북스.

33 OECD회원국들을 보면, 1990년대 초에는 노동의 몫이 66.1%였으나 2000년대 후반에는 61.7%로 떨어졌다.

34 여기에서 말하는 실질임금은 상용근로자의 실질임금이다. 다시 말해서 비정규직 노동자가 아니라 통상적인 상용근로자들의 실질임금도 지난 2008년 이후 거의 오르지 않았다는 것이다. 그러므로 '임금 없는 성장'은 비정규직 근로자만의 문제가 아니다. 다음 문헌 참조: 박종규(2016), 「거시경제와 소득분배」, 『한국의 소득분배』(조윤제 역음), 경기도 파주시: 한울.

35 2013년 임금소득의 지니계수는 0.381로 통계청이 발표한 가계소득의 지니계수보다 높다. 2013년 1인 이상 모든 기업을 대상으로 한 임금소득의 지니계수다. 다음 문헌 참조: 장하성(2016), 『왜 분노해야 하는가』, 경기도 성남시: 헤이북스.

36 전체 취업자 중에서 5인 미만 영세사업체 근로자의 비중은 2012년 28.6%였으니 상당히 큰 비중이다.

37 정확하게 말하면, 24.7%가 이 같은 저임금 노동자에 속한다. 다음 문헌 참조: 장하성(2016), 『왜 분노해야 하는가』, 경기도 성남시: 헤이북스.

38 김종일(2016), 「산업구조와 소득분배」, 『한국의 소득분배』(조윤제 역음), 경기도 파주시: 한울.

39 장하성(2016), 『왜 분노해야 하는가』, 경기도 성남시: 헤이북스, 347쪽.

40 김유선(2015), 「한국의 임금불평등」, 『불평등 한국, 복지국가를 꿈꾸다』(이정우·이창곤 외), 서울: 후마니타스.

41 미국의 경우 민간부문 노동자들 중에서 노동조합의 회원의 비중은 1973년 24%에서 2012년에는 6.6%로 크게 줄었다. 다음 문헌 참조: Deaton, A.(2013), 『The Great Escape』, Princeton: Princeton University Press,.

42 윤희숙(2016), 「경제사회구조와 소득분배」, 『한국의 소득분배』(조윤제 엮음), 경기도 파주시: 한울.

43 2002년부터 2012년까지 10년 동안 연평균 경제성장률은 3.8%였으나 실질가계소득의 연평균 증가율은 1.8%에 그쳤다. 결과적으로 10년 동안 경제는 45.6% 성장했는데 가계소득의 증가는 17.1%에 불과해서 지속적 경제성장에도 불구하고 가정살림이 별로 나아지지 않고 있다. 다음 문헌 참조: 장하성(2016), 『왜 분노해야 하는가』, 경기도 성남시: 헤이북스.

44 장하성(2016), 『왜 분노해야 하는가』, 경기도 성남시: 헤이북스.

45 장하성(2016), 『왜 분노해야 하는가』, 경기도 성남시: 헤이북스.

46 좀 더 정확하게 말하면, 순이익에서 배당금을 뺀 금액 중에서 법적으로 강제되는 법정적립금으로 적립되지 않은 임의 적립금과 차기로 넘길 잉여금을 합쳐서 보통 사내유보금이라고 한다.

47 순이익 중에서 배당금으로 지불되는 비율은 대기업의 경우 약 25%이고 중소기업의 경우에는 11% 정도라고 한다. 다음 문헌 참조: 장하성(2016), 『왜 분노해야 하는가』, 경기도 성남시: 헤이북스.

48 박종규(2016), 「거시경제와 소득분배」, 『한국의 소득분배』(조윤제 엮음), 경기도 파주시: 한울.

49 정태인(2015), 「한국의 불평등과 사회적 경제」, 『불평등 한국, 복지국가를 꿈꾸다』(이정우·이창곤 외), 서울: 후마니타스.

50 정태인(2015), 「한국의 불평등과 사회적 경제」, 『불평등 한국, 복지국가를 꿈꾸다』(이정우·이창곤 외), 서울: 후마니타스.

51 1950년대에 Franco Modigliani가 개발한 이론이다.

52 박종규(2016), 「거시경제와 소득분배」, 『한국의 소득분배』(조윤제 엮음), 경기도 파주시: 한울.

53 이정전(2008), 『우리는 행복한가』, 경기도 파주시: 한길사.

54 2014년 인구 10만 명당 노인 자살자가 55.5명이다.

55 신광영(2015), 「중산층 위기」, 『불평등 한국, 복지국가를 꿈꾸다』(이정우·이창곤 외), 서울: 후마니타스.

56 『서울대학교 대학신문』 2016년 11월 21일.

57 성명제(2016), 「재정과 소득분배」, 『한국의 소득분배』(조윤제 엮음), 경기도 파주시: 한울.

58 조윤제(2016), 「한국의 소득분배, 무엇이 문제인가」, 『한국의 소득분배』(조윤제 엮음), 경기도 파주시: 한울.

7장

1 오준호(2017), 『기본소득이 세상을 바꾼다』, 경기도 고양시: 개마고원.

2 윤영진(2016), 「재정의 시선으로 본 한국의 불평등」, 『불평등 한국, 복지국가를 꿈꾸다』(이정우·이창곤 외), 서울: 후마니타스.

3 강병구(2016), 「불평등 해소를 위한 세제 개혁」, 불평등 한국, 복지국가를 꿈꾸다』(이정우·이창곤 외), 서울: 후마니타스.

4 사회복지와 관련하여 국민은 세금뿐만 아니라 각종 연금관련 기여금(국민연금보험료, 건강보험료, 고용보험료 등)을 지불한다. 세금과 이런 기여금의 합이 국내총생산에서 차지하는 비중을 국민부담률이라고 하는데, 우리나라의 국민부담률은 2016년에 25.3%로 역사상 처음 25%대를 넘어섰다고는 하지만 OECD회원국들의 평균인 34.3%에 비하면 한참 뒤진다. 다음 문헌 참조: 이정우(2016), 「한국은 왜 살기 어려운 나라인가?」, 『불

평등 한국, 복지국가를 꿈꾸다』(이정우·이창곤 외), 서울: 후마니타스.

5 임현진(2016), 「한국 복지국가의 미래」, 『불평등 한국, 복지국가를 꿈꾸다』(이정우·이창곤 외), 서울: 후마니타스.

6 우리나라의 경우에는 2011년 수치이고 유럽과 미국의 경우는 2008년 수치임. 다음 문헌 참조: 윤영진(2016), 「재정의 시선으로 본 한국의 불평등」, 『불평등 한국, 복지국가를 꿈꾸다』(이정우·이창곤 외), 서울: 후마니타스.

7 Atkinson, A. B. (2015), 『Inequality: What Can Be Done?』, Cambridge, Mass.: Harvard University Press.

8 자세한 내용은 다음 문헌 참조: 오준호(2017), 『기본소득이 세상을 바꾼다』, 경기도 고양시: 개마고원.

9 이태수(2016), 「복지는 왜 불평등 완화에 기여하지 못했나?」, 『불평등 한국, 복지국가를 꿈꾸다』, 서울: 후마니타스.

10 윤영진(2016), 「재정의 시선으로 본 한국의 불평등」, 『불평등 한국, 복지국가를 꿈꾸다』(이정우·이창곤 외), 서울: 후마니타스.

11 김연명(2016), 「복지국가, 불평등 해소의 대안인가?」, 『불평등 한국, 복지국가를 꿈꾸다』(이정우·이창곤 외), 서울: 후마니타스.

12 『조선일보』, 2017년 1월 25일.

13 이에 관해서는 다음 문헌 참조: 『이코노미 인사이트』, 2016년 7월, 한겨레.

14 오준호(2017), 『기본소득이 세상을 바꾼다』, 경기도, 고양시: 개마고원.

15 Atkinson, A. B. (2015), 『Inequality: What Can Be Done?』, Cambridge, Mass.: Harvard University Press.

16 강남훈, 곽노완, 이수봉(2009), 『기본소득을 위하여』, 민주노총, 48쪽.

17 박종규(2016), 「거시경제와 소득분배」, 『한국의 소득분배』(조윤제 역음), 경기도 파주시: 한울.

18 장하성(2014), 『한국의 자본주의』, 경기도 성남시: 헤이북스.

19 우리나라는 투자가 부족해서 힘든 게 아니라는 견해도 있다. 역사적으로 보더라도 과거의 일본 그리고 지난 반세기 경제의 기적을 이룬 우리나라, 대만, 중국 등 그 어느 나라도 대규모 외국인 투자의 혜택을 받은 나라들이 아니다. 이 모든 나라들은 필요한 물리적 자본의 대부분을 자체 조달했을 뿐만 아니라 장기적 경제발전의 핵심 원동력인 인적 자본의 상당 부분을 자체 조달했다. 반대로 아프리카 국가들에서 흔히 보듯이 외국 소유 자본의 비중이 높은 나라들은 그리 좋은 경제적 성과를 이루지 못했다.

20 박종규(2016), 「거시경제와 소득분배」, 『한국의 소득분배』(조윤제 역음), 경기도 파주시: 한울.

21 『한겨레』, 2017년 4월 6일.

22 소득세 중에서도 근로소득에 적용되는 세율이 이자, 배당, 임대료 등 자본소득에 적용되는 세율보다 더 높아서 형평성의 문제를 일으키고 있다.

23 법인세 최고세율의 경우 미국과 일본이 약 39%, 프랑스가 34.4%, 독일이 30.2%인 반해서 우리나라는 24.2%에 불과하다. 이는 OECD회원국들의 평균인 25.3%보다는 약간 낮다. 다음 문헌 참조: 강병구(2015), 「불평등 해소를 위한 조세개혁」, 『불평등 한국, 복지국가를 꿈꾸다』(이정우·이창곤 외), 서울: 후마니타스.

24 실효세율이 2012년에 16.8%였는데 이는 일본의 22.1%나 미국의 22.2%에 비해 크게 낮은 수준이다. 그래서 법인세 세율을 높이고 공제 및 감면 혜택도 줄여야 한다는 목소리가 높다. 공제 및 감면 혜택이 특히 대기업들에 집중되기에 조세 형평성에 대한 문제의식도 커지고 있다. 다음 문헌 참조: 윤영진(2015), 「재정의 시선으로 본 한국의 불평등」, 『불평등 한국, 복지국가를 꿈꾸다』(이정우·이창곤 외), 서울: 후마니타스; 강병구(2015),

『불평등 해소를 위한 조세개혁』, 『불평등 한국, 복지국가를 꿈꾸다』(이정우·이창곤 외), 서울: 후마니타스.

25 예를 들면, 법인세 부담률(법인세 세수를 GDP로 나눈 값)이 OECD 평균보다도 높으므로 법인세 세율을 더 낮추어야 한다고 주장한다. 그러나 법인세 부담률은 기업의 세금부담이 얼마나 무거운지 나타내는 지표라 기보다는 돈을 얼마나 잘 벌었는가를 나타내는 지표라고 할 수도 있다. 유효세율(법인세 납부액/기업 소득)로 법인세 실제 부담의 정도를 따지기도 한다. 2015년부터 2016년까지 우리나라 기업들의 법인세 유효세율은 12.7% 내지 12.9%이었는데 이 역시 OECD 회원국들의 평균인 15% 내지 16%보다는 낮다.

26 강병구(2015), 『불평등 해소를 위한 조세개혁』, 『불평등 한국, 복지국가를 꿈꾸다』(이정우·이창곤 외), 서울: 후마니타스.

27 Wilkinson, R. and K. Pickett(2009), 「The Spirit Level」, New York: Bloomsbury Press.

28 IMF외환위기 직전인 1996년 우리나라 GDP 대비 사회복지 지출의 비율은 3.4%이었으나 2014년에는 10.4%로 크게 증가했다.

29 데이비드 카드와 앨런 크루거가 이런 주장을 폈는데, 최저임금 인상 폭이 그리 크지 않을 경우에만 그렇다는 단서를 달았다. 다음 문헌 참조: Deaton, A.(2013), 『The Great Escape: Health, Wealth, and the Origins of Inequality』, Princeton: Princeton University Press,.

30 Deaton, A.(2013), 『The Great Escape: Health, Wealth, and the Origins of Inequality』, Princeton: Princeton University Press,.

31 미국에서 1990년과 1991년의 최저임금 인상으로 인한 소득증가분의 약 35%가 소득 최하위 10%의 가구에 집중되었으며, 그 이전 10년 동안에 벌어진 임금불평등의 폭을 30%가량 줄여주었다.

32 Deaton, A.(2013), 『The Great Escape: Health, Wealth, and the Origins of Inequality』, Princeton: Princeton University Press,.

33 Piketty, Thomas(2014), 『Capital in the Twenty-First Century』, Cambridge, Mass.: The Belknap Press of Harvard University Press.

34 Atkinson, A. B. (2015), 『Inequality: What Can Be Done?』, Cambridge, Mass.: Harvard University Press.

35 연평균 실질 최저임금 상승률이 김영삼 부에서는 3.1%였고, 이명박정부에서는 1.4%로 아주 낮았다. 김대중 정부에서는 5.5%였으며, 노무현정부에서는 7.7%였다. 다음 문헌 참조: 이정우(2015), 「한국은 왜 살기 어려운 나라인가?」, 『불평등 한국, 복지국가를 꿈꾸다』(이정우·이창곤 외), 서울: 후마니타스.

36 윤희숙(2016), 「경제사회구조와 소득분배」, 『한국의 소득분배』(조윤제 역음), 경기도 파주시: 한울.

37 Atkinson, A. B. (2015), 『Inequality: What Can Be Done?』, Cambridge, Mass.: Harvard University Press.

38 Deaton, A.(2013), 『The Great Escape: Health, Wealth, and the Origins of Inequality』, Princeton: Princeton University Press.

39 이장원(2016), 「임금과 소득분배」, 『한국의 소득분배』(조윤제 역음), 경기도 파주시: 한울.

40 이장원·전명숙·조강윤(2014), 『격차축소를 위한 임금정책: 노사정 연대임금정책 국제비교』, 한국노동연구원.

41 이에 대한 자세한 내용은 다음 문헌 참조: 장하성(2014), 『한국의 자본주의』, 경기도 성남시: 헤이북스.

42 이장원(2016), 「임금과 소득분배」, 『한국의 소득분배』(조윤제 역음), 경기도 파주시: 한울.

43 자세한 내용은 다음 문헌 참조: 이장원·전명숙·조강윤(2014), 『격차축소를 위한 임금정책: 노사정 연대임금정책 국제비교』, 한국노동연구원.

8장

1 미국 루스벨트 대통령의 뉴딜정책이 "위대한 미국"의 시대를 열어갈 무렵 경제민주화의 기수였던 브랜다이스 대법관이 한 말이라고 한다. 다음 문헌 참조: Bartels, L. M.(2009), 『Unequal Democracy』, Princeton: Princeton University Press.

2 Bartels, L. M.(2009), 『Unequal Democracy』, Princeton: Princeton University Press.

3 자세한 내용은 다음 문헌 참조: 이정전(2015), 『왜 우리는 정부에게 배신당할까?』, 서울: 반비; Buchanan, J. M. (1984), "Politics without romance", in 『Theory of Public Choice』(Buchanan, J. M. and R. D. Tollision, ed.), Ann Arbor: The University of Michigan Press

4 브라이언 캐프란(2000), 『합리적 투표자에 대한 미신』(이현우, 김행범, 황수연, 이성규 옮김), 서울: 북코리아

5 Tullock, G.(1995), 「렌트추구의 사회적 비용」, 『렌트추구행위의 사회적 비용』(양운철 엮음), 세종연구소. 23-24쪽.

6 김윤태(2015), 「한국 사회의 불평등 담론」, 『불평등 한국, 복지국가를 꿈꾸다』, 서울: 후마니타스.

7 정치 현안이 최저임금뿐만 아니라 국방, 외교, 문화 등 다양하기 때문에 그런 결과가 나올 수 있다는 반론이 있다. 그러나 투표성향을 깊이 분석해보면 대다수의 미국 유권자들은 경제문제 이외의 다른 현안들에 대해서는 의외로 별로 관심이 없다는 것이 통계적으로 밝혀졌다. 다음 문헌 참조: Bartels, L. M.(2009), 『Unequal Democracy』, Princeton: Princeton University Press.

8 응답자의 75%가 20년 전에 비해서 빈부격차가 더 커졌다고 응답했으며, 44%는 대단히 커졌다고 답했다. 다음 문헌 참조: Bartels, L. M.(2009), 『Unequal Democracy』, Princeton: Princeton University Press.

9 Bartels, L. M.(2009), 『Unequal Democracy』, Princeton: Princeton University Press.

10 그 이후 일련의 조세감면 조치 결과 2010년 최상위 1%의 총 연방정부 조세 부담은 25% 줄어들었고, 그 다음 4%의 조세 부담은 21% 줄어들었으나 나머지 95%의 조세 부담은 단지 10% 줄어들었을 뿐이다. 다음 문헌 참조: Bartels, L. M.(2009), 『Unequal Democracy』, Princeton: Princeton University Press.

11 브라이언 캐프란(Brian Caplan 2008), 『합리적 투표자에 대한 미신』(이현우, 김행범, 황수연, 이성규 옮김), 서울: 북코리아.

12 제1차 선호와 제2차 선호에 대해서는 다음 문헌 참조: Sunstein, C. R.(1989), "Disrupting Voluntary Transactions", in 『Market and Justice』(J. W. Chapman and J. R. Pennock ed.), New York: New York University Press.

13 이에 대한 구체적인 내용은 다음 문헌 참조: 이정전(2011), 『경제학을 리콜하라』, 서울: 김영사.

14 애덤 스미스의 도덕감정론에 관해서는 다음 문헌 참조: 이정전(2011), 『경제학을 리콜하라』, 서울: 김영사.

15 이정우(2015), 「한국은 왜 살기 어려운 나라인가?」, 『불평등 한국, 복지국가를 꿈꾸다』(이정우·이창곤 외), 서울: 후마니타스.

| 찾아보기 |